日本的
グローバル化
経営実践の
すすめ

失われた30年を取り戻せ

アーネスト育成財団 編集
前田光幸・小平和一朗
淺野昌宏・杉本晴重 著

芙蓉書房出版

出版にあたって

一般財団法人アーネスト育成財団
理事長　西河　洋一

　日本企業の経営風土に合った経営人財を育成する機関が日本には、大学にも民間の教育機関にも見当たらない。ほとんどが、欧米流の経営ノウハウの移入などが中心で、現実の企業組織風土や日本の文化的背景から浮いている。日本的な経営風土には、多くの長所とともに短所もあり、日本的経営を守るべきだと言うのではない。日本的経営の要素を無視、ないし軽視した経営教育や人財教育は現実の問題としてどうか、ということである。

　このことに気が付いたことが、2012年に一般財団法人アーネスト育成財団設立の直接のきっかけである。といっても教育機関を作ること自体が目的ではない。目的は社会に新たな価値を提供し、持続的に収益をあげ、雇用を増大し、しっかり納税し、社会貢献する企業の経営ができる人財を育成することにある。我が国の経済社会の活性化と持続的な発展のために、起業家や事業家などを側面から支援したいと常々考えてきた。

　当財団は、事業展開をする経営人財、強いて言えば技術経営人財の育成と事業支援を行い、豊かで希望のある持続的な日本の経済社会づくりに寄与したいと考えている。そしてそのためには、人財育成の基本的な哲学が、日本企業の経営組織風土と噛み合ったものでなければいけない。

　日本企業の経営組織風土とはとりもなおさず、日本人の精神特性を土壌としたものである。その精神特性は自然環境のなかで育まれた本来的な精神特性と、ギリシャ、中央アジア、インド、中国から、近年では欧米から伝播した文明・文化・思想を日本なりに消化し、そして自分のものにしてきた特性とが融合したものとして特徴づけられる。とりわけ、前者の特性は極めて日本に固有なものと言える。

　例えば、雨、雲、空などを取って見ても日本語では様々な表現があり、それぞれが全く違う意味を持つ。雨では、春雨、小糠雨、五月雨、時雨、俄雨、夕立、霧雨、雷雨、秋雨、豪雨など。雲では、入道雲、雷雲、いわし雲、さば雲、すじ雲、うろこ雲、羊雲など。空では、晴天、曇天、雨天、

快晴、五月晴れ、日本晴れ、炎天、曙、茜空、小春日和、夕焼けなど。これらの表現は、ほんの一部であり、おそらくこの何倍もの表現がある。このように、自然現象などにこれ程多様な表現方法を使う民族は、世界に例がないと思われる。

また、日本人は古くから、大自然の現象や万物に神が宿ると考え、大いに畏れ敬い、祀（まつ）り尊んできた。四方を海に囲まれた島国として、日本特有の文化が2000年以上もの間、独自に進化し、現在に至っている。

このように、複雑で多彩な表現、すなわち概念を使う日本人は、世界的では異色の存在であり、外国人にはなかなか理解しきれない部分を持っている。また、例えば、「かいぜん」、「カンバン」や「おもてなし」など、外国語に訳せないものがそのまま世界で使われている例もある。

どの国であれ、どの民族であれ、言葉で表現できるものは存在するし、表現できないものは存在しない。その言葉の概念の下で、モノやサービスが創出される。料理のことを英語では Food と言うが、この言葉は Feed（餌をやる）から来ている。従って英米に美味しい料理は少ない。美味しいものを食べたい人は、イタリア、フランス、日本、中華、インド料理などに流れる。

日本人は、日本語の微妙な表現の違いに合った、モノやサービスを作り出すことができる。外国人から見ると同じに見えるものが、日本人から見ると微妙に特徴の違ったものとなる。それだけ多様な商品を作り出すことができることが日本の強さであり、その繊細さが特徴である。グローバル化社会の中での日本企業の存在意義も、そこにあるのではないだろうか。コスト競争だけをやっていては、このことに気がつくことはない。

日本企業は日本の特徴を活かす経営を改めて磨いていく必要があり、「英米の経営ノウハウや思考では、表現・実現しようがない価値」を日本は生み出せる、ということをハッキリと認識しなおす必要がある。

日本経済の成熟化に加え、着実にかつ急速に進行する少子化・高齢化により、日本企業は規模の大小、業種の別、製造業・サービス業の区別なく、グローバル事業展開に進まざるをえない。現状、かなり多くの産業において国内事業の再編合理化策、従業員のリストラ策が行われ、特に製造業では雇用機会が減少し、給与水準が逓減し、それが消費の低迷の大きな要因になっている。そして、下方向の悪しき連鎖が止まらないという危機的状況にある。日本の経済社会が成熟過程にあることは事実だが、日本企業が

成熟過程、衰退過程にあると考えるのは、大きな間違いである。なぜなら、企業にとって付加価値を提供する場は日本だけではなく世界だからである。

社会の少子高齢化については、特に団塊世代の引退等で労働力は激減していくので、それによる労働力不足への対応が必要である。高齢者、女性の一層の活用は当然の方策である。また、労働力を代替する要素として技術と資金があるが、技術開発と設備投資が本格的に重要となる。投資が促進され、設備やシステムが近代化されることによって生産性の向上が図られる。そうなると、日本人の能力はより高度な分野に充当され、労働の価値が大きく向上するという変化の時を迎えることとなる。失われた25年の眠りから目覚めて、これからは技術革新が次々と事業に結びつき、旺盛な投資、そして高度な人的資源、消費と経済の好循環の時代に入る可能性がある。

また、グローバル化事業展開により、世界の人材を国内および海外において活用することが多くなると思われる。すなわち、日本企業は少子高齢化、団塊世代の退職という市場の縮小と供給力の縮小のマイナスを奇貨として、柔軟かつ的確な技術開発と設備投資と新しい人材の掘り起こしで活力ある社会を創出する時期に向かうと考えられる。

そのような状況の中で、当財団は、グローバルな市場で活躍ができる、能力が高く気力旺盛な人財を募り、日本人にあった経営を基本に、なおかつその欠点を修正すべく欧米型の経営の長所を融合した実践的な経営のあり方を追求する場を提供していきたい。

当財団の事業計画として、「世界経済の動向調査」を挙げているが、ビジネスのグローバル化対応を考えると、必ずしも経済だけではなく、政治、社会、文化、宗教、歴史なども把握しておく必要がある。そこで財団内に「グローバル研究会」を設置し、それらの広い分野を俯瞰することによって、グローバル化問題の本質を腰を据えて考えることとした。また、日本企業に蔓延する内向き意識を克服し、「未来ある日本企業」「元気な日本企業」のための意識変革の問題にも多くの議論を行った。当研究会は前田光幸を座長とし、海外でビジネス経験の長い経営者を中心に、実務的な視点から、約2年間、幅広い議論を行ってきた。

今まさにグローバル化が国境を超えて進行しており、価値体系や価値創出の仕組みが急速かつ不規則に変容している時代である。グローバル化社会での日本企業の対応の失敗が、色々なところで目立ってきている。「グ

ローバル問題イコール、英語教育上の問題」と言うが、「英語が話すことができれば、グローバル化への対応ができる」訳では決してない。

　農耕民族である日本人は、狩猟民族である欧米人と比較して、事業展開における戦いを不得手としている面がある。戦争学を常に学んで来た欧米人と同じように戦略で勝負することには限界があろう。他方、地道な日本企業のモノづくりの技術が、世界のモノづくりを先導していることは間違いない。戦略に弱いという日本人の特性が技術で勝ってビジネスで負けてきた背景にある。日本人の良い点、悪い点に関する特質を把握し、良い点を充分活かすように考えることが先決である。日本企業は勝負の場所をよく考えて、勝てるように考えることが大事である。

　ここに来て製造業の国内回帰が起こり始めた。これは海外からの撤退ではない。日本の国内でしか取り組むことができない、モノづくりがある事が分かってきたからだ。弛まない継続的な改善活動は、日本人の誠実なモノづくりの現場が支えている。

　グローバル研究会は、研究活動の成果を参加者の知見として留めるだけではなく、広く日本の社会に提示するために書籍化を考えた。議論を文字化することで、実践的なグローバルビジネスの課題と方向性として何が浮かび上がってきたかを提示したい。

　本書の名称は『日本的グローバル化経営実践のすすめ －失われた30年を取り戻せ－』とした。実務者の現場での考え方や行動の仕方を提示しているので、「実践」を入れた。日本の強みは、日本的経営手法の中にあるとの思いから「日本的」が入っている。更には、グローバル化の中で活躍してきた、日本人の強みの再認識にもつながればとも思う。

　また、失われた期間をこれ以上延ばしてはいけないという思いを、「30年」の中に込めた。日本人および日本企業を活性化させるだけでなく、日本企業が世界の経済社会の豊かさに大きな貢献を果たす上で、失われた30年から脱却することが大変重要だと考えている。

　本書は一般の経営書やビジネススクールの教材と比較して、実践的な観点で書かれたものである。従って、実際にグローバルビジネスに関わる、日本のビジネスパーソン、海外で活躍するエンジニア、海外工場のマネジャー、経営企画スタッフ、会社役員など、幅広いビジネスパーソンにとって、多くのヒントが詰まっている。是非、手にして頂きたい。

日本的グローバル化経営実践のすすめ 目次
――失われた30年を取り戻せ――

出版にあたって　　　　　　　　　　　　　　　　　西河　洋一　*1*

序　章　グローバル化の波を乗り越えて　　　　　　　　　　　　*7*

第Ⅰ部　日本企業のグローバル化の意義

第1章　グローバル化に関する認識　*17*
　はじめに　　　　　　　　　　　　　　　　　　　前田　光幸　*17*
　1．グローバル化とは何か　　　　　　　　　　　小平和一朗　*18*
　　（1）成長が止まっている日本経済／（2）競争力や戦略上の問題／
　　（3）ビジネスモデルで遅れをとった／（4）組織運営上の問題／（5）
　　日本の雇用環境の変化／（6）人財の育成や教育制度
　2．日本企業の強みの認識　　　　　　　　　　　小平和一朗　*35*
　　（1）日本人の気質と企業風土／（2）日本人によるモノづくり
　3．グローバル化に関する10の視点　　　　　　　小平和一朗　*42*
　4．グローバル化適応不全と今後の道筋　　　　　前田　光幸　*47*
　　（1）モノづくり国家、日本の足取り／（2）日本はどう萎んだのか／
　　（3）日本はなぜ萎んでいるのか／（4）今後の道筋
　まとめ　　　　　　　　　　　　　　　　　　　　前田　光幸　*64*

第2章　グローバル市場の様相　*67*
　はじめに　　　　　　　　　　　　　　　　　　　前田　光幸　*67*
　1．グローバリズムの正体　　　　　　　　　　　前田　光幸　*70*
　　（1）「グローバル化」と「グローバリズム」／（2）列強の"旧"植民地
　　主義／（3）"新"植民地主義としての新自由主義／（4）国際金融資本主
　　義
　2．世界、米国、日本を巡る構造変化　　　　　　前田　光幸　*81*
　　（1）国際政治情勢の構造変化／（2）国際経済情勢の構造変化／（3）
　　日米政治経済関係の構造変化
　3．リーマン・ショックから欧州債務危機へ　　　前田　光幸　*89*
　　（1）サブプライムローン・バブル／（2）悪夢の到来／（3）リーマン
　　・ショックと欧州債務危機／（4）ドイツの一人勝ちと欧州の沈下
　4．イスラム圏の世界経済に及ぼす影響　　　　　淺野　昌宏　*101*

（1）増大する影響力／（2）湾岸諸国オイルマネーの投資動向／（3）イスラム金融と保険／（4）イスラム金融と将来展望
　5．イスラムとグローバリズムの折り合い　　　　　淺野　昌宏　110
　　　（1）今日の中東の不安定をもたらしているもの／（2）グローバル化とイスラム世界への影響／（3）独裁政権となる必然／（4）イスラム思想と過激派／（5）社会の変化に適合するリベラル派イスラムの台頭／（6）イスラムとグローバリズムの折り合い
　6．環境変化の類型とエネルギー問題　　　　　　　前田　光幸　119
　まとめ　　　　　　　　　　　　　　　　　　　　前田　光幸　126

第Ⅱ部　日本企業のあるべき姿

第3章　日本型経営とグローバル化　131
　はじめに　　　　　　　　　　　　　　　　　　　前田　光幸　131
　1．日本型経営のイノベーション考　　　　　　　小平和一朗　133
　2．グローバリズムと日本型経営の変質　　　　　前田　光幸　142
　　　（1）戦後日本型経営の特徴／（2）アングロ・アメリカン型経営／（3）米国のグローバリズム・キャンペーンによる日本改造／（4）グローバリズムによる日本の社会経済制度の変質／（5）日本型経営の変質
　3．これが新日本型経営　　　　　　　　　　　　前田　光幸　149
　　　（1）経営力の10の要素／（2）人事・組織能力の8項目／（3）経営力を構成する重要な10要素のスコアリング／（4）グローバル化の進展と日本型経営の漂流／（5）日本企業のあるべき対応、戦略的方向性／（6）新日本型経営：獲得能力の修正・強化
　まとめ　　　　　　　　　　　　　　　　　　　　前田　光幸　161

第4章　グローバル事業展開のフレームワーク　163
　はじめに　　　　　　　　　　　　　　　　　　　小平和一朗　163
　1．事業展開の段階的マネジメント　　　　　　　前田　光幸　164
　2．グローバル化の段階と課題　　　　　　　　　杉本　晴重　171
　　　（1）グローバル化の段階／（2）変革への対応問題／（3）日本企業の具体例　業界と企業／（4）海外売上高比率が高い日本企業
　3．知的財産戦略　　　　　　　　　　　　　　　小平和一朗　182
　　　（1）三位一体の知的財産マネジメント／（2）特許を出せば良い時代は終わった／（3）訴訟に強くなる
　まとめ　　　　　　　　　　　　　　　　　　　　小平和一朗　192

第Ⅲ部　日本企業のグローバル展開の状況

第5章　グローバル事業展開のケース・スタディ　197
　はじめに　　　　　　　　　　　　　　　　　　　　　杉本　晴重　197
　1．電気機器産業の苦闘　　　　　　　　　　　　　　杉本　晴重　198
　　　（1）戦後から1990年代までの電気機器メーカ／（2）電気機器産業の大転換期／（3）重電・社会インフラ系／（4）家電・映像機器系／（5）情報通信系／（6）電気機器産業の衰退要因／（7）電気機器企業の教訓と戦略的変革の認識／（8）まとめ
　2．一般電子部品産業と半導体産業の明暗　　　　　　杉本　晴重　218
　　　（1）一般電子部品産業の健闘／（2）半導体産業の大変化／（3）時代変化の3つの要因／（4）半導体製造装置産業の健闘
　3．通信の発展と通信機器産業の変革　　　　　　　　杉本　晴重　223
　　　（1）通信自由化以前（1985年以前）／（2）電話の時代（1985年頃～1995年頃）／（3）インターネットと携帯電話の時代（1995年頃～2005年頃）／（4）ブロードバンドとスマートフォンの時代（2005年頃～現在）／（5）携帯電話事業のグローバル展開／（6）ルータ市場
　4．プリンタ業界とATM業界の挑戦　　　　　　　　　杉本　晴重　234
　　　（1）プリンタ業界／（2）ATM（現金自動入金支払機）業界
　5．中堅精密加工機メーカーの飛躍　　　　　　　　小平和一朗　241
　　　（1）中村留精密工業㈱の概要／（2）訪問企業の概要分析のための視点PPTP／（3）おわりに
　まとめ　　　　　　　　　　　　　　　　　　　　　　杉本　晴重　244

第6章　発展途上国における事業展開のケース・スタディ　247
　はじめに　　　　　　　　　　　　　　　　　　　　　淺野　昌宏　247
　1．日本型経営の良さ・アフリカでの実例　　　　　　淺野　昌宏　248
　　　（1）生産性の向上を通じた地域貢献／（2）産業振興と雇用の創出を通じた地域貢献／（3）生活改善を通じた地域貢献／（4）技術移転を通じた地域貢献／（5）M&Aを通じた日本企業の取り組み
　2．ブラジル・セラード農業開発の光と影　　　　　　淺野　昌宏　258
　　　（1）セラード農業開発のきっかけ／（2）セラード農業協力事業（PRODECER）の概要／（3）PRODECERの日本側から見た反省／（4）何が問題だったのか
　3．自動車静脈産業の途上国での展開　　　　　　　　淺野　昌宏　266
　まとめ　　　　　　　　　　　　　　　　　　　　　　淺野　昌宏　269

第Ⅳ部　グローバル化のための組織と人財

第7章　組織と人財のあり方　*273*
　はじめに　　　　　　　　　　　　　　　　　　　　　前田　光幸　*273*
　1．組織と人財　　　　　　　　　　　　　　　　　　前田　光幸　*274*
　　（1）組織の形態別類型／（2）組織の特性的類型／（3）形態と特性のマトリックス／（4）イノベーション、グローバル展開の「組織構造と人」
　2．日本型ビジネス・リーダー像　　　　　　　　　　小平和一朗　*281*
　　（1）日本型経営と現場力／（2）日本型経営におけるリーダーシップ事例／（3）日本型企業でのイノベーションの創出
　3．グローバル人財の配置　　　　　　　　　　　　　小平和一朗　*287*
　　（1）組み合わせ1　本社の所在国（海外、日本）：役員（外国人がいる、日本人のみ）／（2）組み合わせ2　生産拠点（海外にもある、国内のみ）：開発拠点（海外にもある、国内のみ）／（3）組み合わせ3　商品コンセプト（海外仕様、日本仕様）：市場（海外、国内のみ）／（4）組み合わせ4　工場（海外、日本）：商品仕様（海外市場、国内市場）
　まとめ　　　　　　　　　　　　　　　　　　　　　　前田　光幸　*293*

第8章　日本型グローバル人財の育成　*295*
　はじめに　　　　　　　　　　　　　　　　　　　　　前田　光幸　*295*
　座談会「日本型グローバル人財の育成」　　　　　　　　　　　　　　*296*
　　1．グローバル人財とは／2．グローバル人財のあるべき姿／3．グローバル人財にとって重要な資質とは／4．外国語能力は大事か／5．グローバル人財育成の方法／6．展開パターン、事業戦略の観点とグローバル人財の配置／7．日本的経営を海外でどう展開するか／8．ビジネス・スクールの意義／9．日本本社トップに外国人を取り込む意義／10．日本に世界の人財を呼び込むことについて

　まとめ　　　　　　　　　　　　　　　　　　　　　　前田　光幸　*311*

終　章　日本型グローバル経営の新たな途　　　　　　　　　　　*319*

　執筆者紹介　*321*

序章
グローバル化の波を乗り越えて

　かつて我が国企業が、高い労働生産性による価格競争力と高い品質力で世界の市場を席巻し、我が国の一人あたり GDP が米国を凌ぎ世界トップクラスを達成していた時期から、すでに25年以上が経過した。
　その後、我が国の一人あたり GDP は毎年順位を落とし、今や20位以下の水準まで低落している。企業は国境を超えて事業活動をするので、GDP プラス「海外からの所得の純受取」を反映した GNI（国民総所得）で見るとさらに低く、30位以下に沈んでいる。日本企業の国境を超えた世界的な活動が相対的に活発に行われていない証左である。
　この日本経済および日本企業の低迷がここまで長く続くとさすがに景気循環のせいでも、石油危機のような外的ショックのせいでも、バブル経済の崩壊後の混乱のせいでもなく構造的な問題と言う他ない。そして、そうであるとすれば、それはいかなる構造問題なのだろうか。

多くの日本企業が迷路から抜け出せず自信喪失
　一般に先進国は経済の成熟化とともに成長率が鈍化する。我が国の場合は、それに加え他の先進国以上に少子高齢化が進行し、経済の活性化はさらに鈍化する。しかし、産業や企業は国の成長鈍化とは別に国境を超えた事業活動を行うことによって充分成長することが本来可能である。
　ところが、GNI の順位の低下で分かるように、我が国の産業や企業は、国の成長鈍化と歩調を同じくして低迷状態が続いている。つまり、我が国の産業や企業は、何らかの構造的な問題を抱え込んでしまっていると考えられる。その構造問題とは一体何だろうか。
　我々アーネスト育成財団は「我が国の産業、企業が抱える構造問題は、グローバル化への対応不良ではないか」との想定のもとに、財団内に「グローバル研究会」を立ち上げ、2014年春以降、約2年間にわたり議論を重ねてきた。研究会の構成メンバーは当財団理事長をはじめ、それぞれの産業において国内外での実務経験が豊富な者から成る。その実務経験をもと

に、グローバル化に関わる様々なテーマについて議論を行った。

　議論の焦点は、「現在多くの日本企業が迷路から抜け出せないで自信を失い、明確な方向性を見出せない状態が続いている。この状況をどう考え、今後どう切り開いていけばいいか」ということである。

　当初は広い荒野に足を踏み入れたごとく、まさに手探り状態から始まった。アプローチとしては学術的なものでも、政府の白書のような統計的なものでもなく、あくまで実務経験に基づくグローバル化の現状認識と知見をメンバーが出し合い、議論する方法をとった。

成長を阻害する要因を分析し、現状を切り開く方向性を探る

　1990年代の初頭以降、日本経済は先進国の中でも最も低い成長率に低迷し、日本企業の国際的な競争力は低下し続けて来た。この「失われた25年超」の期間、前半は1980年代後半のバブルの後始末に追われ、後半は中国はじめアジア新興国に世界市場の多くを奪われた。

　この状況を食い止め、新たに日本経済と企業の活力を取り戻すために、日本および日本企業の成長を阻害する実態的な要因を分析し、現状を切り開くための方向性をなんとか見つけたいと考えた。

１番目のテーマ：日本企業の国際競争力

　長期的トレンドとして、日本企業の国際競争力の低下が続いているが、その要因は結局何なのか。一般に言われることは、低コストの中国・アジア新興国に価格競争力で敗れたとか、製品・技術のコモディティ化のためにすぐにキャッチアップされ製品寿命が短縮化し、研究開発と設備投資の収益が低下したとか、であるが、それらは結果であって長期低迷の原因ではない。

　国、企業の競争力を決定する要素は、一般に、資本力、技術力、労働力、およびそれらを動員する仕組みないしマネジメント力だとして、どこにどういう問題があるのだろうか。

　資本力についてはその供給面ではなく、投資面、たとえばモノ作りだけでなくサービス投資が少ないことが問題なのだろうか。技術力についても技術を生み出す力の問題ではなく、技術の使い方、位置づけに問題があるのだろうか。労働力については極めて高い労働力を有しながら、生産年齢

人口の減少が響いてはいるのだろうが、近年の非正規労働への安易な傾斜が問題なのだろうか。マネジメント力についてはその中で何が問題なのだろうか。組織の仕組みなのか、人財の活かし方の問題なのか、戦略の弱さなのか、内向きになりがちな意識の問題なのか。これらについて実務的な議論を続けてきた。

2番目のテーマ：グローバル化を幅広く認識する

グローバル化については、これまで随分議論されてきているように思えるが、まだ充分議論されて来なかったものがあるのではないか。そのうち、重要なものに光を当てておく必要があると言うことである。グローバル化を広く多面的に捉えることによって、グローバル化の本質がより浮き上がるのではないかと考えた。

3番目のテーマ：グローバル化対応の現状認識と評価

企業のグローバル化対応の現状をどう認識、評価するかも大変重要である。グローバル化対応を単にコミュニケーションの英語化と考えるのは、問題の矮小化に過ぎるとしても、経営スタイルの米国化は広く、かつかなり真面目に議論されて来ている。

取締役会の中に各種委員会（指名、報酬、監査）を設置し、社外役員の増員を行う企業が徐々に増加しつつある。

また、経営の実務書の多くは欧米の経営書の翻訳ものだし、米国流の経営手法は、陰に陽に日本企業に入り込んでいるのが現状である。米国流の経営手法が、グローバル化時代の日本企業に本当に適したものなのか。そして、それを移入することが日本企業にとって最適なのかというのが、議論の焦点となる。

この議論をしていくと、グローバル化とはマクロ的にあるいは実務的に一体どういう構造変化なのか、その背景と底流に流れる本質は何なのかが問題となって来る。そして、日本的経営とその対比としての米国的（アングロ・アメリカン）経営のそれぞれの長短、およびその依って来たる処の歴史的、文化的なバイアス（特徴的な傾向）を整理しておくことが必要になる。日本的経営の土壌に米国的経営の木をそのまま植えてもうまく育たない。日本的経営の長所を活かし、短所を修正し、米国的経営の優れた面

で補完して、グローバル化に対応するには、何をどう考えればいいか。そのような議論を繰り返し行った。

4番目のテーマ：グローバル化における事業展開の実務的課題や戦略の分析

グローバル化における事業展開の実務的課題や戦略を分析し、その教訓を整理することも重要である。ただ、中国や東アジア、東南アジアなど、我が国との関係が深い諸国における事業展開については、相当の数の研究が様々な処で行われているので、あえて議論の焦点からは外し、アフリカ、中東、南米等の事例の分析を行った。

5番目のテーマ：グローバル化のための組織運営と人財の育成

グローバル化対応の議論は、最後はグローバル化のための組織運営と人財の育成の問題に行き着く。この問題は日本的経営の文化的バイアス、例えて言えば企業文化、社風、業務慣行などに関わる部分であるが、グローバル展開を行う上で摩擦の起こりやすい処である。極めて現実的、かつ柔軟に運用していかなければならない点である。あるべき論だけでは済まないし、正解もない。この組織、人財のテーマは政治、文化、宗教など多岐に亘る議論になる。

日本人の特性

日本人は、四季の変化が明確な自然環境の中で農耕をもっぱらとする民族であり、共同体社会の中で営々と文化、技術、制度を作り、その中で独特な意識が育成されてきた。狩猟民族、遊牧民族として富の収奪と戦いに明け暮れてきた欧州人とその末裔たる米国人とは文化、意識、制度、哲学を異にする。日本人の得意な、集団で社会的価値を継続的に作り上げる能力は、モノづくり、オペレーション力では格段に優れた特性を持つ反面、他者を打ち砕く激しい闘争心に裏づけられた戦略面では明らかに欧米人に劣るという面は否めない。グローバル化の中で、日本人の特性の長短をじっくり考え、そこからどうするかを考えていく必要がある。

日本企業にはグローバル化を乗り切る能力と資格がある

我々は基本的には日本的経営の長所を尊重しさらに伸ばすとともに、短

序　章　グローバル化の波を乗り越えて

所については試行錯誤で修正と改革を続けていく必要があるとの立場に立ち、これまで議論を重ねてきた。2年間の議論を経た今、改めてそのことを強く実感している。実際、日本はグローバル化の波の中で単に翻弄されてきただけではなく、様々な実績を実現してきていることを正しく評価する必要がある。また、ひとり日本だけがグローバル化の中で困っているわけでもない。

　米国は今般の本格的なグローバル化の以前、即ち1980年代に世界市場を日本に奪われ、多くの製造業の衰退を余儀なくされた。本格的なグローバル化の時代、即ち1990年代後半になって、今度は中国やアジア新興国にとどめを刺され、大幅な経常収支の赤字と財政収支の赤字を抱え込んだ状態が続いている。従来から競争力のある農業や航空宇宙・軍事産業はいいとして、それ以外の産業としてはバイオ・医療産業、IT、金融へ産業の重点をシフトせざるを得なくなっている。その為国内産業構造は極端に第三次産業化が進み、その影響も手伝って所得格差の拡大が加速し、貧困指数は先進国では最も高い、いわば病んだ国になり下がっている。

　EUはと言えば、ドイツ以外は低成長、高失業、所得格差の拡大、財政赤字の増大、国際収支の赤字拡大という大きな構造問題に直面している。また、そのせいもあって金融危機の克服が一向に進まない。中東・アフリカ、東欧諸国からの移民の大量流入による域内労働賃金の低迷にも苦しんでいる。

　中国は高度成長の転換点に差し掛かり、バブル経済の崩壊の危機、工業製品の過剰供給力による過当競争と企業の消耗戦による倒産の増大、沿岸地域の労働賃金の上昇による国際競争力向上の低迷、沿岸部と内陸との経済格差、工業地帯および都市の公害問題の深刻化、長く続いた一人っ子政策による人口構成の歪みの弊害、等々様々な調整局面を迎えている。

　このように、グローバル化は財・サービス、資本、技術、労働の地理的移動を格段に速め、それによって世界全体の富の増大に寄与したが、富の偏在、格差の拡大という大きな社会的コストも同時に生み出した。

　日本および日本企業は、このような中で価値創出努力を続け、グローバル化がさらに進展する世界の中でのポジションを高めていく必要がある。そして、その能力と資格は十分に持っているというのが、当研究会の基本的認識である。

今回の議論では充分できなかったテーマも多い。中国、アジアでのグローバル展開での実務的課題や戦略の分析は宿題として残った。また、グローバル人財育成については、座談会を開き、個々人の見解をある意味で立体化させる試みを加えたが、他のテーマについても同様なものを試みる価値はあると考えている。

　本書は「グローバル研究会」において、各メンバーが提案したレジュメを全員で議論し、その議論を織り込んだ上でそれぞれが纏めたものからなっている。

本書の構成

　本書の構成は4部からなる。
　Ⅰ部「日本企業のグローバル化の意義」は第1章「グローバル化に関する認識」、第2章「グローバル市場の様相」からなる。
　Ⅱ部「日本企業のあるべき姿」は第3章「日本型経営とグローバル化」、第4章「グローバル事業展開のフレームワーク」からなる。
　Ⅲ部「日本企業のグローバル展開の状況」は第5章「グローバル事業展開のケース・スタディ」、第6章「発展途上国における事業展開のケース・スタディ」からなる。
　Ⅳ部「グローバル化のための組織と人財」は第7章「組織と人財のあり方」、第8章「日本型グローバル人財と育成」からなる。

　2016年8月
　　　　　　一般財団法人アーネスト育成財団　グローバル研究会

第Ⅰ部

日本企業のグローバル化の意義

第1章
グローバル化に関する認識

はじめに　　　　　　　　　　　　　　　　　　　　前田　光幸

　日本経済および日本企業の長い低迷は、構造的な問題であり、それは日本企業のグローバル化への対応不良が原因と考えざるを得ない。この想定のもと、グローバル化の様相や環境変化への対応について、まず本章では「グローバル化の認識」として整理する。

　グローバル化の定義や分析については、様々なところで取り組まれているので、本書では、その定義や分析自体を議論するのではなく、日本企業のグローバル化への対応の諸相や問題点を議論することによって、グローバル化を認識しようとすることに重点をおく。

　例えて言えば、原発の水素爆発事故に対し、事故のメカニズムの解明ではなく、大混乱を起こし、対応策に奔走した現場や本社の意識・思考や行動に焦点を当てる。それによって、メカニズムの実態に反対側から迫るというアプローチである。

　これは実務家として、身の丈にあった視点だと言える。このアプローチは、ビジネスに従事する人や、経営学を学ぶ人がグローバル化をより的確に理解し、自ら考察することに具体的に役立つものと思われる。

　本章では、「1．グローバル化とは何か」において、日本企業のグローバル化への対応の諸相や問題点を挙げる。

　「2．日本企業の強みの認識」において、多くの日本企業がこれまで培ってきた経営の目的や考え方、運営方式の強みを再確認する。

　「3．グローバル化に関する10の視点」において、当グローバル研究会が多面的にグローバル化への対応の諸相や問題点を議論するために設定した10の分野を概説する。

　「4．グローバル化適応不全と今後の道筋」において、日本企業が総体

として、グローバル化に適応できていない状況をマクロ的に俯瞰し、今後のあり方を考察する。

1．グローバル化とは何か　　　　　　　　　　小平 和一朗

　日本企業のグローバル展開の問題や課題が議論されている。よくグローバル化の対応で日本が遅れている原因は、英語が話せないためといわれるが、大事なことを見逃していないか。グローバル化とは何か。日本の現状にどのような問題や課題があるのか。日本企業が直面する、グローバル化への対応に関する問題や課題を洗い出してみる。

（1）成長が止まっている日本経済
　日本の国の経済停滞を直すために、国の政策として為替や、株価や、金利などを操作して、短期的に良くはなっても、長期的に良くなるとは思えない。良くするには、国の経済を支えている企業経営のところの収支が良くなることが必要である。その結果、安定的な収益を出し、社員に充分な給与を支払えるようになることで、国民生活は良くなってくる。そんな中、日本の企業の多くが直面している問題として、グローバル化への対応の遅れがある。
　国の多くの政策が歪んだ規制を生み、ややもすると一部の利権を生み、最悪の場合には、日本の経済成長を止める仕組みを、無意識に作り出してしまっていることがある。保護政策が利権となって、やがて国際競争力を失い、無駄を生み出してしまっていないか。
　では、企業が取り組むべきグローバル化への対応問題とは何か。
　まず、現状で見えている問題を洗い出してみたい。それが分かってくると解決可能な問題が浮かび上がってくるようにも思える。世界経済の変容を把握し、その波に乗り、波を乗り切らなければならない。それにはグローバルな視点で、現在起きている事象を捉えて問題を具体的に洗い出し、その原因を分析し、理解しなければならない。理解にあたっては、色々なスキルを持った識者と広く議論し、対策を研究することが有効である*1。

第1章　グローバル化に関する認識

失われた20年から30年に入る

　日本経済は、1990年代に入ると80年代の勢いはなくなり、一転して縮小均衡に向かうこととなった。21世紀に入って、2010年が終わると、過ぎてしまった日本経済を振り返って「失われた20年」と経済の研究者は分析する。2010年代に入ると、数年前まで経営学のお手本であった優良企業の多くが、次々と経営危機に直面してしまう*2。

　その原因は何か。深尾京司によると「日本は、人口減少や生産性の低迷、生産拠点の海外移転で投資機会が枯渇している」*3 ということになる。しかし、原因が分かっても、例えば人口減少問題は、容易に対策を立てることができない。

　2010年以降になると、日本経済の問題点に気付く人が多くなってきた。気付いたと言っても「デフレが悪い、円高が悪い、その理由は」と問題を挙げるだけで、明快な答えを出してくれる人は少ない。デフレというから「日銀の問題となり、企業向けに金融緩和政策で解決する」となるが、本質は違うだろう。実体は、給与が減って可処分所得が減って、購買力が低下して、安いものを買わなくてはならなくなった結果である。国民の可処分所得が増えない限り、誰しも安くて良いもの求めることにエネルギーを使うので、なかなか消費は上向きにならない。

　円高から円安に大きく振れたとき、エネルギーを始めとして資源を海外に依存している日本は、貿易収支が赤字になってグローバル経済の流れの中にいることを再認識させられた。日本経済の問題は、国内の産業が衰え、就職率が悪化し、非正規労働者が増加し、少子高齢化などが起きていて、経済が縮小均衡した結果とも見える。その状況下で企業向けに金融緩和をいくらしても、個人消費が冷え込んでいる中で、企業が健全なる成長をする事業を創生し、オペレーションをし、安定収益をすることができるのかの疑問が起きる*4。

　ここに来てモノづくりの国内回帰が進み始めた。国内の産業が元気になれば、雇用の拡大が起き、経済も良くなる*5。良くなったと言っても、国内消費の伸びには限度がある。企業がグローバルな市場で活躍し、国民生活が向上しない限り、日本も企業も経済数値が改善することは無いのではないか。

（２）競争力や戦略上の問題
魅力のない日本市場
　我が国の人口減少問題は、既に見え始めている。高校の定員割れや大学の定員割れや人手不足という形で表れ出した。若年層が減ることによる国内市場の停滞は、避けられない問題となってくる。高齢化が進み、人口構成が逆ピラミッド型になってしまう。さらには、正規社員が前提で組み立てられた社会保障制度などで、非正規労働者を大量に生み出してしまった弊害が見え始めている。誰が日本の高齢者を支えるのか。

　制度関連でも、前例主義の過剰な保護政策による参入障壁が、自由競争を阻害している。更には過剰品質を招く不要な規制、複雑な事務手続き、複雑な二重課税等の日本の制度が、経済成長の妨げとなっている。成長戦略が経済政策操作に重点が置かれ過ぎて、消費税や社会保険制度などの負担増が中間層以下を苦しめ、大幅な賃上げがない現状では、実質的な可処分所得の上昇とならないため、消費の拡大は起こらない。日本の国内製造業は市場規模が縮小する一方で、過当競争が起こり、企業数が多すぎるためか、利益が出にくい状況にある。過剰な保護政策が、国内企業の国際競争力を低下させている。海外に活路を見出す必要がある。

企業の国際競争力が低下している
　日本企業全体の TFP（Total Factor Productivity、全要素生産性）が低下している。その内容を分析すると、輸出比率の相対的低下、海外投資比率の相対的低下などの数値に、日本企業の国際競争力の低下が表れている。

　それを国内投資で見ると、IT投資の相対的低下、研究開発投資の相対的低下などに表れていて、結局はイノベーションを起こす力が落ちている。国内投資が低下し、経済成長の止まった日本から、成長著しい BRICS 諸国へとビジネス対象が移ってしまうことで、さらに国内の成長の鈍化を加速させている。実際、1990年代から日本は30年近く経済成長が止まっている。

　日本が強かったモノづくりの国際的な外部環境が大きく変革してきている。しかし、国際競争力が低下しているのは、加工貿易を生業とした大企業や、金融分野であり、成長力では問題があるものの、モノづくりの技術をもつ中小企業の競争力にも陰りが出てきた。その中でも、大手企業に頼らずに海外で独自の販路を開拓している中小企業を見かけるようになった。

第 1 章　グローバル化に関する認識

国際的な水平分業が進んでいる

　グローバル化の進展に伴い、国際的な水平分業が進んでいる。電子情報機器のモノづくりでは、中国、韓国、台湾などの新興企業に力がついてきた。日本企業の品質に関する信頼感は依然根強いものがあるが、多くの消費財が「Made in China」となってしまっている現実がある。モノづくりの中国進出と共に、次のフェーズとして東南アジアへの進出も起きている。

　電子情報機器では、水平分業が進み、グローバルな視点からのオープンイノベーションが起きていて、モジュール化による国際的な視点からの住み分けも明確になってきている。電子情報機器の製造に必要な電子部品では、日本の企業が、トップシェアを取っていて、グローバルな市場で活躍できている。

国内産業の空洞化が起きている

　安い労働力を求めて工場を海外に移転するような、安易な海外展開が進めば、空洞化は起こると考えるが、海外展開で国内の産業が空洞化するというのは先入観であり、顧客に近いところで生産するモノづくりの基本は重要である。戦略的に製造拠点の海外展開を行う企業の方が、そうでない企業と比べて国内雇用を相対的に増加させ、収益も増加させている傾向もある。

　国内と国外と、どこで仕事をするかを柔軟に行うのはグルーバル企業ならば当然のことである。国内の需要の拡大が見込めないのであれば、国外に出て仕事をするしかない。国内と海外を一体とした戦略を持って展開し、企業力が向上しているとき、必ずしも空洞化することにならないと考えて、戦略を組み立てなければならない。

　日本市場は成熟化して、かつ消費者（個人も企業も）の品質要求度が高い。現状の商品ではグローバル市場向けにならない。国内向けでは、量があまり期待できないし、高品質は高価格になってしまう問題を抱えている。

海外への技術流失が起きている

　国際的な事業環境を見てみると、生産現場の海外展開が起きている。情報通信分野の電子部品などでは、製品、技術のモジュール化が進行していて、製品、技術のコモディティ化が進んでいる。日本企業の国内を向いた知的財産戦略が機能していないことが分かってきた。日本企業の多くが、国内出願しても海外出願をしていない。日本の公開情報を海外新興国企業

が開発テーマにして、特許としているなどの皮肉な結果が起きている。
　国内に目を向けると、日本の縦割り型社会の弊害や、国内企業間の人財の流通や、韓国・台湾・中国への技術者の流出などが起きている。
　大企業の多くが国際競争力を失ってしまった。生産拠点の海外移転や開発拠点の海外展開を含む大規模なリストラを実施し、自社人材を大切に処遇しなかった結果、情報・知財管理が不十分だった隙を突かれた格好で、モノづくりのノウハウが海外の競合社に流れてしまった。世界で日本型経営を通用させることは難しい。

人財の流出を防ぐには、人を資産として扱うことだ
　産業スパイは、外の人間ではない。多くの場合、裏切り者は組織内にいると言われる。知識は高き所から低きに流れることを知り、対策を立てなければならない。
　職場のモラル低下は、リストラが原因である。企業が、社員の保持するノウハウや技術を不要と判断する場合でも、それらの情報に商品価値があると判断できる場合は、雇用を関連企業を含めて継続するなどで、人材を人財と考えて資産として扱う工夫が必要である。
　人財の流出が海外への技術流出の大きな要因となっている。

研究開発、マザー工場は国内に残す取り組み
　円高対策で、国内工場の海外移転が進んできた。そのためか、従来の国内拠点の事業内容が変化してしまった。しかし、その中でも、研究開発、マザー工場、海外拠点の管理業務などは、国内の役割としている企業も多い。製造原価の引き下げや、海外市場進出などの理由で大量生産品は海外シフトが進んでいるが、少量の高付加価値商品の生産は国内に残している。
　多種少量品、納期・賞味期限の短い商品、知財価値の高い商品（主に部材）は国内に残す傾向もある。そのような部門での、国内産業の空洞化は進まないように思える。

グローバルスタンダードにならない商品
　日本企業の競争力低下の原因の一つに「グローバルスタンダードにならない商品を開発しているからだ」とよく言われる。その原因として、日本スタンダードは世界標準との狭い考えにこだわり、世界の舞台での標準化活動で遅れを取っている。また、グローバルな場での積み重ねが不足している。国際人脈、社交的でない日本人など、日本独特の問題がそこに見え

第1章　グローバル化に関する認識

隠れする。
　日本の需要家は高品質、高機能を要求するので、オーバー・スペックのものを作ろうとしがちである。従ってどうしても、日本企業の開発、製造の現場は上等なものを追及しすぎる傾向にある。工作機械などのように、それが競争力となるものもあるが、一般の消費財では、無駄に高品質にして、価格の上昇を招いて、競争力を無くしている場合もある。
　中国の労働コストが上昇したから、次の安い労働力を求めてベトナムとなり、ベトナムもいずれ賃金水準は上昇したら、その次はミヤンマーという現状になっている。しかし、それで良いのか。
　海外進出の目的を海外の市場獲得に定めないと、市場づくりで遅れが生じてしまい、市場の変化とともに対応の遅れが出てしまう。

海外の経営要員は、日本の企業文化を理解させた上で派遣する

　企業のグローバル戦略の中で、生産拠点の海外移転が必要となる場合、経営要員は新規にリクルートすることが多いが、日本人の場合でも、外国人の場合でも、2年から3年程度、日本の現場で経営に携わらせて、日本の企業文化を理解させた上で海外に派遣すべきである。そのような準備をした上で組織を組み立てないと、日本企業の良さを生かすことはできない。
　教えるべき日本企業の良さとは何か。敢えてあげると「会社のために仕事することが自分の利益になる」と「モノづくりを現場が支える」ではないか。

海外進出で中小企業の遅れが目立つ

　中小企業の海外進出を見ると、大企業の下請け的中小企業で、大手顧客について海外に出るケースと、世界No.1.オンリーワンの技術・商品を持った中小企業で、独自で顧客を開拓し、海外に出て行くケースの二つがある。
　前者の海外進出はそれなりに進んでいるが、後者については、ネット利用やパートナ発掘で世界進出の機会はある反面、人材不足、経験不足、販路開拓、資金などで、苦労あるいは躊躇しているのが現状である。
　実際、日本の中小企業は、下請けからの脱却ができていないし、世界の顧客を相手にビジネスを推進していない。グローバル戦略も中途半端で、ビジネスに至るには、まだまだ隔たりがある。海外に出るにしても、海外ビジネスに取り組める人材がいない。リクルートするなり、海外展開を少

しずつはじめて人材を育てるなり、踏み出すことが大事だが、躊躇している場合が多い。確かに、特徴のある技術を保有しておれば、その技術に特化したグローバルな展開は容易となるが、中小の場合は、資金的にも、人財的にも余裕がなく脆弱である。

数は少ないが世界で戦える中小企業もある

中小企業が競ってグローバル企業になる必要は無いが、国内市場が伸びないばかりか減少している状況にあって、国内市場の伸長が見込めない業態では、海外進出の必要がある。しかし、まだ国内市場に対する期待を捨てきれず、海外展開に踏み切れない場合が多い。

中小企業には、財務的にそれほど余裕は無いと言われるが、数は少ないが世界で戦える中小企業も存在する。日本国内は、多くの業種がある中で、同業同志が競争を繰り返している。その一見無駄と思われる競争が、ある意味で国際競争力を育てている。

個々の中小企業の単位では、海外に出るための人財とノウハウに限界があり、経済産業省、JETROでも調査を含む立ち上げ段階の支援を試みている。しかし、公的な支援は現地で立ち上げる所までしかやらないので、育成、支援などで問題が多い。制度面の制約とJETROの要員不足で、それが出来ていない。公的機関の海外でのビジネス支援のあり方には、米国などでは、企業名を前面に出して政治家がビジネス作りの先鋒となっている支援の仕方と比較すると問題が多い。

（3）ビジネスモデルで遅れをとった
誤った株主重視で守りの経営に終始

80年代後半からの米国からのバッシングもあってか、90年代に入ってからは、日本の企業の多くが守りの経営をしてきた。90年初頭以降、研究開発体制の縮小、設備投資の抑制、事業の統廃合に取り組んだ。その背景に米国流の株主重視の経営があり、日本企業の多くが短期的な利益重視の経営に取り組んできた。その結果、次のような形で日本の企業の足腰が弱くなってしまったといえる。

一つは、日本企業を退職した優秀な開発研究者や技術者は、リストラされ、止むなく台湾企業や韓国企業に雇用され、海外の職場で言葉の壁を乗り越えて、高給・短期契約で海外企業で能力を吐き出している。古くは日

第1章　グローバル化に関する認識

本ブランドと言われた高品質の製品が、海外の国々でも生産出来るようになったのは、優秀な日本人技術者の現地指導をした賜物だとも言える*6。

次に半導体や液晶事業で世界をリードしてきた日本企業は、設備投資の遅れによる生産性の低下に気付いたが、設備の立上げで海外メーカーの後手に回ってしまった。

大企業病にかかった社員や、世界のトップであるという勘違いが、創造力や発想力を低下させ、日本に追いつけ、追い越せと取り組んでいた中国をはじめ台湾企業や韓国企業などのスピードに勝てなかったと言える*7。

大企業病とは、前例主義で新しいことを嫌う病である。経験したことの無いことのリスクが新規事業検討段階で常に大きく前面に出てきてしまい、新しいビジネスに取り組むことのために組織変更をすることや、対応することが出来なくなってしまっている硬直化した組織状態をさす。

非常識をビジネスにしてイノベーション*8

アフリカを良く知っている友人から「アフリカの奥地でも携帯電話が50％以上普及している」と聞いた。電話としても使うのだろうが、プリペイド携帯を購入する理由は、お財布携帯としての利用だと言う。もともと住所も不定で、銀行口座を開設ができない人達。世界に出ている子供達からの送金の手段に携帯が使われていると聞く。

このような話を聞くと「靴の履かないアフリカ人に靴を売りに行く馬鹿がいる」が今までのマーケティングの常識だったが、「靴を履いたことのないアフリカ人に、靴を履かせるビジネスモデルづくりに取り組んでいる」との非常識が、新しいマーケティングの常識となっている。日本ではイノベーションが重要と言いながら、このような非常識な企画書を稟議提案しても、承認されることは無いと、日本企業の社員の皆が皆言う。

この話を海外によく出ている友人にしたら、アジアの放牧民も携帯を持っていると言う。「電気の無いところでどうしている」と聞くと、「ラクダの背中に太陽電池を背負わせて携帯を使っている」と語る。羊をどちらの街に連れて行った方が高く売れるかの情報を以前は狼煙（のろし）で入手していたが、今は携帯を使って情報を入手していると聞いた。

アップルが情報端末市場をリードしている

パーソナルコンピュータ（PC）メーカーであるアップルは、2001年末にアイポッド（iPod）を開発し、異業種から携帯音楽プレーヤー市場に参

入した。iPod ビジネスは、ソニーのウォークマンに対する破壊的イノベーションとなった。

　ソニーは、コンテンツやCD販売網から機器販売まで、垂直統合化されたビジネスモデルを構築しており、ビジネスモデルを自ら破壊するような、コンテンツをネットで流通させるビジネスに参入をするわけにいかない事情があった。アップルが、iPod という携帯オーディオ機器で、世界のトップシェアを日本から奪って久しい。

　さらに日本の携帯電話は、ドコモが開発したアイモード（i-mode）端末が機能面で世界をリードしていると言われながら、アップルの iPhone に世界市場での主導権を奪われてしまった。日本では次々に iPod と同じようなことが起きようとしている。iPhone が販売された当時、iPhone を手にとっても、「iPhone は電話では無い」と言い切る日本の大手通信キャリアの経営者がいた。販売が開始されて数カ月や数年も経った市場の動向をみて、徐々に日本の携帯のガラパゴス化の現実に気付いてきた。

　日本には残念ながら常識人が多いが、「非常識と思われることが、イノベーション」といいたい*9。

ICTの利用で遅れ

　日本は、ICT（情報通信技術）関連の技術で、世界最先端のものを持っているが、利用化技術の実用化で遅れが目立つ。現状、電子カルテの導入が国内でもやっと進んできたが、電子カルテ・データーベースの共用化は進んでいない。病院や医院を変えたとき、その検査情報を次の病院で見ることができず、同じ検査を繰り返さなければならないのが現状である。検査費用は高額なうえに、時間の無駄も無視できない。情報が横断的に医師に公開されることで、今までどのような治療をしてきたのか、どのような投薬をしてきたのかの履歴が分かり、医療の信頼性や効率性を高めることができる。保険の点数計算や保険請求事務の自動化も、併せて可能になるはずである。不正請求も起こりにくくなる。

　実用化にあたっては、法制度の整備、データーベースの標準化など、取り組むべき課題や問題は多い。医療費の削減、医療の信頼性の向上につながるシステム作りができていない。世界の流れに大きく遅れている。

　米国では、ソーシャル・セキュリティー・ナンバーという番号を、国籍がなくても取得することが可能で、米国で働く場合や免許証の取得など、

個人を特定するための番号として広く使われている。日本にやっと導入されたマイナンバー、保険証のカード化やマイナンバー制度の実用化が進む。もう少しメリットをPR出来ないものか。米国並みに外国人労働者を含み、国家として、日本に働く労働者の保護の観点から一本筋の通った管理が求められる*10。

現地に出掛け、現地の文化を理解し、ビジネスを作る

ニーズ、シーズではなく、潜在ニーズの深層部分を積極的に掘り出して、ビジネスを作り上げる必要がある。顧客からニーズにつながる情報を得ることは難しいので、このビジネスモデルづくりは、単純な市場調査だけでは考えが及ばない。企業の最先端のモノやコトづくりが分かる人間が、現地に入って現地の文化を理解することができなければ、世界に先駆けて潜在ニーズを見つけ出すことは難しい。

現地の市場ニーズを反映した新たな製品を開発するためには、現地ならではの発想が必要である。しかし、日本企業における商品開発は、日本の本社主導で行われることが多く、現地感覚とのずれが生じる。

中国にある日本企業で発明された特許の引用情報を見ると、日本企業特許は、日本の本社（自社）特許を引用しているケースが圧倒的であり、現地での開発も本社主導で行われていることが分かる。日本企業と異なり欧米の企業は、中国国内の大学や企業などの現地機関の特許を引用しているケースが多く、現地との連携が進んでいることが分かる*11。

永守重信日本電産社長は「新興市場について、低価格品が主流で利益が出にくいという先入感を持ち敬遠する日本企業は多いが、ここを攻略しなければ成長はできない」*12と言う。「R&Dや国際化で後れをとった中小企業の停滞、生産性の高い大企業の海外移転などで、国内生産を拡大しなかったことが空洞化を作った」*13と深尾は言う。安易な対応が、国内の空洞化を招いている。

半導体受託生産で世界最大手の台湾積体電路製造（TSMC）は、サムスンと異なる手法で世界首位の座を固めた。半導体生産の水平分業の流れを早くから見越し、受託生産に特化し、スマホなどに不可欠な最先端品を圧倒的な生産能力で供給している。12年の半導体受託生産市場シェアは約44％。「産業の米」といわれた半導体産業が米国から日本へ、日本から台湾へと移った問題の原因を分析しておく必要がある。

サムスンはメーカーというよりマーケティング会社
　サムスンの安定した収益の秘密は「スマホに集結している」からだと言われる。モバイル用 DRAM への設備増設を行い、成果を上げた。また従来の液晶パネルに代わり自社生産した有機 EL パネルを搭載し初期投資を回収している。今では、他社のスマホやディジタルカメラ、携帯用ゲーム機に、外販先を広げている。
　半導体分野で世界最大手の台湾積体電路製造（TSMC）をモデルに05年から投資を重ね、アップルからプロセッサー生産を受託している。アップルとの訴訟もあるが、迷わず受託生産事業向けの投資を続け、市場を広げ、サムスンは販売台数でアップルを超えるスマホメーカーとなった[*14]。

米グーグルに次ぐ世界第2位の企業はインドのインモビ
　米国の Google と同じような広告配信事業をしているインドの企業がある[*15]。インド南部に本部を置いている、インモビという企業である。スマートフォンなどに広告を配信する事業で、米グーグルに次ぐ世界2位に急成長した。インド南部バンガロールに本部を置く。165カ国・地域で毎月6億人弱に配信できるシステムで主役に躍り出た。
　12年10月、ベトナム携帯電話の輸出額が、繊維・縫製品を抜いて首位に立った。サムスン電子が09年に始めた携帯の生産は1億台を突破、キヤノンは同国最大の輸出企業の座を譲った。
　日本は品質さえよければ売れるという、昔の成功体験を捨て切れていない。本社はアジアの変貌ぶりを理解していない。本社の意思決定は遅く、これではライバルに負けてしまう。手をこまねいていればアジアは、「日本抜き」の経済圏に変容していく可能性がある。

（4）組織運営上の問題
現状の日本企業の企業力
　グローバル化の進展に伴い、国際的な水平分業が進んでいる。現状の日本企業は、企業の国際競争力が低下している。大企業の競争力が低下している原因は、やるべきことに対応できていない組織の官僚化によるところが多い。変化に対応できなくなっているのは、大企業病にかかっているからである。世界レベルでの変革に対応するには、商いの原点に立った活力が必要であるが、日本企業の多くがそれを無くしている。

第1章　グローバル化に関する認識

　多くの大手企業が、不要な事業を切り捨てる縮小均衡に走っている。実際、大手企業の多くで、新規事業や社内ベンチャが出てこないのも問題である。過去の日本の企業は、雇用を維持するために、職種の転換、事業の転換に取り組んできた。日本人の多くは、職探しではなく会社探しで、入社は就職でなく就社である。日本の企業の多くは、従業員が支えてきた。職場で一生働き続けられるという従業員の安心は、企業忠誠心を生む素地となっている。終身雇用制度が、日本企業の秩序とモラルを支えてきたが、リストラが顕著になることで、日本企業の良さを無くしつつある。

　中小企業に目を向けると、海外進出で中小企業の遅れが目立つ。しかし、数は少ないが世界で戦える中小企業もある。モノづくりの海外移転は、市場を求めて行うべきで、安い労働力を求めるだけで、海外のマーケットづくりを怠っては、国際情勢についていくことはできない。

グローバル化に対応できていない会社内の意識や制度

　グローバル対応が出来ない会社の中で何が起きているのか。

　マーケティングの視点から分析すると「自己の事業領域が不明確な状態では国際競争は出来ない」「国内市場優先で海外市場への積極的展開が減少している」「国内市場をメインにビジネスを展開し、国内仕様の製品を輸出している」「国際市場を対象にしたビジネス企画に取り組んでない」の4つの原因が考えられる。

　商品開発、技術開発の視点からは「グローバルな市場を向いての商品開発をしてない」「画期的な魅力ある新製品が減少している」の2つがある。

　その原因として「自己の競争領域を明確にし、競争優位を確保できていない」「会社内の意識や制度がグローバル化されていない」の2つが考えられる。

　日本企業の多くが、ビジネスにおける戦い方を理解していない。戦略という言葉だけが空回りしている。

日本の企業はICTしても組織の簡素化に取り組まない

　ICT *16 は、世界標準のイニシアチブを取れなかった分野であり、次世代の新たな部分でイニシアチブを取らない限り、世界をリードしたいと言っても難しい。日本の ICT ユーザはあまりにもカスタマイズ化、精緻化を望みすぎ、高コストになってしまうために、競争が激しい中、結果的にICT投資を絞ってしまう傾向が強い。

ICT化しても組織の簡素化に手を付けないため、従来からの事務処理を変えないので効率化が実現しない。海外ならばICT導入によって削減された要員をすぐに解雇できるが、日本ではできない。これは、終身雇用制度の弊害である。また、ICT技術者の育成で遅れ、経営者層がICTを理解していない、3Kと言われる劣悪なソフトウェア開発環境なども問題もある。

（5）日本の雇用環境の変化

東京・大手町にある中国通信機器大手の華為技術日本株式会社（ファーウェイ・ジャパン）は、日本人も貴重な戦力として、毎週のように入社式を開き、NECや日立などを辞めた社員を中途採用している＊17。

ファーウェイの2012年1〜6月期の世界売上高が、スウェーデンのエリクソンを抜き首位に立った。多様な人材で世界のニーズに対応している。しかし日本企業は、「仕事を覚えるとすぐに転職してしまう」と、多国籍社員の採用に消極的である。

アジアの就労観は「転職は普通のこと。新しい人が組織を活性化する」ということのようである。日本人とは違う。

ビジネス不調の本質は言葉だけで済むほど単純ではない

グローバルなビジネスで台頭してきた韓国企業や台湾企業を見て、自分たちがうまくいかない原因が「英語が話せないのでグローバル化への対応が出来ない」などと結論を出しているが、ビジネス不調の本質は単純ではない。大学で何を教えるか、何を学んだかが重要である。

問われるべきは、大学で学んだことがグローバル社会に通用する知識となって身についているかである。また日本の知識評価重視の教育から米国を見習って、創造性を高める教育へと変わる必要もある。企業の側も、知識偏重ではなく、創造性豊かな人財を求めるようになってきたかどうかが問われている＊18。

非正規労働者の不安定な雇用が、日本を弱体化

非正規労働者が企業活動のバッファーになって、海外への工場移転の歯止めとなるというが、社会的な保護を受けにくい労働者階層を作り出してしまった。非正規労働者を容認したことは、新たな差別社会と貧困層を制度的に生み出してしまった。年金問題を含めて考えると、想定外の年齢構

成のゆがみを生み出し、新たな誤算を生んでいる。

　非正規労働者で国際競争力を高めると言われた制度が、フリーターを生み、日本の国力を、経済力を低下させている。更にまずいことは、終身雇用制を見直し、解雇を容易にする法律改正の検討も始まっている。日本企業の強みはなんだったのか。日本をさらに弱体化させる制度にならないかと、疑問が起こる。

　非正規労働者によって日本企業は、本当に国際競争力の強化が出来たのか。日本の競争力の低下を防ぐことができたのかという疑問である。企業内労働組合の日本で、企業から出された労働者を誰が面倒を見るというのか。米国の労働組合とは異なることを理解しなければならない*19。

　深尾は「非正規雇用は転職も多く、人的資本が十分に蓄積されず、日本全体として膨大な損失が生じている可能性が高い」*20と指摘している。非正規雇用の問題を指摘する識者が意外と少ない中で、傾聴に値する。

敗者復活ができない現状の就職システム

　景気が悪いと、大学は出たけれど望むような就職がなかなかできない。その現象は、偏差値が高い大学にまで波及をしている。企業は、大学の新卒者（在校生）を対象に求人を出す。大学を卒業しても、在籍中に就職できないと就職の機会はなくなる。最近になって、大学も卒業生の就職の面倒を見るようになって、企業も卒業後3年間くらいは新卒者と同じに扱おうとか決めているが、年功給から抜けきれない日本の雇用体制では、入社してからの敗者復活が難しい。

　これが1年の短期であれば良いが、長期になると問題は深刻である。就職ができない人達は、非正規労働者の道を選ぶことしかできなくなる。そして、二度と正規社員にはなれず、低賃金労働者になってしまう。日本では、企業で教育するのが前提になっていて、就労経験のない労働者の再雇用を更に難しくしている。

企業が生き残っても、国民の生活が悪くなっては負のサイクル

　長期的に経済成長をプラスにするには、国民総体の収入が増える施策に取り組まなければならない。企業がリストラなどの経費抑制策で企業が生き残ったとしても、国民の生活レベルが低下してしまっては、国として負のサイクルに入ってしまう。その結果、国内需要は低調になり、マクロ的な視点からみて、高齢者の年金を支えられないとの結論がでてしまう状況

になっている*21。

（6）人財の育成や教育制度
　日本の企業がグローバル人財を受け入れるための現状の問題を整理すると、「外国人の採用を考えた人事制度、キャリアパスが出来ていない」「終身雇用（永久就職）を原則とした組織構成である」「現地法人では、職務給、実力主義、契約に基づく勤務を採用せざるを得ないが、国内本社での処遇には、困難が伴う」「グローバル人材が定着し、かつそれを見て他のグローバル人材が集まるシステムにできていない」「人事制度以外にも、人事評価（減点主義）と給与制度の違い、不明確な責任と分担（上司と部下）、ビジネス・プラクティスの違い、ストックオープションの未整備」などである。

グローバル人材を招き入れる仕組み
　米国と比較して日本では、国際的な視点で優秀なグローバル人財を国内に招き入れる仕組みが出来ていない。それは、大学でも、企業でも同じことである。
　その理由は、日本企業の経営がグローバル標準になっていないので、海外の人財を採用することを難しくしている。日本の企業の多くは、日本人（単一民族）による組織構成を前提としていて、新卒一斉採用、**OJT** による教育訓練、日本的労働慣行（チームワーク、会社に対するロイヤルティ、年功・勤続年数重視、職務内容ではなく職務能力重視）というレジームの中に、海外の人材を位置づけしにくくしている。
　もともと日本企業は、ビジネスをグローバルに展開する戦略を持たないためか、外国人の採用を考えた人事制度になっていないことなども問題である。グローバルビジネスに取り組むには、グローバル人財を招き入れることを前提とした人事制度を構築する必要である。
　日本の多くの企業が、終身雇用（永久就職）を原則とした組織構成である。従って、日本人の人脈に限定していて、グローバルな人脈を持っている企業は非常に少ない。基本的なことではあるが、最近まで外国人を招き入れる必要性が無かったから、仕組みが出来ていない。日本企業は、日本人でやって行こうとの意識が強すぎる。企業がグローバルにビジネスを展開する場合には、この村意識を捨てる必要がある。

第 1 章　グローバル化に関する認識

海外の大学院やMBAを出ても、日本企業はそれを評価してくれない

　2004年以降、留学者数が減少しているのは統計の通りだが、学生の母数が減少してきていることと、企業派遣の留学が減っていることを考慮すると、本当に学生の留学熱が冷めてきたのかは疑問である。

　確かに日本の暮らしは楽で緩い。しかし、留学となると海外の生活に慣れるのに大変である。言葉や習慣の違いに、ストレスを感じることも確かである。今の日本人、親の過保護により弱くなって、それがチャレンジ精神の不足となって表れている。そのような状況下で、海外に出て学ぶという意欲のある人が少ないのも確かである。ハングリー精神が欠如している。

　「留学から帰ってきても留学体験を活かすことができる会社が少ない」「留学して学んでも、国内で評価してくれない」「国内の就職環境から、留学のメリットが少ない」等と、留学後就職した場合のインセンティブがあまり働かないという事情もある。

　日本に帰っても、コンサルタントや外資系金融機関、海外企業の日本法人に行くことになる。企業がMBAを重視しないのは昔からだが、最近の学生はそれが分かってしまったので、必死に海外留学をしようとしないという風潮になっている。魅力があれば海外留学をするのではないかと思う。本当の勉強の楽しみや重要性を知らないとも言える。

日本の大学の問題

　大学の教育方針そのものに問題があるのではないか。日本にある多くの大学が、世界を向いて学生を募集していない。魅力ある教授、授業プログラムが少ないことや、授業における言語の壁、英語の授業が少ないなどがある。海外の留学生に対する経済面での支援プログラムが少ないなどの問題を抱えている。

　日本の多くの大学では、世界の最先端と評価される科学技術を教えている大学が少なく、知識教育が中心で、大学の中に閉じていて、実務に役立つ実践的授業が少ない。教員の能力にも問題があり、日本の大学には外国人留学生を教育する上で能力の高い教師が少ないことや、教師のコミュニケーション能力や姿勢にも問題があるとされている。

　教師の英語力や、グローバルな知識を持っていないことも問題である。多様な価値観をもつ、外国人留学生の価値観の背景を知らないことや、知ろうとしない姿勢にも問題がある。それでは議論ができない。

大学の取り組みにも問題がある。日本の大学に人財がいなければ、自らが人財を育成する取り組みや、欧米に出ている優秀な研究者を呼び戻せるようにすること、または海外の優秀な人財をスカウトするなどをすべきである。その時、必ずしも日本人である必要はない。

　人財の育成や大学の問題点で、グローバル人材を招き入れる仕組みや、海外の大学院やMBAを出ても、日本企業はそれを評価してくれないなどの問題がある。

＊1　小平和一朗（2011）「編集後記」、『開発工学』2010後期
＊2　小平和一朗（2013）「編集後記」、『開発工学』2013前期
＊3　深尾京司（2013）「経済教室　産業競争力強化の視点」、日本経済新聞、2月7日付
＊4　小平和一朗（2013）「編集後記」、『開発工学』2012合併
＊5　小平和一朗（2014）「編集後記」、『開発工学』2013後期
＊6　同上
＊7　小平和一朗（2013）「編集後記」、『開発工学』2013前期
＊8　小平和一朗（2013）「編集後記」、『開発工学』2012合併
＊9　小平和一朗、矢本成恒（2011）「変革を理解できない、変革を作れない、その原因を探る」、『開発工学』2011前期
＊10　同上
＊11　元橋一之（2013）「製造業復活への課題　顧客と協業で革新を」、日本経済新聞、12月30日付
＊12　永守重信（2013）『「ものづくり」にこだわる』、日本経済新聞社
＊13　深尾京司（2013）「経済教室　産業競争力強化の視点」、日本経済新聞、2月7日付
＊14　「サムスン柔軟性に磨き」、日本経済新聞、2013年1月26日付
＊15　「アジア跳ぶ　世界の5割経済圏」、日本経済新聞、2013年1月1日付
＊16　ICT : Information and Communication Technology、情報通信技術
＊17　「アジア跳ぶ　越境のススメ」、日本経済新聞、2013年1月5日付
＊18　小平和一朗（2014）「編集後記」、『開発工学』2013後期
＊19　小平和一朗（2013）「編集後記」、『開発工学』2013前期
＊20　深尾京司（2013）「経済教室　産業競争力強化の視点」、日本経済新聞、2月7日付
＊21　小平和一朗、矢本成恒（2011）「変革を理解できない、変革を作れない、その原因を探る」、『開発工学』2011前期

2．日本企業の強みの認識　　　　　　　　　　　　　　　小平 和一朗

　グローバル化が進展する中で日本の弱点が沢山見えてきているが、日本企業が取り組んできている「日本型経営」の中に日本人の強みが潜んでいるように思える。強みがあるとすれば、その強みを生かさなくてはグローバル社会での日本人の存在感が無くなってしまう。日本型経営を前提に日本企業の強みを見直してみる。

　日本では、米国の学者が研究した経営学を学ぶことが多いが、人、もの、金という経営環境や社会環境が、米国と日本とでは様々な点で異なっている。米国流の経営学の中には、日本の経営風土では使えない知識や、使ってはいけない知識が含まれていることを理解しておかなければならない。日本の経営が学問的に充分に整理されていないために、整理が進んでいる米国型経営が日本での経営学の主流になっているのが現状である。

　本節では、日本企業の強みについて考えてみたい。

（1）日本人の気質と企業風土
会社のために仕事することが自分の利益になる

　日本には古くから「顧客とは、Win-Win の関係を作りなさい」と言ってきた。近江商人の「売り手よし、買い手良し、世間よし」という「三方良し」の考えは、グローバルに通用する考えである。

　中国（本土）にも会社を持つ台湾の企業の CEO は、中国と台湾との経営の違いについて「『企業は人なり』『会社の従業員は私の家族である』が台湾では通用しても、中国（本土）では通用しない」と語る。中国の従業員は、自分のために仕事をしているが、会社のために仕事をしてはくれない。問題が起きると、自分は悪くないことを主張して、問題を皆で話し合って自ら解決しようとはしない。「会社のために仕事することが自分の利益になる」という日本型経営の考えが、中国（本土）では通用しないと聞いた*1。

日本の老舗企業には、現代にも通用する企業理念や行動規範がある

　日本的なるものを支え続けてきた伝統文化の根底には、時代の変革を取り入れ、それを持続させる力がある。日本にはそれを先導する企業家精神

溢れるリーダーが沢山いた。
　日本には、創業期の乱暴とも言える挑戦的な行動と、試行錯誤の繰り返しの結果、世界に例を見ないほど多数の100年を超える老舗企業が現存している。創業者の試行錯誤と失敗事例からの中には、現代にも通用する企業理念や行動規範がある。世界に通用するガバナンスの規範がそこにある。

日本人の強みを再認識
　「日本人が好奇心や遊び心、空想力に富み、情緒豊かな世界観をつくる能力に秀でている」*2と増田貴司は『コトづくりは実は日本の得意分野』と題するコラムの中で言う。日本人の強みを認識することが重要である。日本の現場力のレベルは高い。現場の人が作業の改善に取り組み、提案をしてくる。
　藤本隆宏は「中国やタイなど新興国の賃金高騰が始まった。既に多くの領域で中国の賃金は日本の数分の一に達した。一方、日本の多くの国内工場がなお2倍から数倍の物的生産性向上の可能性を持つことから、現場では『中国拠点も射程に入ってきた』との声を聞く」*3と言う。

終身雇用制度は日本の強み
　伝統的な日本の強みを日本が忘れたころ、リーダーシップ・パイプライン、顧客とはウイン・ウインの関係など、米国から美しく化粧された言葉になって逆上陸してくる。
　1980年代に米国に脅威を与えた日本の強みは何であったのか。働き過ぎだと外国から圧力を掛けられ、米国の10日の祝日と比較して、15日の祝日と、休日だけがやたらと多くなってしまって、「働かない日本人」とまで言われてしまう。米国に脅威を与えた日本人の勤勉さは、どこに行ったのか。日本人の特質や文化を理解しないで、日本人の強みをつくることは出来ない*4。

日本では知識がメンバー同士の交流の中で作り上げられる
　西洋では、一個人によって知識が創造されると考えられるのに対して、日本では知識が組織メンバー同士の交流の中で作り上げられると考えている。
　仕事には、作業内容を容易にマニュアル化できるものだけでなく、共に働く経験を通じて、暗黙知を形式化することができる知識もある。日本の企業では、小集団活動などの現場改善力を発揮することが出来る組織をつ

くることが出来るのだ。それを岸本義行は「新商品が次々に出る日本メーカーはラグビー的という比喩がされ、欧米の製品開発はリレー競争的としている」*5と説明している。日本では共有化された暗黙知を相互コミュニケーションで共有化し、チームで仕事を始める。

会社に就社する日本人、長期雇用を前提とした経営戦略

日本人は就職と言いながら就社をしている。良い職業より良い会社を探している。終身雇用を前提とした会社選びである。従って、日本の経営者は長期的な事業予測を立て、職種転換するための教育や、新しい技術の習得を会社内で従業員と共に取り組んでいる。その点で日本企業は昔から戦略を持って、自らの組織と構成員である社員を守ってきた。

日本企業では、組織のために仕事を見つけるとともに、体制・組織を守ることにも取り組む。一方、米国のシリコンバレーにおけるビジネスモデルは、仕事をするために組織（プロジェクト）を作ることにある。仕事が終われば、従業員を解雇することは当たり前のことのように行われる。

日本の経営は、プロジェクトが終われば従業員を解雇する米国の経営とは基本的に違う。

米国の会社では、中心に株主がいて、株主利益の最大化が経営目的である。日本の会社は中心に従業員がいて、従業員のための組織であるとともに従業員と従業員の家族と会社が置かれている地域を守ることが目的である（図1－1参照）。

また、米国の従業員は「金のため」に働くといわれるが、日本の従業員は「会社のため」に働くといわれる。日本において企業は永遠で、企業に所属する従業員は財産である。

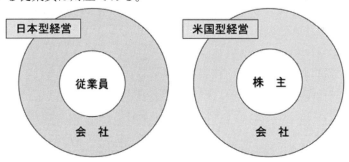

図1－1　日本型経営と米国型経営

日本には世界に通用する企業家精神がある＊6

　日本の「企業家精神」は、あらゆる分野の行動原理に共通して言える、日本社会の根底を流れている精神（スピリット）である。それは、特定の分野や役割、産業界だけに言えることではない。日本人の持つ企業家精神が政治、経済、産業など社会を支える全ての分野を活性化し、進化させることで変革を生み出す力の源となることを知らなければならない。それは、普遍的な原理原則である。

　「形から入り時間をかけて学び会得し、初めてその心が見える道の世界」といった「道」に日本的特性と精神があると言われてきた。伝統文化と「道」の概念が、日本を際立たせる日本的特性の支えとなっている。日本における家業や企業の歴史には、しっかりとした企業家精神が根底にあり、鎖国前から海外貿易に乗り出していたのである。そこには、ベンチャー精神旺盛な多くの企業家達の存在があった。

（2）日本人によるモノづくり
ボトムアップ型のQC活動ができる現場力

　日本の工場と海外の工場との基本的な違いは「現場力」にある。ただあるだけではない。日本は力強い現場力を備えている。海外の事業所では、ボトムアップ型はなじまない。取り組もうにも作業者に基礎的な知識が備わっていないので、作業者に現場改善提案を期待することはできない。従ってトップダウンのQC活動に取り組むことが出来ても、ボトムアップ型のQC活動に取り組むことはできない。

　日本の多くの企業では、日常的に社員教育に取り組んでいて、経営方針を社員に明示すれば企業目標に向かって実現する過程で、改善するためのボトムアップの意見が出てくる。トップダウンとボトムアップのすり合わせによって事業が取り組まれる。

　日本企業には、質の高い、作業者がいる。

　グローバル経営では、グローバル人財の登用が課題となる。日本の強みを認識しつつも、日本のやっていることの問題も認識して弊害が出ない経営を心掛けることが求められる。

米国では、現場作業を知らない品質管理担当マネージャー

　米国テキサスにある工場で製造した通信機器を輸入して、販売したこと

がある。設置し、使い始めて数か月以内に約5％の不良がでた。日本製の通信機器で、納入設置後に不良が出ることなどは考えられない時代であるから大きな問題になった。不良原因の調査のために、品質の悪い商品を納入する米国の某社の工場に監査に行った。工場の作業者の作業の様子を観察して、問題の原因が分かってきた。

「半田づけ」の作業品質に問題あることを指摘し、議論をした。しかし、作業のやり方を指摘しても、話がかみ合わない。品質管理担当のマネージャーは、「半田づけ」をした経験が全く無いからだった。米国では品質管理の管理手法が分かっていれば、半田づけ作業ができなくてもマネージャーになれる。現場を見て作業方法の誤りを指摘しても、品質管理担当は理解できない。「マニュアル通りに作業をしている」と反論するだけで、聞く耳を持たない。管理手法は理解しても、半田づけという作業は全く知らない。

米国の工場では多くの日本企業と違って、作業者が管理者（マネージャー）になることはあまりない。また顧客とのミーティングの席に作業者が出てくることもない。

日本の現場には、現場力がある。ボトムアップの情報伝達が可能であるから、作業品質の高い製品を製造できる。

モノづくりとコトづくりを一体化した企業が躍進

藤本は「流入移民を即戦力で使い、分業社会を形成した米国と違い、日本では慢性的な労働力不足ゆえに、長期雇用の現場で多能工のチームワークが発展し、調整能力に富む現場群が多く育った」*7と言う。

増田貴司は『コトづくりは実は日本の得意分野』と題するコラムのなかで「日本はコトづくりの素養に恵まれた国民性を持っている。元来、日本の工業製品には、おもてなしの心を持って、つつましく、繊細かつ丁寧にものをしつらえる感性に響く価値を生み出すことは、日本の得意科目といえる」と言う*8。

日本企業の中の勝ち組の中に、顧客ニーズを掴んだサービスの提供からモノづくりまでを手掛け成功している企業がある。衣料品のモノづくりの企画から販売までをマネジメントするユニクロや、不動産取得から住宅建築から販売までを手掛けるアーネストワンなどの飯田グループホールディングスや、天候・場所・時間・曜日などに応じてお弁当や食品の品ぞろえ

を細かく変更するシステムを構築しているコンビニのセブンイレブン、コピー機器の保守運用を含めたビジネスモデルで持続的な価値の提供を確立している富士ゼロックスやリコーなどである。

　サービスからモノづくりをしている企業は顧客に近いビジネスが出来ているためか高収益、高成長を持続的に達成している。これらのビジネスモデルは2次産業と3次産業とが融合化したビジネスである。両産業は「2次産業×3次産業」と言えるようなサプライチェーンにイノベーションと言える仕掛けが組み込まれている。市場づくりとモノづくりを企業内で一体化することで、情報、時間に差別化が起きる。サービス業の顧客目線で、商品企画や商品販売が可能になる。

　モノづくりを国内ですべきであると野間口は「日本に本社を置く企業は、国内のマザー工場、マザー研究所を大事にするべきだ」*9と国内でのモノづくりを推奨している。賃金が安いと海外に工場を移すケースが多いが、国内の優秀な従業員でモノづくりをして、継続的な改善の積み重ねが起き、差別化が可能となっている。プロダクト・イノベーションを起こせるのは、国内の工場である。

世界に通じる日本型経営とは

　海外での工場でのモノづくりで日本企業が成功した事例を研究した加護野は、『日本型経営の復権』*10に「日本企業のアジアでの成功は、基本的には、日本的な経営の精神をアジアの現場に根付かせることができたためである」、「その中核となったのは、愚直にものごとを進めていこうとする愚直の経営と、状況に合わせて柔軟に判断していこうという状況論理である」とある。

　「愚直の経営」と「状況論理」は、ともにマニュアルやルールという形で伝えることが難しい。教育というより「躾(しつけ)」に近い内容である。状況論理とは、マニュアルでは伝えられない技能が状況論理だと言う。「仕事をしている内に、勘の良い連中は分かる」と言う。状況論理は暗黙知で、場の共有と時間を掛けて伝承すると言う。日本人は状況に合わせて柔軟に判断するのが得意だ。

　「愚直の経営」とはどう言うものか。加護野は「愚直とは、かたくなまでに原則を守り、そのための労を厭わずまっとうに仕事をすること」だと言う。日本では通じても、アジアの国で、愚直な仕事をすることの意義を

人々に教えるのは難しいと言う。しかし、それを海外の日本の工場では取り組んだ。

　1つは、品質管理の基本である5S（整理、清掃、整頓、清潔、躾）の徹底である。

　2つ目に、日本人を派遣してその働きぶりを見せたと言う。それと並行して、現地の人を日本に出向させて、日本人の働きぶりを見せるというやり方もとった。

　効率の悪い方法ではあるが、マニュアルでは伝わらないものが伝わったと加護野は報告している。

　このようなすばらしい特性と強みを持つ日本あるいは日本型経営にも、グローバル化への対応をしようとすると、見直すべき短所は数多い。それがグローバル化の中で目立って来ていることが今日の「失われた20年」の背景にあると考えなければいけない。

　この点については、第1章「1．グローバル化とは何か」で前述したとおりだが、後の章でも詳細に報告している。

＊1　小平和一朗（2009）「編集後記」、『開発工学』2009前期
＊2　増田貴司（2014）『コトづくりは実は日本の得意分野』、日本経済新聞社、1月7日付
＊3　藤本隆宏（2013）「混沌を超えて　『強い生産現場』再評価の時」、日本経済新聞、1月7日付
＊4　小平和一朗（2013）「編集後記」、『開発工学』2013前期
＊5　岸本義行（2014）「経営書を読む『知識創業企業』」日本経済新聞、1月14日付
＊6　小平和一朗、柳田一千一、大橋克巳、柴田智宏（2013）「日本経済の復活と企業家精神の重要性」、『開発工学』2013前期号
＊7　藤本隆宏（2013）「混沌を超えて　『強い生産現場』再評価の時」、日本経済新聞、1月7日付
＊8　増田貴司（2014）『コトづくりは実は日本の得意分野』、日本経済新聞社、1月7日付
＊9　野間口有（2013）「産業競争力強化の視点　顧客志向のもにづくりを」、日本経済新聞、2月11日付
＊10　加護野忠男（1997）『日本型経営の復権』、PHP研究所

3．グローバル化に関する10の視点　　　　　　　　　　小平　和一朗

　グローバル化の様相と深層を認識し、その変化を企業経営のあり方に反映させることが、今最も重要な経営課題の一つであると考えている。また、グローバル化時代の技術経営人グローバル人財の育成にとっても同様である。

　ビジネスのグローバル化への対応を考えると、必ずしも政治、経済、技術、経営などの科学的なことがらだけではなく、文化、宗教、慣行などを含めて多面的に認識する必要がある。グローバル研究会の発足にあたり、日本企業のグローバル化に関する視点を、図１－２のように整理した。企業組織から見て、上半分は外部要因で、下半分が内部要因である。この10の視点（図１－２）に立って、同研究会ではグローバル化に関する議論と考察を進めてきた。この10の視点は、自社ビジネスのグローバル対応に関する戦略的アプローチ、競争優位の再構築や SWOT 分析*1などに取り組むときに使える。

　外部要因として、（１）世界経済、（２）日本経済、（３）文化、（４）政治、（５）法務をあげ、内部要因として、（１）マネジメント、（２）経営

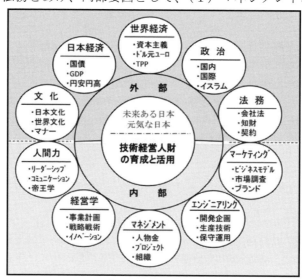

図１－２　グローバル化に関する10の視点

第1章　グローバル化に関する認識

学、（3）エンジニアリング、（4）マーティング、（5）人間力をあげた。

本節では、各視点の概要を説明する。

第1章「グローバル化に関する認識」の「1．グローバル化とは何か」、「2．日本企業の強みの認識」、「4．グローバル化適応不全と今後の道筋」では、10の視点全般にわたって、概括している。

世界経済　長期の技術経営戦略を立案する時、世界経済の動きを理解し、その変化を予測し、経営に対する影響を考えることによって経営戦略が現実的になる。世界経済の動向調査をするとき、の前提条件を次のように考えた。

・技術経営（未来を読む）に役立つ世界経済の動向情報であること。
・技術経営に役立つ未来の世界経済の動向を調査・研究する。
・経営人財に求められる経済的基礎知識を整理する。

第2章「グローバル市場の様相」の「1．グローバリズムの正体」、「2．世界、米国、日本を巡る構造変化」、「3．リーマン・ショックから欧州債務危機へ」、「4．イスラム圏の世界経済に及ぼす影響」、「5．イスラムとグローバリズムの折り合い」、「6．環境変化の類型とエネルギー問題」で、世界経済に関する調査内容を報告する。

日本経済　1990年代から、世界の中で日本の経済活動だけが低迷している。政策上の具体策が無いままに「失われた30年確実」と言われている。その流れを食い止めることが出来ないままに、時間が過ぎ、今日を迎えている。先進国はいずれも苦戦しているが、その中でも日本の遅れが目立つ。日本の経済を上向きに変えることはできないものか。

失われた30年の流れを食い止めるには、日本経済の成長を阻害する要因を洗い出し、それを大いに議論し、イノベーティブな対策をしなければならない。

第2章「1．グローバリズムの正体」、「2．世界、米国、日本を巡る構造変化」、第3章「2．グローバリズムと日本型経営の変質」で日本経済に関する報告がある。

文　化　グローバルなビジネスを進める際の基本に、取引先の国の文化や宗教を理解することがある。まずは自国の文化を語れることが、大切である。英語を話せることも大切であるが、日本をより深く理解しておくことはもっと大切なことである。

いま日本には海外から観光客が押し寄せている。日本で見る彼らの顔つきは穏やかで、日本の「安心」と「安全」な環境を享受している。これは日本の素晴らしい資源である。日本には、歴史があり、日本独特の文化がある。日本語があるから世界に誇れる日本文化が引き継がれ、日本人の強みを学ぶことができている。

　日本のビジネスの相手となっている、中東、アジアの多くはイスラム圏である。今までなじみの無かったイスラムのことを学ぶ必要はある。その風俗、習慣を学び理解することは、ビジネスで交流するための基礎知識である。ビジネスで大きな失敗を避けるためにも文化の相互理解は重要なことである。

　第2章の「4．イスラム圏の世界経済に及ぼす影響」や「5．イスラムとグローバリズムの折合い」でイスラム文化に関する報告がある。

　政　治　日本では、政治情報が偏っている。政治の動きが分からずに長期の経営計画をたてることは出来ない。グローバルビジネスでは、多くの場合政治の上に構築されている。日本では特にイスラムに関する情報に関する本質を語った情報が余りにも少ない。多くの人が、イスラム文化を理解できなくて、誤解をする結果となっている。

　グローバル市場のイスラム圏の比率は、年々高まっている。グローバルビジネスに取り組むと、イスラムの習慣を理解できなくてビジネスをすることはできないと多くの人が語る。

　イスラムに関することは、第2章の「4．イスラム圏の世界経済に及ぼす影響」や「5．イスラムとグローバリズムの折り合い」などで報告する。

　日本型経営に関連しては、第3章の「2．グローバリズムと日本型経営の変質」で報告がある。

　政治にからむ話では、第6章の「2．ブラジル・セラード農業開発の光と影」が、政府援助の在り方や国益を考えた戦略の面で大変示唆に富んだ報告になっている。

　法　務　ここでは、会社法、知財、契約、国際会計基準などが問題になる。第4章の「3．知的財産戦略」などで取り組む。

　マネジメント　ヒト・モノ・カネという3要素の他に情報・時間という2要素を含めて、経営マネジメント戦略の5要素という。グローバルな事業の管理は、日本人は得意とは言えない。日本型の典型的企業が海外展開

する際に大きな壁となる。

　日本企業においてグローバルな事業の分野での M&A の成功率は低い。終身雇用が前提の日本企業では、プロジェクト型のビジネスモデルでのマネジメントが難しい。

　第3章の「2．グローバリズムと日本型経営の変質」や「3．これが新日本型経営」、および第4章の「1．事業展開の段階的マネジメント」や「3．知的財産戦略」や第5章「グローバル事業展開のケース・スタディ」などで取り組む。

　経営学　経営学の主流は米国流の経営学である。しかし、日本で日本人を雇用してビジネスを展開するとき、米国流の経営学の考え方はそのまま使えるわけではない。能力の無い、成績が上がらないなど、コミットした契約内容に答えられなければ、解雇するのが米国流だが、これが日本では出来ない。

　従って日本型といわれる組織を、うまく機能するように運営しなければならない。会社で教育するが基本となっている。職場移動はあっても、解雇は出来ない。

　日本には、技術経営がなじむ。米国と異なり職種の壁が無いため、人財の職種間の移動が可能である。「技術と営業」「技術と経営」という組み合わせが人的資源からも容易である。革新的な技術を実用化しただけでは、イノベーションが起きない。その技術を使っての事業化をして、技術経営である。人財の育成を中長期計画とリンクして取り組む。

　第3章「日本型経営とグローバル化」、第4章「グローバル事業展開のフレームワーク」、第5章「グローバル事業展開のケース・スタディ」などで取り組む。

　エンジニアリング　内部要因であるエンジニアリング（技術力）は、技術経営の要となる差別化要因である。グローバル社会において、モノづくりで日本の力が低下しているというが、日本の強みは「モノづくり」である。情報通信機器などのモノづくりの多くは、初期の段階で、その開発を日本企業が手掛けている。開発企画、生産技術、保守運用などのエンジニアリングに関する開発では、世界をリードできる。

　モノづくりを支えるエンジニアリング力（技術力）のある多数の中小企業の存在は日本の大きな財産であり、優位性である。そのすそ野は広い。

日本の強みを見直す鍵となる「エンジニアリング」がある。今でも営々と世界を牽引しているともいえる。

第4章の「3．知的財産戦略」や第5章「グローバル事業展開のケース・スタディ」などで取り組む。

マーケティング　ビジネスの基本となる「マーケティング」は、本書の全般に亘って組んでいる。ビジネスモデル、市場調査、ブランド構築、ビジネス創生などが、マーケティングの構成要素である。日本の企業のマーケィング戦略の取り組みは、グローバル化戦略の中でも一番見劣りがする要因である。日本企業の「技術で勝っても、ビジネスで負ける」という原因の多くは、マーケティング戦略に問題があるからである。

「英国のボーダーホーンが取り組んだアフリカでの携帯電話ビジネスやアップルの iPhone などのアラビア語端末の開発など、世界戦略の稟議書を仮に日本で企画できたとしても、承認できる日本の経営者や役員は日本にはほとんどいない」と言い切れる。マーケティングの非常識である「靴を履かないアフリカ人に靴を履かせるビジネス」を日本では取り組めないことが、グローバル化の遅れの原因であって、その原因が「英語が話せないから」だとするのは、ビジネスを知らない人達の意見である。英語が話せても、この点での意識改革が出来ない日本人には、グローバル社会の商売人にはなれないことに気付くことが必要である。

文化を理解し、歴史を理解し、ビジネス創生に取り組むことが大切である。

第5章「グローバル事業展開のケース・スタディ」、第6章「発展途上国における事業展開のケース・スタディ」などの中では、その点の学びとなる成功事例などを取り上げている。

人間力　第Ⅳ部では、グローバル化のための組織と人財に取り組む。人間力というと、リーダーシップ、コミュニケーション、帝王学などが思い浮かぶ。グローバルな社会で通用する人間力とは何か。多くの日本人は社会人になるまでに学ぶべきことが、学べていない。第7章「組織と人財のあり方」や、第8章「日本型グローバル人財の育成」の中で取り組む。

*1　SWOT 分析：SWOT は、Strength（強み）、Weakness（弱み）、Opportunity（機会）、Threat（脅威）の文字の略号である。企業力（内部）と事業環境（外部）から、現状のビジネス環境を分析するためのフレームワークである。

4．グローバル化適応不全と今後の道筋　　　　　　　　前田　光幸

　日本企業の今後のグローバル展開を考えるとき、まず、これまでの推移と現状をマクロ的に概観しておく必要がある。我が国産業のグローバル化の度合いを世界経済のグローバル化の進展と比べて見ると、明らかに遅れていることに気づかされる。そのことを認識し、かつその原因について考察することが重要である。その上で、今後のグローバル化展開の道筋について考察したい。

（1）モノづくり国家、日本の足取り
鎖国で育まれた「モノづくり国家」
　我が国は、ユーラシア大陸の最東部に位置する島国である。古来、中国大陸や朝鮮半島を経由して、遠くはギリシャ・ローマ、中央アジア、インド、中国などの物品、文明、文字（漢字）、宗教、哲学などが伝来してきた。
　日本人は、固有の文化や価値観の中でそれらを消化吸収し、かつ独自に変化させて、いわば"日本的なる世界の文明の粋"を蓄積させてきた。様々な海外のものを独自に消化吸収できる日本人の固有の文化や価値観は、恵まれた自然環境の中で感性、知性、心性が磨かれる中で形成されたものである。
17世紀初頭からの鎖国がモノづくりを育んだ
　16世紀に伝来したキリスト教は、それまで伝来してきたものとは異質なものであった。織豊時代、日本は彼らの母国であるスペイン、ポルトガルなどとの交易には経済的意味を見出していたが、徳川時代に入り、キリスト教の伝播による文明的な危険性を懼れた幕府は、17世紀初頭に実質的に国を閉じた。
　国を閉じた日本は、日本人としての価値観を発揮し、協業型の稲作農業と沿岸漁業を主たる産業とした上で、様々な実用的道具や文化的工芸品を作ってきた。徳川時代の前半は16世紀末の大規模な刀狩りによる争乱の激減、幕府による統治体制の安定、戦乱のない平和な時勢などが影響して、新田開発、殖産興業への投資、商業の発達で、産業全体が成長し、また人

口も倍増した*1。

おそらく世界で最も自立的で勤勉な「モノづくり国家・日本」の原型は、この鎖国時代に形成されたということができる。日本人は国を閉じたために、欲しいものがあれば自分で、あるいは皆で工夫して作ることに長けた民族となった。

西欧諸国は収奪国家の群れ

日本のこの民族特性は西洋諸国が、欲しいものがあれば奪うことを旨としてきた「収奪国家」の群れであったこととは好対照をなす。彼らは、19世紀に入ると、旧来の布教などをからませるやり方ではなく、産業革命後、強力になった近代的武力を前面にかざし、収奪の刃先を遂に東アジアまで拡張した。これについては２章「１．グローバリズムの正体」で詳述する。

開国後、僅か20年で西欧に追いついた

日本は天然資源に乏しいため、世界との交易に踏み出さない限り、産業革命後格段に強化された西洋諸国の武力に対抗する軍事力を整える術を持たなかった。しかも、短期間に近代的産業基盤を建設し、その上で一定の軍事力を持たなければ、非植民地化の道が待っている。

このことにいち早く気づいたのは、地政的に彼らの脅威に最も晒されていた薩摩藩であったが、徳川幕府あるいは各藩がそれに気づくのに、かれこれ10余年を要した。

日本は明治維新以降、最優先の国策として、国を開き、海外に眼を向けた。鉄鉱石やその他必要な天然資源を輸入し、その為の外貨獲得のために生糸や茶、絹織物、綿糸、綿織物などの増産と輸出を推進した。

母国語で高等教育を普及させた非西欧国家は日本だけ

明治新政府は多くの国策会社を設立し、多くの留学生や使節団を欧米に送り、西洋の技術や制度を取り入れ、多くの民間会社が興った。明治政府の貿易政策、産業政策は極めて明快な「殖産興業、富国強兵」であり、かつその政策実行の速さも際立っていた。

長い海岸線に恵まれ、深い港湾に適した地形が日本の近代的産業の建設を助けた。開国後わずか二、三十年で、新興の産業国家日本は軍事力も西洋諸国並みの水準に達したのである。

この間、多くの欧米知識人を招聘し、また海外への留学を奨励し、欧米の知識や技術を日本語化し、日本的に消化吸収出来たのは、従来の寺子屋

・藩校を近代的な小中学校・高校とし、その上に高等教育（大学）制度を普及させたことが大きい。母国語で高等教育を普及させた非欧米国家は、現在に至るまで日本だけである。母国語化に象徴される「日本化」能力は日本人の優れた特性であり、日本の急速かつ広範な近代化を支えたと言えよう。

その後もゼロからの立ち上がりが速かった日本

時代は下って、太平洋戦争による多数の青壮年層や市民の戦死、産業、都市、生活基盤の崩壊から立ち上がり、敗戦直後の復興期を経て、日本はわずか10数年後の1960年頃には高度成長への道筋をつけた。

また、石油危機前後の1970年代半ばには、約15年続いた高度成長の時代は終焉を迎えたが、日本はすぐに高品質なモノづくり立国として軌道を修正した。1980年代は、日本の製造業がまさに世界市場を占有し、"Japan as No.1"と世界の妬みを買うほどにまでなった時期である。

振り返れば、1960年以降、我が国の産業は実に多くの分野で世界市場でのシェアを増大させてきた。時系列に見ると、1960年代の繊維、1970年代の鉄鋼、テレビ・家電、1980年代の自動車、機械、1980年代後半以降の半導体、電気・電子製品の分野で、日本の企業が世界市場において欧米企業を凌駕し、駆逐した。

この時期、同時並行的に、貿易摩擦問題が米国をはじめ先進各国との間で続いた。

平成バブル崩壊以降、歴史上最も長い「空白」

転換期は、昭和末期から平成初期のバブル経済が、1991年に崩壊したことに始まった。以来25年、日本、および日本企業の活力は低下し、かつての、常に視野を海外に目を向けて来た産業国家日本の姿は弱々しく萎んでしまった観がある。日本の近代史の中で、このように長期間、日本が足踏みしたことはない。

明治維新後20年で西欧諸国に追いついたこと。太平洋戦争後10数年で高度成長軌道に乗ったこと。高度成長期終焉後わずか数年で世界の輸送機器、電気機器、半導体市場などを占有・支配したエネルギーとスピードは、どこに行ったのだろう。

この問いに対する納得の行く、総合的で明快な見解は、まだ出されていないように思われる。人は「欧米に追いつくのは容易だが、前に出るのは

難しい」という。しかし日本のモノづくりは、多くの分野で既に先端を走っているし、例えばコンビニのビジネスを見ても、そのマーチャンダイジングやサービス機能は世界最高レベルだと言っていい。日本はいろいろな面で既に前に出ているのである。

　我々が今必要なことは、近代日本の国のカタチ、即ち「勤勉で、目標に対し集中的に挑戦し、短期間で目的を遂げる」ことを忘れてしまったかのような最近25年の内向的な、空白の時代の顛末をマクロ的に今一度振り返ることである。これが今後の日本の進む道を考える上でどうしても必要である。

　以下、第一に現象として日本がどう萎んだのかを概観し、第二になぜ縮んだのかについて考察し、第三に実務的な観点から今後のありかたについて考えてみる。

（２）日本はどう萎んだのか

　どう萎んだのかについては、日本企業のグローバル展開の実態統計を把握することが、手っ取り早い。

貿易・海外投資・国内投資、みな萎んだ日本

　多くの人が「我が国は貿易立国である。経済の輸出依存度は高く、かつ上昇を続けている。我が国の対外直接投資比率は主要各国より高い」と考えているようだが、これらは全くの勘違いである。

　残念ながら日本は、主要各国と比べ、貿易依存度は低く、趨勢として上昇もしていない。世界市場を席巻した1980年代でさえ、日本の輸出額の対GDP比はさほど高かった訳ではない（図１－３）。また対外直接投資の対GDP比率も高くない。さらに、外国資本の対日直接投資は極端に少ない。それらは統計データを見れば一目瞭然である（図１－４、図１－５）。

　輸出依存度が低く（図１－３）、対外直接投資比率も高くなく（図１－４）、外国資本の対日直接投資は極端に低い（図１－５）ということは、端的にグローバル化が進んでいないということに他ならない。

　無論、個別には相当数の企業が低賃金の労働力を求めて、あるいは市場の成長を求めて、海外販売を増加させ、製造拠点の海外移転を進めている。しかし、世界市場の拡大のペースから見ると、日本企業のグローバル展開は相対的にあまり進んでいないのが実態である。

第 1 章　グローバル化に関する認識

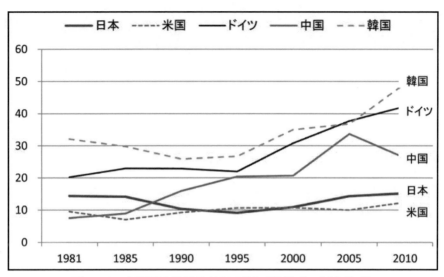

図1－3　主要国の輸出の対GDP比%（世銀データより作成）

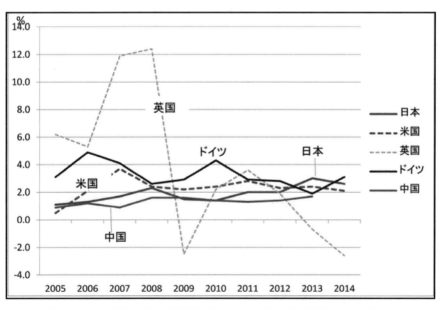

図1－4　主要国の対外直接投資の対GDP比%（世銀データより作成）

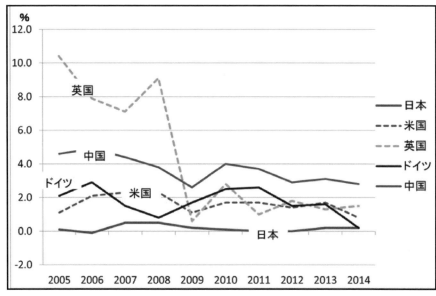

図1-5 主要国の対内直接投資の対GDP比％（世銀データより作成）

　以下、我が国企業のグローバル展開に関係する以下の5つの問題について、「通商白書」、「中小企業白書」の分析から見てみよう。
　①我が国および我が国企業の国際競争力、②我が国国内市場のグローバル化度、③グローバル展開と国内の空洞化、④中堅・中小企業のグローバル展開意識、⑤サービス産業のグローバル展開について。

①我が国および我が国企業の国際競争力
20年以上低下し続ける国際競争力
　国の競争力については IMD [2]や WEF [3]など複数の機関が毎年公表しているが、それらはアンケート調査に基づくものであって、主観的あるいは恣意的な要素が入り込むので考慮対象から外す。ここでは国の TFP [4]の増減を国の競争力の向上・低下と見做して議論することとする。国のGDP 成長率は「TFP の上昇率、資本投入の増加、労働投入量の増加の和」である。ただし、TFP の計算は便宜上、「GDP 成長率から資本投入の増加＋労働投入増加を引いた残渣」として計算される。TFP は概念的には「イノベーションと効率改善の和」を表す。

第1章　グローバル化に関する認識

　図1−6、図1−7は石油ショック後の我が国とドイツのGDP伸び率の寄与率の内訳を示している。我が国は、1990年以降、TFPの寄与が大幅に縮小していることが分かる。
　1990〜1999年は資本投入の増加がかろうじてGDPを支えたのであって、TFPも労働投入（質と量）も全く寄与していない。2000年以降は資本投入も寄与していない。寄与する要素が消えたことが2000年以降の我が国のGDPの低迷に如実に表れている。問題は、なぜ、1990年以降TFPの上昇がなくなったのか、である。
　一方ドイツは、1989年の東西ドイツの統合により非効率な東ドイツ経済を抱き込んだ負担にもかかわらず、TFPの上昇は続いてきた。他のEU諸国に比べ圧倒的に優れた産業競争力を有するドイツはEUという大市場を背景に成長を遂げてきたと言えるだろう。
　また、第2章「3．リーマン・ショックから欧州債務危機へ」で述べるように、1999年以降のユーロ統一通貨制度がドイツ経済の強化に大きく貢献したという側面もある。
　TFPはイノベーションと効率向上の和だとしたが、個別企業のTFPが企業のどのような行動と相関関係があるかについて、「通商白書2013」は次のように指摘している。

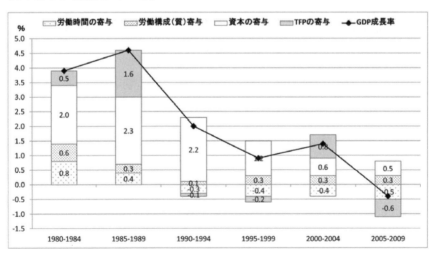

図1−6　我が国のTFP推移（『通商白書2013』より作成）

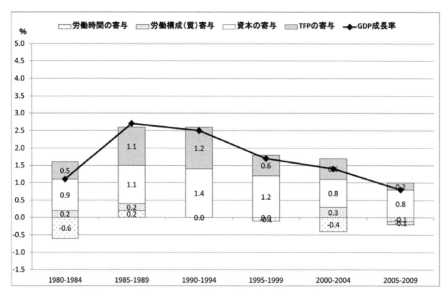

図1-7　ドイツのTFP推移（『通商白書2013』より作成）

「TFP は次の企業行動と高い相関関係を持つ。輸出を積極的に実施している、海外出資を積極的にしている、研究開発を積極的にしている、IT 投資を積極的にしている、の4つである。」

②我が国国内市場のグローバル化度

内向きに偏る国内市場

同白書によると我が国企業の生産性は我が国に拠点を持つ外資系企業に比べかなり低いことが確認されている。これは、我が国に進出している外資系企業が相対的に競争力の高い企業であることの反映でもあり、一概に比較できないが、競争力の高い外資系企業が日本に投資することにより日本全体の生産性が上がる余地があることを示している。

また、図1-5で見たように、日本の対内直接投資（外資企業の日本への投資）は先進諸国やその他に比べて極めて低い。先進諸国の企業と比べて、外部（国内外）の企業とのイノベーション活動（主として共同 R&D 投資）を行っている比率も極めて低い。このように、我が国国内市場のグローバル化度は総じて低いと言わざるを得ない。

第1章　グローバル化に関する認識

③グローバル展開と国内の空洞化
グローバル化は国内雇用を増加させる
　グローバル展開は国内拠点の空洞化を加速するとの議論がある。しかし、同「白書」では製造業もサービス業もグローバル展開企業のほうが国内従業員数は増加していることを示している。即ち、グローバル展開企業は国内雇用を減じるよりは増加させているのである。確かに国内工場を停止すればそれだけ雇用が減るが、国内での研究開発やマザー工場化、マーケティング業務、戦略策定業務、海外事業の管理業務などが増大することにつながっていると見ることができる。

④中堅・中小企業のグローバル展開意識
引きこもる中堅・中小企業
　同白書はグローバル市場に未進出の中堅・中小企業の多くが、自社の製品・サービスはグローバル市場で通用すると考えている、としている。そして、グローバル市場進出はしていないが、その意欲がある企業が解消すべきと考えている課題としてはグローバル市場に関する情報収集と分析、グローバル展開のためのノウハウ獲得、グローバル展開するための人材の3つを挙げている。これに、資金面の問題、グローバル展開用の製品・サービスの開発、現地市場の政治・経済の安定性などが続く。あまりにも課題が多いので、多くの中堅・中小はグローバル展開に躊躇している状態が見てとれる。しかし、これらの課題は進出しながら解決していく性質のものであり、課題であることは事実だが、障壁ではない。

⑤サービス産業のグローバル展開について
内弁慶のサービス産業
　近年、我が国の流通業やサービス業のグローバル展開の動きが少し見られるようになった。我が国のサービス業の生産性は製造業に比べ相対的に低いし、EU諸国やアジア諸国に比べ、我が国のサービス業のグローバル展開比率は低い。この理由の一つとしては、サービス産業をとりまく各種業法（電気事業法、ガス事業法、銀行法、保険業法、運送法、放送法、通信事業法、建築業法、鉄道事業法などありとあらゆるサービス業関連の業法（全部で約130の業法））の存在が大きいと考えられる。サービス業の多くは公益あるいは社会秩序維持の名目で業界内の競争やグローバル展開の制約を受けてきたという面がある。それに加えてサービス産業の各企業が暗黙の自縛の

中に閉じて来たという側面があることも否定できない。
　同白書は、日米のサービス品質について日本と米国の比較で見ると、レンタカー、銀行、大規模総合小売店などは米国の方がサービスの相対価格評価は高いが、それ以外のほとんどの分野で我が国が優れているとの調査報告*5を取り上げている。中堅・中小企業と同様、進出しながら対応策を見つけていく潜在力は高いと考えられる。

（3）日本はなぜ萎んでいるのか
　日本ないし日本企業のグローバル展開が遅れて、いつまでも漂流しているような状態が続くのは、グローバル化への適応不全である。以下、その原因を4つ挙げる。
第1の原因：新興国企業の追い上げへの対応不全
　現在、我が国の産業、特に製造業は世界市場のグローバル化の環境下において、製品と技術の汎用化が進む中、中国、韓国、台湾、その他のアジア新興国に追い上げられ、国際競争力の低下に直面している。そして、従来からの汎用電気機械製品のみならず、先端技術製品分野でも、特に製造の「モジュール化」*6が進む分野では価格競争力を失い、グローバル市場を失う状況に立ち至っている。
　かつて我が国の製造業が歩んだ同じ軌道を、今や韓国、台湾、中国、その他アジアの製造業が辿っている。日本および日本企業は新興国、新興国企業のこの状況にかつての自分の姿を見て、自信喪失の状態にある。
　日本企業に打つ手がないのかといえば、そんなことはない。かつて欧米企業も日本企業の跳梁を経験し、淘汰の過程を経て、彼らなりの新たな道を志向してきた。日本企業もそのような道を志向すべきである。新興国企業が容易に実現できない価値創造の分野、例えば製品とサービスを融合することが求められている場合に、それを作り出す能力を持ちながら、立ち止まってなかなか動かない。これが日本のグローバル化適応不全の第1の原因である。これは見方を変えれば、一種の大企業病とも言える。
第2の原因：プラザ合意で内向きに
　上述のような自然な時代の潮流とは別に、人為的かつ外部的な原因について考えてみよう。1980年代、我が国の製造業が世界を席巻し、欧米各国は深刻な問題、即ち国際収支の悪化、国内産業の業績悪化、失業率上昇、

第1章　グローバル化に関する認識

税収低下、財政赤字などに直面した。米国は貿易赤字と財政赤字の双子の赤字が増大した。そして欧米主要国はそのような状況の継続はもはや許容できないと判断し、1985年に G5 *7の「プラザ合意」*8において、米ドルの秩序ある低下（ドル安）と円レートの見直し（大幅な円高）に向けた協調介入に合意した。1ドル250円だった円レートは一年後には150円へと円が暴騰した。激しい円高は日本の輸出減、輸入増を意味し、日本経済の内需型への大転換を意味した。以後、輸出が抑制された我が国の製造業は、内需指向と生産拠点の海外移転へと方向転換を図った。

　このような内需指向への転換は米国の圧力があったものの、基本的には自主的な選択であった。「前川レポート」*9は日本の内需刺激を強調し、それが昭和末期のバブルの源となったことは今では定説となっている。日本は自ら進んで、いずれ崩壊することが分かっている不動産、株式バブルの道を選択したのである。1991年のバブル崩壊のダメージは大きく、その後始末に10年を要した。それにも拘わらず、成熟化してもはや伸びしろのなくなった国内市場に未だにこだわって、国内市場向けにしか通用しない商品開発に走るのは実に不可解である。今ではこれをガラパゴス化と呼ぶが、プラザ合意の自縛に未だに囚われた「プラザ化」と呼んだほうがいいかもしれない。これがグローバル化適応不全の第2の原因である。

第3の原因：米国の圧力への無抵抗

　やや見えにくい問題として、社会経済についての、主として米国の誘導や圧力による社会経済制度の変更の問題がある。見えにくいというのは政府とマスコミが何故か国民にあまり明確に開示してこなかったからである。

　近年、3つの主義（イデオロギー）が日本人の意識を覆っている。政府の規制や指導を極力排し、市場原理に委ねようとする「新自由主義」*10的な産業政策、株主の要求に応えることを重視する「株主資本主義」、さらには大幅な金融緩和によって設備投資を促し、同時に需要を喚起する施策を世界同時的に進める「金融資本主義」、などである。

　これらの主義は所謂"グローバリズム"の中身を構成するものだが、米国政府は日本政府に要望する「年次要望書」*11（1994年から2008年）の中でこのグローバリズムと3つの主義を強要し続けてきた。

　年次要望書の多くの項目は日本国内諸制度の規制緩和に関わるものである。

制度というものは本来、メリット・デメリット両方の要素を併せ持ち、時代環境の変化の中で、「残すべき」ことと「改革すべき」ことを国民が適切に判断すべきものである。
　ところが、米国政府の要望は、我が国の制度のデメリットを殊更強調し、言葉だけの「改革」一辺倒の乱暴なものであった。医療に例えて言えば、「普通に生活していた人を、無理やり人間ドック入りを強要し、検査、検査の果てに不要な手術を行い、薬漬けにする」ようなものである。
　米国政府は、我が国経済の低迷を解決するためには、「改革」が重要であると唱道し、それに呼応する日本国内の「空気」の醸成を図ってきた。1990年代後半以降、かなり長い期間に亘り、時の内閣は「改革」の風に流され、「改革」を目的化する愚を繰り返した。
　検査と手術、そして薬漬けになった人は、このような状態で心底くたびれて、自信をなくし、元気を失った。日本人は、余程人がいいのだろうか。日本に合わないものは蹴っ飛ばせばいいはずだが、政治家、官僚、財界、労働界、メディア、いずれも米国に抵抗もせず、次々と受け入れてきた（第3章「2．グローバリズムと日本型経営の変質」参照）。そして、日本がよく分からないままに内向きになって行った。これがグローバル化適応不全の第3の原因である。

第4の原因：企業の成長と国の成熟化の混同
　我が国は既に人口減少過程に入り、高齢化問題、生産年齢人口の大幅減少が不可避な状況にある。国としては成熟化しており、GDP の成長はもはやあまり期待しにくい。
　しかし、周辺には、世界経済の成長センターであるアジア新興国の大市場がある。企業活動には国境がないので、日本企業がアジア新興市場でグローバル展開する上で、色々と課題はあるにせよ、制約はない。
　にも関わらず、日本が成熟化したから、企業の成長にも制約があるように、なんとなく思い込んでいる傾向がある。
　日本企業の多くは、国内市場を中心に考え、次に北米市場、欧州市場を考える。そのあとにアジア市場を考え、最後にその他市場（旧ソ連圏、中東、アフリカ、南米）を考えてきた。それでいい業種もあるが、多くの製品にとって、北米、欧州市場は日本と同様に成熟市場であり、海外市場戦略の切り替えが必要な業種も多い。

第1章 グローバル化に関する認識

このように、第1から第4の原因によって、日本は必要以上に自信を喪失し、活力を失ってきた。このような意識環境の中で、我が国企業の多くが積極的なグローバル展開の遂行をうまく行えなかったこと、およびその中で25年という長い低迷の年月を浪費したことを十分認識しておく必要がある。

（4）今後の道筋

日本は以上のようなグローバル化適応不全の原因を認識し、それらが「内向きの思い込み」であることに早く気がついて、前を見て歩き出す必要がある。

衰退する欧米市場

欧州は日本、アジアの抬頭に対し、EU 共同体、€統一通貨として現実的に大欧州として結束する選択をした。と同時にソ連崩壊による東欧諸国の EU への取り込みを遂行し、EU 共同体の拡大の途を歩んでいるが経済全体の成熟化、衰退化は否めない。統一通貨構想「€」は失敗だったことについては、第2章「3．リーマンショックから欧州債務危機へ」で述べる。

他方、米国はソ連崩壊後、唯一の超大国としての途が開けたかに見えたが、経済的には、日本や東アジア諸国の台頭に押され、1990年代半ばには多くの製造業の国際競争力を喪失したことが明らかとなった。そのため、農業・軍事・航空機以外に国際競争力を持つ分野としてIT、バイオと金融に力を入れて世界の中で存在感を維持する途を選択している。

このように、衰退する欧米にとって、アジアの勃興、特に中国・韓国・日本が協調して共存共栄が続くとしたら、こんな脅威はないだろう。従ってそれを妨げるための様々な仕掛けが行われていることに目を凝らす必要がある。日中、日韓の歴史問題や日中韓 FTA *12を分断する TPP 推進などにはそのような欧米、特に米国の意図が透けて見える。

見えてきた日本企業の道筋

日本企業が取るべき道筋は、第1に、グローバル化対応の再構築である。即ちグローバリズムの中身を構成する、「市場原理主義、株主資本主義、金融資本主義」を日本社会に適用するとした場合、日本的社会経済風土に合致したものに修正すること、および自由貿易を前提としたアジア各地域

の補完・協業体制の再設計・調整を行うことである。企業経営の場合、経営者が株主資本主義の行き過ぎを抑制することは十分可能である。例えば、全ステークホルダーのバランスを重視すること、従業員第一主義をとること、短期利益に偏らないこと、企業の社会的責任を重視することなどは、経営姿勢の問題である。このような経営姿勢は自ずと株主資本主義や金融資本主義の悪影響を抑えられるし、市場原理主義への行き過ぎた傾斜も抑制できる。

第2に、我が国企業の特性、即ち技術開発力、人財を大事にすること、オペレーション能力に優れていること、現地社会との協業を志向すること、などを活かし東南アジア、南アジア、中東を含む広域アジア（東アジア～中東、中央アジア）の成長を共有することが、日本企業にとって望ましい道筋であろう。

日本企業が追求してきた競争力と戦略

日本企業の道筋について、世界の経済社会構造変化との関連で考えてみよう。

1985年の「プラザ合意」に始まる時代は、世界経済、産業がグローバル化する直前の時期に当たる。我が国産業は大幅な円高と、巨大な米国輸出市場の人為的な門戸縮小、内需拡大策によって大きな変革を迫られた。それによって、企業戦略の焦点が世界市場の獲得から国内市場での競争優位へと移行したのである。その時日本企業に求められたのは、国内市場での競争優位を確立することであり、高品質、高機能、効率的なバリューチェーン（研究開発、調達、製造、流通）の確立であった。石油危機以降の従来型日本経営をより研ぎ澄ませるという意味で、"競争力"向上を続けることが企業の最大の目標となった。

バブル崩壊の時期に重なったのが、本格的な世界経済のグローバル化である。この大変化を待っていたかのように浮上した概念が、新自由主義を構成する3つの主義（市場原理主義、株主資本主義、金融資本主義）である。この3つの主義の中心に位置するのは金融である。金融は投資先と投資利益を求める。アジア途上国、東欧諸国等がその投資先となり、安い労働力をベースに世界の低コスト製造センター化していった。技術移転の進行とインターネットの進展で、世界の産業地図が急速に変わって行った時期である。この傾向は、1995年以降に顕著となった。

第1章　グローバル化に関する認識

　日本企業はこの状況に対し、従来求めてきた"競争力"ではもはや対応しきれないことを認識せざるを得なくなったため、欧米企業の後を追って"戦略"なるものを模索するようになった。しかし、戦略思考は時に大幅な現状変更や現状否定を伴う。組織のありかた、各ステークホルダーの利害調整、意思決定システムなどは戦略と不可分な要素だが、日本企業の組織風土の変更を伴うために戦略思考への転換はあまりうまくいかなかった。
　それでも戦略的な事業経営を進めない限り、グローバル競争の中で埋没するほかないので、背に腹は代えられないと、木に竹を接ぐような混乱した事業経営を模索する事例が数多く現出した。

競争力・戦略から価値の創造の時代へ

　グローバル化が進展する今の時代に必要な企業の在り方は"戦略"志向から、より本質的な"価値の創造"志向への移行ではないか。1985年以降の"競争力"の目的は国内市場で勝つこと、1995年以降の"戦略"の目的は先進市場で勝つこと、これからの時代の"価値の創造"の目的は、様々な発展段階と社会構造の性質を持つ雑多なアジア、アフリカ等の成長市場にどういう価値を届けるかになって来たのではないか。
　ここで、"競争力"、"戦略"、"価値創造"の違いについて確認しておきたい。
　"競争力"が対象とする事柄は高品質、高機能、競争的価格などであり、それを実現するための技術力、製造力、バリューチェーンなどが重要である。国内企業との競争であればこれを追求すればいい。
　しかし、アジア新興企業が技術のコモディティ化の進展、世界的金融緩和による資本調達の容易性が高まったことによる製造設備投資の増大で、急激に国際競争力をつけたことで、国際競争のルールが変わった。日本企業は従来通りのやり方では新興企業に勝てなくなった。高品質、高機能を追求して新興国市場の高級品市場を狙ったとしてもその市場規模は小さく、売り上げも収益も伸びない。かといって、ほとんどの日本企業は新興国のマス市場に合わせた低品質、低機能製品を低価格で提供するに適した企業の姿ではもはやない。製品設計に基づいて部品を組み立てる「モジュール型」製造ではもはやアジア新興企業に勝つ見込みは低い。そこで、彼らがまだ得意でない「すり合わせ」技術やインテグラル技術による作りこみ、あるいは製造拠点の海外立地化、意思決定の迅速化を狙った組織の非階層

化やカンパニー制を採用するなど、いわゆる"戦略"志向への傾斜が強まった。
　しかし、いまやその時期も過ぎようとしている。最大の成長市場である新興国市場も一様ではなく、その多様性、変化に対応した新しい考え方が、今、日本企業に求められている。
　"競争力"や"戦略"が市場や技術が所与の中での主として同業種内競争であるのに対し、"価値創造"は市場も技術も与件ではない状況の中で、市場や技術が異なるプレーヤーが相互に関わらざるを得なくなる。さらに、その市場は単に経済的なものではなく、歴史、政治、社会、文化が総合的に具現化した市場だということである。このような複雑で定義しにくい各市場に直面して、企業が何を考え、何を動員して、当該市場に入ろうとするのかについて企業はよく考えなければならない。たとえば、今喧伝されているスマート・シティは世界中で難航しているが、途上国で都市インフラ事業を行う際、企業はそれこそ、その都市や地域の歴史、政治、社会、文化についての認識と洞察をまず問われるのである。
　欧米企業は旧「植民地主義」に根差した「後進国から利益を吸い上げ、富を収奪する」意識構造を未だに濃厚に持っているので、当該国に適したスマート・シティの構築と運営の持続的な実行性については大いに疑問である。日本的な共生の意識構造は新興国でのスマート・シティを構築する上で中長期的に機能する可能性がある。ただ、海外でスマート・シティ全体のコンセプトを打ち立て、様々な業種との協業システムを作り上げる統合機能についてはまだまだ実績と経験に乏しい。
　しかしそれでも、アジア新興国で現地に適したスマート・シティを設計し、それが経済発展と所得水準の向上、さらには環境面での調和をも実現する持続的な社会基盤の構築につながるものとする優れた能力を日本企業は有していることを改めて認識すべきである。

【参考資料】
『通商白書2013』
『中小企業白書2014』
The World Bank, Data Indicators
日米関係資料集1971-1990、東京大学東洋文化研究室

第 1 章　グローバル化に関する認識

在日米国大使館（1994〜2008）、『日米規制改革および競争政策イニシアティブに基づく要望書』
深尾京司（2012）『失われた20年の構造原因』、RIETI
安藤晴彦、元橋一之（2002）『日本経済　競争力の構想』、日本経済新聞社
元橋一之、（2014）『日はまた高く　産業競争力の再生』、日本経済新聞出版社
中島厚志（2013）『統計で読み解く　日本経済最強の成長戦略』、ディスカバー・トェンティワン

＊1　徳川時代の人口推移推定（各種資料）：1600年（1,500万人）、1750年（3,000万人）、1850年（3,000 万人）
＊2　IMD：International Management Development、スイス・ローザンヌの経営研究所、教育機関。
＊3　WEF：World Economic Forum、スイス・ジュネーブの経済研究所。ダボス会議の事務局。
＊4　TFP：Total Factor Productivity、総要素生産性。
＊5　サービス産業生産性協議会（2009）「同一サービス分野における品質水準の違いに関する日米比較調査結果」
＊6＊　モジュール化：製品やシステムを、相互依存性のない独立した機能を持つ部品で構成すること
＊7　G5：米国、英国、ドイツ、フランス、日本
＊8　プラザ合意：米国の大幅な貿易赤字がドル危機、更には世界的通貨危機になることを恐れた先進国（米、英、独、仏、日）は、ニューヨークのプラザホテルにおける蔵相会議で協調的なドル安に合意し、米国の対日貿易赤字が大きかったため、円高・ドル安への誘導を図った。一日で、ドルレートは235円から約20円下落、1年後には150円台へと急落した。
＊9　前川レポート：1986年、国際協調のための経済構造調整研究会報告書（座長：前川春男日銀総裁）
＊10　新自由主義：市場原理主義、民営化、規制緩和などを提唱し、政府公的部門の比率を減少させ民間部門の役割を増大させる政治経済的概念。
＊11　年次要望書：1994年以降、米国政府が日本の経済社会制度の変更を求めた要望書。詳細は第 3 章「 2 ．グローバリズムと日本型経営の変質」参照
＊12　FTA：Free Trade Agreement、自由貿易協定

まとめ

前田 光幸

　世界的な競争力を誇る自動車や工作機械、精密機械などの分野はさておき、過去25年以上、多くの産業分野、例えば、電気電子、通信機器、半導体、液晶など、かつて世界市場を席巻した分野で、日本企業は国際競争力を落とし、世界シェアを失ってきた。

　シェア以上に失ったものは、事業経営全般に対する自信であったと言える。そのため、これまで培ってきた日本的経営の良さや強みについてまでも自信を失った。木に竹をついだような米国流の経営方式へのシフトは、従業員はじめ利害関係者、即ち顧客、取引先、株主、金融機関、地元自治体を混乱させ事態を悪化させた。

　従業員のモチベーションは下がり、顧客は戸惑い、取引先は泣き、長期保有株主は先行きを心配し、金融機関は貸先を失い、地元自治体は工場移転で地元雇用と税収と活気を失った。これが、小さな会社ならいざ知らず、れっきとした経団連企業*1の決して例外ではない実態である。

　人間の健康問題に例えると、生活習慣病で体の具合が悪くなったのに、生活習慣を正さずに、副作用の大きい新薬を何種類も飲んで薬漬けになって弱っていく人のようなものである。

　日本企業の強さの根源は、集団主義、共同体社会、共存共栄型、人間重視、従業員教育、組織へのロイヤルティの高さ、たゆみない改善を続け創造の宝庫である現場力、暗黙知によるオペレーション力などである。

　反面、個々人の独創性、戦略構築力、意思決定力、トップダウン方式、競合他社への容赦ない攻撃力、形式知化能力、契約観念などについては欧米企業に比較して大変弱い。

　上述の強みは、変化が連続的で比較的予測しやすい環境で、かつ競合相手が見えやすい競争環境の場合は非常に効果的である。事実、1990年まではそうであった。しかし、変化が非連続でかつ極めて速く、予測が困難な環境で、かつ新規参入や異業種からの参入で競争環境が見えにくい環境では、強みはなかなか働かない。

　他方、上述の日本企業の弱さを逆に強みとして持つ欧米企業が、今の時代には強いかと言えば、必ずしもそうとも言い切れない。多くの既存の大

第1章　グローバル化に関する認識

手欧米企業も多かれ少なかれ、弱体化しており、依然として従来通り隆盛を誇る企業は、むしろ少数派である。世界的に存在感を高めているのは、先進国では、例えばアップル、Google、アマゾンなどの新興企業であり、新興国でのサムソン、ホンファイ、小米などの新興企業である。

しかし、彼ら新興企業とて、いつまでも成長し繁栄する保証がある訳ではない。新たな新興企業に飲み込まれる可能性は決して低くはない。大抵は、創業者世代が変われば衰退する。

日本の場合、ソフトバンク、ユニクロなどに続く新興企業がどんどん出てくる環境を、経団連企業に代表される既存の古いタイプの大企業が邪魔をしないこと、そして彼らの経営の意識、考え方が変わることが必要である。

ところが、彼らは自信喪失して、米国流の経営スタイルを真似たり、逆に既得権益に拘って新規参入の障壁を高くしたり、新しい変化を妨げたりしている傾向が目につく。

経団連企業が日本の産業の太い幹であることは間違いないが、そうだからこそ、この激しく速い変化に対応する自己変革を思い切って試行錯誤して行うことが望まれる。その際、忘れていけないことは日本的経営の良さと強みを守り、さらに強化することである。それに加えて、変えるべきところは勇気を持って変えることだ。

日本的な経営の良さと強さを壊すような、例えば非正規労働者へのシフト、短期利益重視、研究開発費削減などを行っていては、グローバル化の終わりなき変化の環境を生き延びることなど出来はしない。現場力の強さにこれまで安住して、山鉾に乗って扇子を操る辻回し役のような経営しか出来ない経営者では、常時有事のような今の時代を航海するのは難しい。

本章では、グローバル化への適応不全の様相を取り上げ、今後の方向について示唆を行った。具体的な諸相や問題点については、第2章以下で、より詳細に考察する。

＊1　経団連企業：経団連加盟、約1,300社のうち、会長・副会長などを輩出する日本を代表する大企業

第2章
グローバル市場の様相

はじめに
前田 光幸

　日本企業はこれからどの市場に向かっていくべきなのか。これまで国内だけで経営が成り立っていた企業でも、人口動態の将来予測から見て、国内市場だけでは発展が見込めないことは明白であり、地球儀を見ての事業展開が必須となる。

　従って、地球規模で市場を見て、どことどこを押えるかという戦略を立て、個々の市場を攻めて行くことが必要になる。過去、日本の製造業が対応して来た手法、すなわち中国の次は、インドネシア、その次はベトナム、ミャンマーと、安い労働力を求めて生産拠点を移し、尺取り虫のように、コスト条件のよい所を探して出て行くのではなく、世界を俯瞰した上で、総合的に戦略を立てないと日本も日本企業も沈んでいく。

Liberal Artsの重要性

　世界市場を俯瞰する上で重要なことは、グローバル化の大きな流れの深層を政治面、経済面、産業面、民族・宗教・文化面等、多面的に認識する意識である。なぜなら、物事は一つの分野の中で起こる訳ではなく、分野横断的に、いわば分野とは無関係に起こるからである。当然のことながら、全ての事柄についての知識に長じることは出来ないので、他者の力、その道の専門家の力を借りるほかない。その際、世界のそれらに関する報道、分析、知識を勉強するという根気を持ち、裏に流れている深層に対する強い好奇心を持ち、自分の頭で考察し、真相に対する洞察力を養う努力が大事である。

　そのためにはLiberal Arts、即ち広い教養力が必要となる。広い教養力とは知識ではなく、自分の疑問、好奇心や関心の対象を網の目のように拡大し、それらの対象を自分なりに自分の価値体系の中に位置づける努力、

そして位置づけを柔軟に変更する力にほかならない。この広い教養力の向上は、座学、読書、他者との交流、様々な実務など、あらゆる自分とは異なるものとの出会いと同時に自分自身で熟慮を重ねることを通じて行われる。

「諸行無常」と「不易流行」

今日、社会の変化、世界の変化は激しく予測は困難である。そのような環境の中に生きる我々が、かつて一時期機能した「合理的な判断」や「効率的な運営」を後生大事に奉っていて、物事がうまくいく訳はない。戦後の一時期、変化の方向がリニアで見えやすい時代があったが、それは例外だったのである。昔も今も、本質的にはものごとは常に変化するということである。昔の言葉で言うと「諸行無常」である。それに対して自分たちは、あるいは自分たちの組織はどう対応すべきか。変化に流されているだけでは自分を見失う。

逆に、今までどおりやっていたのでは、化石になる。だから、自分たちが、あるいは自分たちの組織がしっかりと守る価値体系を持った上で、変化に対応するほかない。昔の言葉で言うと、「不易流行：不易（変わらないもの）に基礎において流行（新しいもの）を追求すること」である。逆に言えば、世の中は絶えず変化するので、それに対応して変化しなければ、本質的な価値を守れないということである。

日本は、長寿命企業が例外的に数多い稀有な国である。世界最古の企業は、飛鳥時代に聖徳太子ゆかりの四天王寺を建築した金剛組である。その名が示すように、百済からの渡来人の流れを汲む。中国大陸や朝鮮半島には長寿企業がほとんどないのに比べ、渡来人が伝承した技術は、日本的に工夫され、何百年も続く。これは、大陸・半島では職人の社会的地位が低かったのに対し、我が国ではものを作る人は匠として一定の社会的評価が与えられてきたからではないか。また、権力機構が激しく変わる覇道国家たる中国・朝鮮と、権威の根源たる皇統が連綿と続く日本との国家のあり方の違いからくるものかも知れない。いずれにせよ、金剛組の他にも1000年を超える企業がいくつもあるし、200年企業、300年企業はざらにあると言ってもいいほどである。

産業で言えば、灘の酒、薩摩の焼酎、下総の醤油。京の西陣織、加賀の友禅、奄美の大島紬。飛騨高山の春慶、能登輪島の漆器。京の楽焼き、長門の萩焼きの茶器。美濃、土佐の和紙。備前の刀、越後の利器。1000年の

第2章　グローバル市場の様相

時を跨ぐ寺社仏閣や400年の昔を偲ぶ城郭建築とその修復技術。まだまだ、職人、匠の技（Art）は沢山ありすぎて、日本という国は、歴史に裏付けられた、しかも今日に生きる技の宝庫である。これらは常に変化して今日に至っている。

　日本の産業は変化とともに生きてきた。従って、日本は変化に強い国であることが歴史によって証明されている。今も生きているということが変化を遂げてきたことの証明である。これらの産業の生んだものは今も生きており、かつきわめて現代的、場合によっては未来的なものもある。

　長く歴史をつなぐという意味で、日本の生活文化も長寿命である。宗教・文化・芸能・行事で言えば、法会・護摩・講・座禅・遍路、彼岸の仏事。夏・秋の祭りと山車・御輿。神社での流鏑馬や馬追い。七夕祭り・灯篭流し。能・狂言・文楽・長唄・歌舞伎。盆踊りや民謡。茶道・華道・香道。古武術・柔道・剣道・相撲。和歌・狂歌・俳句・川柳。桃の節句に端午の節句。除夜の鐘に初詣。春の花見に夏の盆踊り。それこそ枚挙に暇がない。

　日本人の生活や行事はなんと多くの宗教・文化・芸術・芸能・行事に彩られてきたか、そして今もそうか。これら日本人の生活文化や生活観念を形として支えた文化・芸能は変化を遂げながら古きを失わず、しかも今でも極めて現代的である。何故現代的かというと、それは変化してきて、今残っているからである。おそらく、変化しなかったもの、いや変化できなかったものは、今は残っていないのではないか。

　日本の産業、文化の変化における「不易流行」は国内的で、独自なものであったと考えがちである。確かにそういう面はあるが、日本は地政学的にユーラシアの文化・文明の粋を全て最後に受け止めてきた国、いや受け止める能力を持った国でもあった。この能力が大事なのである。

　例を挙げると種子島に西洋の鉄砲が伝われば、すぐに同じものを作った。西欧・オランダの技術を蘭語の書物で学んで、西洋医学を試み、他方で大砲や軍艦を作った。海軍は英国式、陸軍はプロシア式の優位をいち早く見抜き、そのように軍隊の仕組みを整えた。米国が強国と分かれば、米西戦争（米国南部でのアメリカ・スペイン間の海戦）を実地に見聞した。

　このように、日本人は元々ものづくりの能力に長けたうえに、海外の動きに高い感受性と吸収能力を持っていた。それが、明治維新後あっという間に近代国家の形を築くことができた最大の要素である。

この生来の能力に加え、感受性と対応能力を、激動する世界の中で、日本が今日、明日、どのように形にするかが今日、最大の課題である。幕末当時、列強諸国はインド、東南アジアを支配し、中国の沿岸部を抑え、さらに日本に迫っていた。今の時代に置き直せば、それは例えばどういう動きなのか。それを、本章では考察したい。

世界の変化の深層を観る
　本章では、世界の政治、経済、金融、文化、宗教などの変化のうち、一般にはそれほど取り上げられないものに焦点を当てる。そこに、現在の世界の変化の深層がある意味で凝縮されていると考えるからである。
　「１．グローバリズムの正体」は、「グローバル化」と似て非なる「グローバリズム」の本質を、欧米の植民地主義、現在の新植民地主義としての新自由主義、国際金融資本主義について考察する。
　「２．世界・米国・日本を巡る構造変化」では、最近30年の間の世界の政治情勢の構造変化、世界の経済情勢の構造変化、そして日米政治経済基盤の構造変化を考察する。
　「３．リーマンショックから欧州債務危機へ」では、リーマンショックの起こした問題の本質とこれに起因する欧州債務危機と EU の対応などを分析する。
　「４．イスラム圏の世界経済に及ぼす影響」では、多くの日本企業が、あまり関わりのなかったイスラム経済の実力を考える。
　「５．イスラムとグローバリズムの折合い」では、米国主導のグローバリズムがイスラムの世界にどのように受け取られ、どんな影響を及ぼしているのか。不安定な中東情勢から問題点を考える。
　「６．環境変化の類型とエネルギー問題」では、常に変化する外部環境に対し、どのように対応して行ったらよいのか、エネルギー問題を例に考察する。

１．グローバリズムの正体　　　　　　　　　　　　　前田　光幸

（１）「グローバル化」と「グローバリズム」
　「グローバル化」と「グローバリズム」との違いを認識しておくことが、

第2章　グローバル市場の様相

グローバル化を正しく認識し、それに対する正しい対応をする上で極めて重要である。

　経済の「グローバル化」とは、現実の世界で日々起きている現象を指し、グローバリゼーションと同義である。即ち、資本、技術、人材が世界の中で自由に移動し、ある地域の原材料が、別のある地域で付加価値の高い財貨へと転換され、さまざまな市場にて選好される状態と定義することができる。即ち、資本、技術、人材、この三つの動員、配分についての決定と変化が「グローバル化」の様相ということができる。

　当然のことながら、各地域は固有の自然環境、地政学的な特性、歴史、宗教、民俗、文化的背景を持っている。従って、価値体系も価値創出の方法も異なるので、「グローバル化」は、必然的に「地域主義」を伴っているのである。

　「グローバル化」という現象は決して世界一元的なものではなく、多元的であり、地域的なものの総体である。

　従って、グローバル・スタンダードなる言葉が流布しているが、技術の世界標準規格や会計の国際会計基準などは例外として、社会経済体制、事業展開、経営戦略などに使われる場合は虚妄だと考えなければいけない。まして、米国流の経営スタイルをグローバル・スタンダードと称するのは、全くの間違いである。

　他方、「グローバリズム」は、世界を政治的、経済的、文化的、歴史的に一つのものとして同一原理、同一観念によって統治していこうとするイデオロギー、ないし主義である。「グローバル化」の現象とは、似て非なるものであるにも拘わらず「グローバル化」を名乗り、錯覚を誘導するキャンペーンとして使われることも多い。

　本項では「グローバリズム」の正体に焦点を当てることによって、「グローバル化」現象を正しく認識する一助としたい。

グローバリズムの正体

　「グローバリズム」の正体を次の三つの観点から考察する。
①欧米列強の"旧"植民地主義、
②"新"植民地主義としての「新自由主義」、
③国際金融資本主義、
まずこの三つについて考察する意義を記す。

①欧米列強の"旧"植民地主義　欧米列強がこれまで歴史的にどのような植民地支配を行ってきたのかを確認することで、彼らとかつての日本のアジア進駐とが本来的にどう違うかについて考える。その上で、日本企業の今後の海外進出のあり方についての教訓を明らかにしたい。

②"新"植民地主義としての「新自由主義」　ソ連の崩壊以後、グローバル化が進展する中で、自由主義市場経済体制が全てに優先するという所謂「新自由主義」が優勢となっている。「新自由主義」は世界の各国の固有の歴史的社会経済制度や文化を軽視し、各国政府の市場介入を排し、途上国の富を先進国企業の利益拡大という形で収奪しているのが現実である。新たな植民地主義としての「新自由主義」の経緯と展開を考察する。

③国際金融資本主義　国際金融資本がどのようにして強力な情報網として今日の姿に至ったのか。この問題は②の新自由主義と密接に関わっている。また日本企業のグローバル展開の際にも関係するので、この正体をしっかり認識しておく必要がある。

（2）列強の"旧"植民地主義

列強の植民地収奪の暗黒の数世紀

16世紀の大航海時代以来、欧州列強は中南米、アフリカ、中東、アジアの鉱物資源、農産物（胡椒、綿花等）の収奪競争を続けてきた。場合によっては麻薬を流布させ、植民地の人々の覚醒機会を妨害した。

また、統治上、母国宗教への改宗、母国語への変更、母国の政治社会制度の強制的導入を行ってきた。キリスト教の布教や資源収奪のためのインフラ整備は行ったが、植民地の民度の向上のためのインフラ整備や教育制度の向上は行わなかった。従って、植民地の人々はいつまでも貧しく、教育程度が低く、暗黒の数世紀を経験することとなった。

日本はインフラを建設し、教育制度を広めた

一方、近代日本のアジア進駐は日清戦争後から始まった。台湾、朝鮮、満州、仏印（ベトナム・ラオス・カンボジア）、蘭印（インドネシア）、英領マレーシア、英領ビルマ、米領フィリピン等々。日本の占領はもちろん天然資源獲得（石油、石炭、鉄、金属、ゴム等）も目的であったが、欧米列強との相対的な比較において、それは収奪ではなく、進駐国のインフラを建設し、農業生産性を高め、教育制度を広めたことは歴史的事実である。進駐

第2章　グローバル市場の様相

国の産業振興を図り、日本との共栄を目的とした点が、欧州列強とは根本的に異なる。従って、日本が進駐した国の対日感情は韓国とフィリピン以外は概ね良好である。

　日本が日露戦争でロシアを破ったこと、大東亜戦争が結果的に英仏蘭米の植民地の民族自決意識に繋がったことで、第二次世界大戦後、アジア諸国のみならず、アフリカ、中東諸国が続々と独立を果たした。これらの国々は、欧米の植民地政策による搾取から立ち上がるきっかけと意志と希望を、日本の対英米露に対する挑戦の歴史に見出した。

　アジアの多くの国々は日本の果たした世界史的な役割を学んでいるので、日本企業の進出に対し、概ね好意的である場合が多い。

欧米列強の植民地支配の歴史

　欧米列強の植民地支配の歴史を簡単に振り返っておこう。大きく二つの時代に分けられる。大航海時代と産業革命後の帝国主義である。

　16世紀の大航海時代以前の世界経済地図としては、アジア、イスラム圏の経済規模が欧州より規模が大きかった。アッバース王朝（13～16世紀、東はペルシャ、アラビア半島から、西はモロッコ、スペインまでを支配したイスラム王国）、モンゴル・元帝国（12～14世紀）、中国の明王朝（14～17世紀）、日本の朱印船貿易（16～17世紀）など、東洋（現在の中東、中央アジア、インド、中国、東南アジア、東アジア）の経済がユーラシア大陸を席巻していた。16世紀の東洋の国民総生産額は世界の半分以上を占めていたと言われる。

　大航海時代にはバチカンの主導によるプロテスタント諸国への対抗として、スペイン・ポルトガルの中南米植民地化が目立っている。スペイン・ポルトガル人は中南米諸国に入植し、カトリックを流布し、金銀鉱山を収奪し、原住民（インディオ）の大量虐殺を行った。現地人を虐殺しすぎたため、労働力を確保するため、アフリカから奴隷輸入を行った。また、フィリピンにも足を伸ばし、同様に過酷な植民地体制を敷いた。

　続いて、オランダ、フランス、イギリスがスペイン、ポルトガルのあとを追って、胡椒などの香辛料を求めてアフリカ、アジアに植民地を開いていった。18世紀後半以降のイギリスの産業革命を支えたのは、インドの支配とアメリカの獲得であった。その後、欧州の列強は植民地からの富の収奪を巡って20世紀半ばまで、互いに戦争に明け暮れた訳である。

　この間、イギリスは、東アフリカ、南アフリカ、インド、ビルマ、マレ

ーシア、香港、アメリカ、カナダ、オーストラリア、ニュージーランドその他を植民地化した。オランダは、インドのゴア、マカオ、インドネシア、中南米のカリブ海諸国。フランスは西アフリカ、北アフリカ、インドシナ。ドイツは東アフリカ、太平洋諸島。イタリアは北アフリカ。ベルギーは中央アフリカを植民地化した。

また、第一次世界大戦前後に、イギリスとフランスは旧オスマントルコの中東支配地域を分割し（イギリスがイラクを、フランスがシリアを）、また中国・清朝末期には各国による中国の港湾都市の割譲が行われた。

その後、アジア、アフリカ、中南米の被植民地は第二次世界大戦後1960年代にかけて、長い収奪の歴史から脱し、続々と独立した。その数は約170カ国にのぼる。

欧米列強の植民地教育は宗主国の価値観の押し付け

欧米の植民地主義の特徴は教育制度によく現れている。

例えば、間接統治の場合、極く一部の現地指導層に宗主国の言語教育を行い、場合により母国へ留学生として送り込み、彼らに宗主国の価値判断を植え付ける。端的に言えば洗脳する。現地固有の自然風土や、歴史や文化に根ざした価値観を尊重することはない。

洗脳された一部の現地指導者は宗主国の代理人として、宗主国の価値観で現地人を統治し、現地人は固有の歴史的価値観を否定されたのである。新しい知識や考え方は宗主国の言語によって書かれた書物を通して学ぶほかないので、一般人の知識教育水準の向上機会は極めて限定される。

西欧は自国語で聖書を読めるようになって、「知」に目覚めた

この「言語」と「知」の相関関係は、西欧の歴史の教訓として刻まれている。西欧社会が中世のローマ・カソリック教支配の長い停滞の時代の中で、一般人が暗黒の時代から立ち上がり近世へと歩みだすきっかけは、ラテン語でのみ書かれていた聖書を各民族（フランス、ドイツ、オランダ、イギリス）の固有言語へと翻訳が進められたことにあったと言われている*1。

ルターをはじめとする16世紀の宗教革命がその嚆矢である。それまでは大多数の人はラテン語を読めなかったために、カソリックの司祭や神父に教えられるままに、キリスト教理を自分の頭で考えることもなく子供のように受け入れていた。自国語で聖書を読めるようになってから、彼らは初めて世界と自分との関係や自我に目覚め、そして「知」に目覚めたのであ

る。それが近世につながっていった。

　近世以降の歴史が教えるところによると、論理、哲学、科学などを自国語に翻訳し、自国語でそれらの事柄を考えることができるようになった民族だけが真の近代化を成し遂げている。

数十年で先進国に追い付いたのは新しい概念や知識を日本語化したから

　日本の明治初期の高等教育の教科書はほとんど英語、ドイツ語、フランス語であり、外人教師が主流であったが、明治の先達たちは必死でそれを日本語に翻訳し、明治の後半にはほとんどの近代的な概念や科学は日本語で学べるようになっていた。

　日本がわずか数十年で先進国に追い付いたのは、新しい概念や知識を日本語にできたからといっても過言ではない。現在、どの新興国も高等教育の教材は英語などの外国語に依っている。これを母国語にしない限り、中国、韓国ですら先進国になるのは難しい、というのが歴史の示すところではないか。自然風土、歴史、文化とむすびついた固有の言語によって、新たな概念や知識を考え議論することによって、社会は自立的に発展できる。そうでない場合は、外国の概念や知識をそのまま移入はできるが、自分ではそれ以上一歩も前に進めないということになる。中国が模写大国からなかなか離陸できない理由はここにある。

教育に現れる、欧米と日本の途上国に対する対応の違い

　欧州各国は、聖書をラテン語から自国語にすることによって、哲学や科学、さまざまな文化が発達したという歴史を知っているからこそ、植民地には間接統治を行うために一部の人間に対し、宗主国の言語教育（中世のラテン語教育）を施し、それ以外の一般人の教育を意識的に行わなかったのである。

　欧米の植民地主義をそのように認識することが大事である。

　我が国の場合、満州、朝鮮、台湾、仏印、蘭印に進駐後、現地で初等・中等学校を作り、日本語・現地語教育を行い、高等教育としては満州（建国大）、朝鮮（京城帝大）、台湾（台北帝大）に帝大を作った。進出国の国力を上げるためには、まず教育であるというのが日本の進駐の基本政策であった。教育一つを取ってみても、欧米と日本では途上国に対する立場の違いが歴然としている。

　これは過去の話ではない。現在も継続している欧米人の価値観なのであ

る。

（3）"新"植民地主義としての新自由主義
欧米では格差が拡大し中間層が細り、経済は低迷し財政収支が悪化

　グローバリズムの概念は、経済理論的にはシカゴ学派の「新自由主義」*2によって支えられていると言っていいだろう。
　この学派はケインズ学派との対立軸から発しており、1970年代の景気後退期のインフレと財政赤字の増大への対策として、サッチャー英首相の「サッチャリズム」、レーガン米大統領の「レーガノミクス」として本格的に政策として採用された。それらは「市場機能の重視」、「小さな政府」、「財政収支の均衡」、「国営企業の民営化」、「経済社会制度の規制緩和・自由化」、「金融制度の自由化」、「社会保障制度の見直し（削減）」などを主たる内容としてきた。
　また「資本の支持と反労働」を基本的な観念とし、税制では「所得税率の平準化（高額所得者の累進課税の引き下げ）」や「消費税の引き上げ（逆進的課税体系）を推進し、「株主資本主義」を支持し、労働組合には厳しく対応した。この観念は富裕層に富を集中すれば、彼らの消費と投資で社会全体が潤うという「トリクル・ダウン」論*3という幻想を唱道したが、現実には格差は拡大の一途で、中間層が細り、経済は低迷し、そのために財政収支の悪化が増大したというのがサッチャリズム、レーガノミクスの実態であった。
　所得格差の状態を表すものとしてジニ指数*4があるが、主要国のジニ指数は1980年代以降いずれも上昇している。特にサッチャリズム、レーガノミクスが採用された1980年代の10年間で、英国は0.30から0.36、米国は0.31から0.35へと急上昇している。新自由主義による経済運営は米英において失敗に終わったにも拘わらず、世界経済のグローバル化の中で、市場主義の衣装を纏った新自由主義は再び勢いを増し、その後も金融資本主義と足並みをそろえて、各国に浸透していった。
　OECD 統計によると、ジニ指数は1990年と2010年の比較で、米国は0.35から0.38、日本は0.31から0.33、ドイツは0.26から0.30、福祉国家スウェーデンでさえ0.20から0.26へといずれも上昇し、世界的に所得格差が拡大している。ジニ指数と経済成長率とは負の相関があるとされている。即ち、

所得格差拡大は経済成長を阻害するということである。

このように、世界的な所得格差の拡大は、新自由主義の浸透と高い相関があると考えられる。因みに、新自由主義ではなく、国家資本主義の中国のジニ指数は2007年で0.47（世界銀行調べ）と極めて危ない状態にある。これは一党支配の官僚体制が持つ本質的な統治不全性の帰結である。

新植民地主義による収奪

いずれにせよ、新自由主義による社会経済体制は、自国の中産階級を没落させ、経済成長率を引き下げ、財政赤字を拡大させ、社会福祉水準を引き下げるという意味で、極めて問題の大きい主義主張であり政策である。

この政策の主たる唱道者は現在米国であり、その支持者が英国はじめアングロ・サクソン諸国家（カナダ、オーストリア、ニュージーランド）であるが、それ以外の国、特に途上国に向けてその採用を仕向ける時、これはまさに新植民地的な収奪の構図が再現されるという意味で、新植民地主義と呼んでも過言ではない。

歴史的文化的に多様な特性を持つ世界各国の経済社会体制やルールを新自由主義流に変えていくことによって、国際的企業や金融資本はその事業活動の自由度が格段に増大する。彼らは所得機会を捉え、資本投下し、収益を上げてその果実を本国へと還流する。資本投下の対象国は、彼らに安価な労働力を提供しただけで、企業が得た利益の再投資の循環という成果を得ることなく、相対的にわずかな経済的便益を享受するに留まる。

（4）国際金融資本主義

国境を超えた国際金融資本のグローバリズム

国民意識あるいは国家意識のアンチ・テーゼとして、国境を超えた国際金融資本の世界展開としての「グローバリズム」がある。

「グローバリズム」という概念は、ディアスポラの民衆（離散民）*5が国家、地域などの反対概念として強く持つイデオロギーであることを想起させる。また、20世紀初頭のロシアの共産主義革命、そしてコミンテルン（共産主義国際組織）の世界連帯主義への傾斜もグローバリズムのイデオロギーと同根である。

ユダヤ系ディアスポラの金融資本

我が国ではなぜか周知されていないが、ロシア革命は実質的にはユダヤ

系ディアスポラの民衆による革命であった。ロシアのロマノフ王朝時代の旧ロシアには、多くのユダヤ系ディアスポラの民衆が住んでいたが、彼らは集団的な迫害、殺戮を受けていた（ロシアで「ポグロム」と呼ぶ）。ロシア革命は、マルクス、レーニン、トロツキー等が主導したが、共産革命の主体となった彼らボルシェビキ*6の中央組織は、その多くがユダヤ系ディアスポラの民衆から構成されており、米国のユダヤ系ディアスポラの金融資本から金融支援を受けていた。

19世紀に英国やヨーロッパ大陸で発達したマーチャント・バンク*7、米国のインベストメント・バンク*8は、いずれも貿易と産業の発達に大きく貢献したことで世界経済近代化に大きく貢献したが、その多くはユダヤ系ディアスポラの金融資本であった。彼らの強みは情報網であり、近代の大規模戦争や革命に深く関わってきたことは広く知られている。

その代表的な例を以下に挙げる。

 1815：Waterlooの戦い　英仏戦争時、ネイサン・ロスチャイルド*9は英仏軍双方に融資し、英国勝利情報を悪用し巨額な債権・株価利益を獲得。

 1862〜65：米国南北戦争　ロスチャイルドはリンカーンの北軍の通貨発行政策に対抗し、南軍に融資。

 1904〜05：日露戦争　ジェイコブ・シフ*10がロマノフ王政下で迫害（「ポグロム」）を受けていたユダヤ系ディアスポラの民衆を救うため、ロシアと極東地域で戦うことになった日本に融資。

 1917：ロシア革命　レーニン、トロツキー等、革命家の多くはユダヤ系ディアスポラ。ジェイコブ・シフが融資し、革命を支援した。

 1929：大恐慌　FRBの金融引き締め、FRB株主の多くはユダヤ系ディアスポラ金融資本、株暴落後に大量買いし巨額の利益獲得。

 1937〜1945：蒋介石軍への支援　アヘン密売で巨万の富を築いた英国・インド・上海を拠点とするサスーン財閥は蒋介石軍を支援。

 1940〜1945：第二次世界大戦で連合国に融資

 1945〜1949：毛沢東・共産軍を支援

 1948〜1973：中東戦争　1948、1956、1967、1973、の四次に亘る戦争でイスラエル支援

 1950〜53：朝鮮戦争　米国に融資。

第2章　グローバル市場の様相

1960〜73：ベトナム戦争　ソ連・北ベトナム支援、戦争の膠着・泥沼化を意図。

1997：アジア通貨危機　ヘッジ・ファンドの大量空売りで、タイ、マレーシア、インドネシア、フィリピン、韓国の金融危機を創出。

1999〜2008：サブプライムローンとリーマン・ショック　貧困層向けのサブプライム住宅ローンの証券化、金融派生商品のバブルを作り出し、バブル崩壊で多くが倒産し、銀行などに吸収された。

　このように、18世紀以降、ユダヤ系ディアスポラ国際金融資本は一貫して、戦争ファイナンスによる利益獲得、各国中央銀行への影響力行使、バブル形成と崩壊の招来、共産革命の支援などを遂行してきた。

　資本の世界的自由化、貿易・経済のボーダーレス化、ルール・制度のグローバル化はユダヤ系ディアスポラ金融資本の利害と密接な関係がある。

　また、彼らは国際金融機関である世界銀行、IMF 等に強い影響力を有しているだけではない。米国連邦準備制度理事会（FRB）は国営銀行ではなく、ユダヤ系ディアスポラ金融資本が主体となって出資した純然たる民間企業だというのが国際金融市場の中枢の異常な実態である。

金融資本主義による凶暴な収奪

　現在においても、金融資本主義は時にきわめて凶暴な収奪をやってのける。1997年のアジア通貨危機や、2000年から2008年にかけてのサブプライムローンが、その典型である。

　アジア金融危機では、タイ、マレーシア、インドネシア、フィリピン、台湾、韓国がその犠牲になった。

　米国のヘッジ・ファンド*11は、次々に各国通貨を空売りで売り浴びせ、通貨を暴落させ、金融機能を麻痺させ、大不況を呼び起こし、政権交代を引き起こした。

　そして最終的に IMF（国際通貨基金）や世銀が各国の金融制度や社会経済制度をその管理下に置いたことは記憶に新しい。

　米国の大手格付機関も各国の国債の格付けを大幅に引き下げ、各国通貨価値と国債価格の暴落（国債金利高騰）をお膳立てした。IMF は各国の金融と経済の立て直しと引き換えに社会経済体制の新自由主義化を強要したのである。

　韓国で言えば、大手銀行は米国系の支配下に、財閥の再編と外資比率が

増大した。
　以上、欧米列強による植民地支配、新植民地主義としての新自由主義、そして国際金融資本主義を、「グローバリズム」の正体として論じた。
　この「グローバリズム」は現実に進行している世界経済のグローバル化とは、次元の異なるものであることをしっかり認識しておかないと、現実を見誤る。
　「グローバリズム」は、しばしばグローバル化という衣裳をまとって我々の前に現れるので、十分な注意が必要である。

【参考文献】
施光恒（2015）『英語化は愚民化』、集英社
中谷巌（2008）『資本主義はなぜ自壊したのか』、集英社
ロバート・B・ライシュ（2008）『暴走する資本主義』、東洋経済新報社
ジョゼフ・E・スティグリッツ（2006）『世界に格差をバラ撒いたグローバリズムを正す』、徳間書店
関岡英之（2002）『拒否できない日本』、文藝春秋
水野和夫（2007）『人々はなぜグローバル経済の本質を見誤るのか』、日本経済新聞社
水野和夫（2014）『資本主義の終焉と歴史の危機』、集英社新書
菊池英博（2015）『新自由主義の自滅』、文藝春秋
エマニュエル・トッド（1999）『経済幻想』、藤原書店

＊1　施光恒（2015）『英語化は愚民化』、集英社
＊2　F.ハイエク（1899-1992）やM.フリードマン（1912-2006）によって「ケインズ学派」の大きな政府に対するアンチ・テーゼとして、小さな政府、自由市場主義が唱道され、1980年代に英国のサッチャー首相や米国のレーガン大統領によって政策的に実行された。その後、1990年代以降も世界経済のグローバル化の中で、各国の経済金融政策に少なからず採用されている。
＊3　トリクル・ダウン論：「富めるものが富むほど、その恩恵が貧者に滴り落ちる」とする新自由主義派の政治家が主張する一種のデマゴーグである。実態的には全くの誤りであるとジョゼフ・E・スティグリッツも「世界に格差をバラ撒いたグローバリズムを正す」で述べている。
＊4　ジニ指数（GINI　Index）：格差がゼロすなわち全員が全く同じ所得の場合、ジニ指数はゼロ、逆に一人が全所得を独占している場合、ジニ指数は1.0という

ものである。通常0.4を超えると所得格差が大きく、社会不安が高まる警戒域と言われている。

*5 ディアスポラ：Diaspora、元の国家や民族の居住地を離れて暮らす国民や民族の集団。特にパレスティナを追われたユダヤ民族のものが典型。
*6 ボルシェビキ：レーニンを指導者とするロシア社会民主労働党左派
*7 マーチャント・バンク：貿易手形の割引、証券の発行・引受、大口預金の受入と貸付、投資顧問、M&A等の業務を行う。
*8 インベストメント・バンク：直訳は投資銀行だが銀行ではない。日本の証券会社と類似した業態である。長く銀行業務（預金の受入と一般貸付）は禁止されてきたが、一時期、許可された時期もある。
*9 ネイサン・ロスチャイルド：ロンドン・ロスチャイルド銀行の祖
*10 ジェイコブ・シフ：米国投資銀行のクーン・ロブの頭取。クーン・ロブは1977年にリーマン・ブラザーズに吸収された。シフは日露戦争時の対日融資の功績で明治天皇より勲一等旭日大綬章を授与された。またシフは日露戦争後も高橋是清蔵相らと親交を続けた。
*11 ヘッジ・ファンド：年金基金や投資信託などの機関投資家から私的に資金を預かり、金融派生商品を活用した資金運用を行う基金。通常タックスヘイブンに登記し、一般の投資信託のような情報開示の義務もなく、各国金融当局の管理が及ばない。時に空売りなど投機的取引で通貨などの相場操作に影響力を持つ。

2．世界、米国、日本を巡る構造変化　　　　　　　　　　　　　前田　光幸

今日の世界政治経済情勢の中における日本のポジションを認識する上で、過去、約30年の間に（1）国際政治情勢、（2）国際経済情勢、（3）日米政治経済関係の三つがどのように構造変化したかを概観する。

（1）国際政治情勢の構造変化
冷戦構造の終焉
第1の構造変化はソ連の崩壊と東西冷戦構造の終焉である。第二次世界大戦後から1990年頃までの世界の政治情勢は冷戦構造下の米ソ二極体制が支配してきた。しかし、1989年のベルリンの壁崩壊、1991年のソ連の崩壊

で、戦後45年間続いてきた冷戦構造は一挙に崩れ去った。

1980年代は冷戦下にあり、世界は従来型の政治経済運営を続けていたが、その中で、ドイツを例外として欧州全体の経済の衰退、日本の安定的な成長と製造業の国際競争力の進展、米国製造業の競争力低下が進んだ。「日本一人勝ち」と言われる、日本の世界市場獲得が欧米経済に大きな打撃を与えた。貿易収支の悪化、失業率の上昇、財政収支の悪化となって現れた。

これが、1985年の先進国蔵相会議（G5）での「プラザ合意」による大幅な円高への修正と日本経済の内需指向への変更要請につながった。日本と同様に製造業の国際競争力に優れたドイツがEUという大きな共通市場を持っていたのに対し、日本がそのような枠組みをアジアに持っていなかったことで、逃げ場のない日本はいわば180度、輸出立国から内需立国への国策の転換を余儀なくされることとなった。

世界の多極化

第2の構造変化は世界政治の多極化である。東西冷戦構造の終焉は政治的には、超大国アメリカが世界をリードする体制に転換するかに見えたが、米国の国力の相対的低下によって、そうはならなかった。

そこで起きたことは、①米ソ二極体制から多極体制への移行、②東欧諸国の西欧社会への接近とEU圏の拡大、③旧東欧諸国が東側経済圏から世界市場へ参入、④中国等新興国の世界市場への参入、等それまでの冷戦下の世界政治経済構造の大きな変化であった。

EUは東欧諸国を漸次取り込み、NATO参加国も米国の外交戦略の下で拡大した。冷戦終了とともに顕在化したのは、永年潜在していた民族間、宗教間の紛争の多発と各国の国内体制の変化である。アフリカ諸国の民族紛争、欧米とイランとの緊張の高まり（1980年以降継続）、イラクのクウェート侵攻（1990年）、イラク湾岸戦争（1991年）、ユーゴの分裂と内戦（1990年代）、等々。超大国、米国は世界の警察として各地域での軍事介入に関わったが、総じて、民族紛争は何ら好転することはなかった。米国は冷戦後に逆に軍事負担が増大し、また軍事行動自体の限界に直面すると同時に、巨額の財政赤字の増大と貿易収支の赤字に陥る状態となった。

ソ連崩壊後の「米国一極体制」は幻であったことが明白となり、「世界多極化と混乱」が現実の姿となったが、1990年代、EUは地域的には拡大しつつあったものの経済の成熟化、衰退化を辿り、日本はバブル崩壊の後

第2章　グローバル市場の様相

遺症で長期に低迷し、中国をはじめアジア新興国が例外的に製造業の勃興で急成長路線を歩み始めていた、という状況である。21世紀に入り中国、アジア新興国は益々成長のスピードを上げ、世界の製造拠点化していった。

EU がフランスとドイツの主導で統一通貨「€」に本格的に踏み切ったのは2001年。この試みは、国際競争力と財政収支に大きな差のある各国が同一為替レートで経済運営を行うことの非合理性が明白となり、今や解消の危機に瀕している。

また、EU 委員会による政治的、社会的、経済的な規定が各国の主権を管理するような今のあり方は、深刻で深い軋轢と摩擦を生んでいる。2016年6月の英国の EU 離脱は EU 版グローバリズムの問題を炙り出すものであり、EU のあり方そのものに対し、加盟各国で EU 加盟のメリットとデミリットを考え直す動きが広がるだろう。

統一通貨 € は最もこの問題を端的に露出させるテーマである。これについては第2章「3．リーマン・ショックから欧州債務危機へ」で詳述する。

日本は21世紀に入っても、その国際競争力の低迷が続き、後進国の新興企業に輸出市場を奪われ、デフレ下の低成長に喘ぐ時期が長く続いた。

無極化と混沌

第3の構造変化は多極化を通り越した無極化と混沌である。2001年の9.11世界同時多発テロが突然世界を揺さぶった。これに対し、米国は産業界、言論界、官界、政界等に広がるネオコン（Neo Conservatism）派が唱道する「対イスラム過激派対峙戦争」を開始した。アフガン戦争（対タリバン、2001年以降）、イラク戦争（対フセイン、2003年〜2008年）、リビア攻撃（対カダフィ、2011年）、その他対テロリスト攻撃が十数年間に亘って続くこととなった。現在のシリアやイラクの内戦は米国の対イラク戦略の直接的なツケでもある。即ち、イラク戦争後に米国は親イランのシーア派政権を擁立し、旧フセイン配下のスンニ派を追放したが、これが現在の内戦の種となっている。話は遡るが、1989年の旧ソ連のアフガン侵攻の際に、米国はイスラム過激派のアルカイーダを支援し、対ソ抗戦に当たらせたが、そのアルカイーダが9.11など一連のテロの主犯となったのは記憶に新しい。さらにもっと遡って、1980年から1988年まで長く続いたイラン・イラク戦争で対イランの為に、フセイン政権を支え多くの軍事顧問を送った米国は、19

90年のイラクのクウェート侵攻でフセイン軍と湾岸戦争を行う羽目になり、2003年以降には、ありもしない大量破壊兵器（核兵器）製造、保有の言いがかりをつけて、フセイン体制撲滅のイラク戦争を戦った。これら一連の米国の軍事行動は国連決議を経たものではなく、中ソは勿論のこと、欧州同盟国からも必ずしも同調を獲得しきれなかったものが多かった。このように、米国の対イスラム軍事活動は、国内体制が安定していた多くの中東・北アフリカ全域の極度な不安定要因となった。また、米国は国内で強力なユダヤ・ロビーの圧力という事情を抱え、特に第二次大戦後、一貫してイスラエルを強力に支援してきたが、これがアラブとイスラエル間の数次に亘る戦争、パレスチナ紛争（ヨルダン川西岸、ガザ地区）の根源である。

英仏は第一次大戦時の三枚舌と言われる外交的謀略（フセイン・マクマホン協定*1、サイクス・ピコ協定*2、バルフォア宣言*3）の枷で、仲介者たる資格を持っておらず、国連の安保理は当然意見が割れるので、これらの紛争の解決は極めて困難である。

いずれにせよ、米国の軍事活動、外交活動は失敗の連続であり、今日のイスラム、中東、アフリカ、南アジア（アフガン、パキスタン）の内戦と混乱の主役は米国と言っても過言ではない。

この問題は世界の政治構造を理解する上で大変重要であり、第2章「5. イスラムとグローバリズムの折り合い」で詳述される。

エネルギーと地球環境問題

第4の構造変化は世界の政治体制に影響を与えるエネルギー問題と地球環境問題の役割の増大である。

それ以前の時代、特に1970年以前は、石油価格は低位安定し需給に大きな波乱要因もなく、エネルギー問題が国際政治に大きな影響を与えることはなかった。しかし、1970年以降は石油需給が逼迫化し、石油価格はこの間、1970、80年代の乱高下期、1985年から2004年までの長期低価格期、2004年以降の高騰期、現在の乱高下と、激動が続いている。エネルギーは国の社会経済の血液であるので世界のエネルギー供給の3分の2を占める石油・ガスの需給、価格が安定しないと世界政治の安定は損なわれる。米国は1970年以降、石油輸入国に転落し、ごく最近シェール石油の生産が始まるまでは世界最大の石油輸入国だった。この状況は米国の世界戦略に大きな影響を与えた。

原油価格低迷がソ連を崩壊させた

資源立国ソ連が1985年以降の原油価格の長期低迷で経済破綻に止めを刺され、それがソ連崩壊の最も大きな要因の一つとなったことは忘れてはいけない（第2章「6．環境変化の類型とエネルギー問題」参照）。2004年以降石油価格が高騰トレンドに入ると、ロシアの経済が復活を見せること、しかし原油価格が低落すると経済が陰ることはソ連が石油とガスの上に浮かんでいる国であることを端的に物語っている。ウクライナ問題などの周辺国の民族問題が紛糾するのはロシアの経済力の低下局面に起こる事柄である。

一方、地球環境問題は1990年初頭以来一貫して EU が戦略的な観点から主導してきた。これは化石燃料の消費抑制によって、中国、インドをはじめとする化石燃料依存の高い途上国経済の急成長を牽制する意図を持つ。因みに中国、インド両国の石炭消費は世界の石炭消費の半分以上である。

EU の戦略は現在のところ功を奏しているとは言い難いが、途上国といえどもこの問題を素通り出来ない、曖昧だが消えることのない国際的な枠組みとして残っている。

（2）国際経済情勢の構造変化
ソ連の崩壊と社会主義の凋落

国際経済情勢の構造変化に大きな影響を持ったのは、第1に旧ソ連の崩壊（1991年）である。旧ソ連では軍事宇宙技術などの一部を除いて技術革新が低迷し、生産性の上昇が停滞し、設備が老朽化し、自国の有力資源である天然ガスや石油生産でさえ、西側資本の投資に依存せざるを得ない状況が続いてきた。旧ソ連の崩壊によって社会主義体制の有効性の否定、さらに社会主義的な財政主導型経済運営（ケインズ的経済政策）への疑問が高まることとなった。

そのために、1990年代以降、自由主義的経済運営への選好が強まり、市場原理主義、株主資本主義、金融資本主義などが経済的な価値基準として世界に広まることとなった。

成長地域のシフト

第2の構造変化は、経済成長地域が日米欧の先進国から BRICS、あるいはこれと重複する東アジア、ASEAN、南アジアへシフトしたことである。今日、世界の GDP の増大のうち約3分の2は途上国で起きている。こ

のシフトは19世紀前半以来、初めての大きな構造変化である。産業革命直前の18世紀後半の世界の経済規模は約半分が日本、中国、インド、その他アジアが占めていた。当時、欧州は２割に過ぎない、米国はほとんどゼロであった。これは当時はまだ農業生産が富の源泉であり、農業生産は農民の手作業に依存していたので、富は人口比例で賦存したということを示している。

　一般に、後進国の経済が成長するためには投資資金、技術、労働力の３要素が必要となる。近年、アジア諸国がこの３要素を獲得できたのは以下の状況に依る。

　まず、世界的に資金供給の緩和が持続したという事情がある。1990年以降、米国の貿易赤字をファイナンスするためにドルの増発が恒常化し、世界的な金融緩和が続いたことが大きい。因みに米国の貿易収支は1977年に赤字転落以降、一度も黒字になっておらず、趨勢的に増え続けており、最大で8,000億ドル（GDPの5％）の巨額水準となっている。世界の貿易決済通貨がドル主体であるため、米国はドル札を刷れば貿易赤字をファイナンスできるという異常な状態が続いている。この巨額貿易赤字状態が続く限り、基本的には世界は金融緩和、カネ余りの状態が続く。先進国経済の成熟化に伴い、資本は新しい投資先、即ち成長余力の大きい中国、アジアにはけ口を求めてきた。

　また、先進国の製造業は成熟化した市場での激しい競争から脱却するため安価な労働力を求めて、中国、アジアに製造拠点をシフトするという大きな流れが続いた。これにより、新興国への技術移転が着実に進んだ。同時に新興国の労働力の質も徐々に向上した。結局、先進国経済の成熟化と金融緩和（これの主因は米国の貿易赤字ファイナンス）が成長地域のシフトを支えたということができる。基本的に、中国、アジアは他の後進地域である南米やアフリカに比べ、相対的に労働力の質が高かったという条件も重要な要素ではあった。

金融資本主義の膨張

　第3の構造変化として金融資本主義の膨張がある。しかし、この構造変化は大変不安定なものである。金融は膨張するとバブルを引き起こすというのは歴史の教えるところであるが、2000年から数年続いた米国のサブ・プライム・ローン・バブルは2008年にリーマン・ブラザーズをはじめとす

る米国投資銀行の倒産、米国大手商業銀行、欧州の大手総合銀行の大幅赤字で、1930年以来の世界的経済・金融恐慌の様相を呈した。この時の後遺症は様々な形で残っている。大きな痛手を負った欧州の大手総合銀行はPIGS諸国（ポルトガル、イタリー、ギリシャ、スペイン）の国債を大量に保有していたが、PIGS諸国の借り換えに難色を示し、償還を要求したために、それがきっかけで2011年以降の「€」の通貨危機に至った。また、リーマン・ショックによる世界不況は先進各國の財政支出拡大による経済の立て直しプロセスを通じて、各国の財政赤字の増大を生んだ。中国でもリーマン不況で輸出市場が急激に収縮したために、巨額な財政出動を行い、それが不動産、株式バブルを引き起こした。その反動が今、現れており世界の経済の大きな波乱要因となっている。

米国経済力の衰退

第4の構造変化は米国経済力の衰退である。米国経済は製造業の国際競争力喪失による貿易赤字の増大、軍事支出の増大をはじめとする財政支出の増大による財政赤字の増大の中で、趨勢的に経済力の衰退が止まらない状況にある。

（3）日米政治経済関係の構造変化

米国の政治的、経済的ポジションはソ連の崩壊、冷戦終了によって強化されるかに思われたが、現実はそうではなかった。米国とソ連の対立の中でそれまで封じ込められていた様々な対立、抗争の芽が世界中で吹き出した為に、唯一の超大国アメリカがその対応の先頭に立たざるを得なくなったことは前述のとおりである。米国の競争力が万全であり、貿易収支も黒字基調で、かつ財政状況も健全であれば、冷戦後の世界の安全保障体制の確保と平和裡の世界経済の運営が担保できる訳だが、実態は正反対であった。ドルが貿易決済通貨でなければ（現在、決済通貨の80％程度がドルベースとされている）、とっくの昔に米国は破綻国になっていただろう。

米国の基礎的な経済力が衰退する中で、米国は世界の中でどのようなポジションを担うべきであるかについては米国内でも意見は振れてきた。2000年から2008年のジョージ・ブッシュ時代は強いドルを背景に世界の安全保障をリードする政策を強行した。結果的には多くの失敗に終わったことは前述のとおりである。米国経済力の衰退と冷戦の終焉は日米関係の修正

を余儀なくさせてきた。

ストップ・ジャパン

日米政治経済関係の第1の構造変化は冷戦下における「日本一人勝ち」の修正への強い要請である。わが国は冷戦時代には、米国との間に幾多の摩擦や軋轢があったにせよ、政治的にも経済的にも米国の傘の下で、平和と繁栄を享受することができた。この間の日本の製造業の一人勝ちに対し、1985年、米国は先進諸国をリードする形で「プラザ合意」を日本に強要した。但し、この時期には、総じて日本の政治経済運営を是認してきたといえよう。

米国による日本改造

第2の構造変化は米国による日本の経済社会体制の変更要請である。ソ連の脅威が薄れ、冷戦構造が無くなった時、それまでと同様な日米関係を継続するのかどうかについて、米国内に異論が出るのは当然である。1990年代初頭以降、所謂「日米構造改善協議」や1994年から2008年までの「米国政府による日本政府に対する年次要望書」、現在の「日米経済調和対話」、あるいは TPP 交渉などは、日本に対し、「今まではプレー代を負けてやっていたが、いい加減に自分でコストを払え」、「プレーのルールはアメリカ式に変えてくれ」ということの現れである。

我が国の経済産業体制はその国際競争力が新興国の追い上げによって趨勢的に低下する中で、従来の日本的経営に対する信頼性が低下するのと並行的に、米国流の企業統治への傾斜が浸透しつつある。しかし、それは借り物であるために、あるいは日本的経営の長所を削ぐものである為に、競争力の回復につながらないというジレンマ中から抜け出せない状況にある。この日本的経営とグローバル化については、第3章「2．グローバリズムと日本型経営の変質」で詳細に考察する。

日本の外交軍事政策変更の圧力

第3の構造変化は外交軍事政策の変更要請である。日本が従来の対外的な政治ポジションの枠を外して、積極的に政治的、軍事的な役割を負うべきとの要請である。具体的には日米防衛ガイドラインの修正、安保法制などである。これは中国の軍事的な拡大政策が明らかになる中で、米国が広いアジア太平洋地域において負ってきた安全保障機能を日本がある程度分担することを要求せざるを得ないまでに、米国の国力が衰退してきたこと

の表れでもある。もちろんこの米国の要請へのストレートな対応は現行憲法の許容するところではなく、国内的に大きな論争の種として残っている。

【参考文献】
エマニュエル・トッド(2003)『帝国以後』、藤原書店
中野剛志 (2011)『国力とは何か』、講談社
佐伯啓思(2008)『自由と民主主義をもうやめる』、幻冬舎新書

＊1 フセイン・マクマホン協定：1915年、第一次大戦中、英国は対トルコ戦争を条件にメッカの大守フセインにアラブ居住地のトルコからの独立を保証した。
＊2 サイクス・ピコ協定：1916年、第一次世界大戦中にオスマントルコ領であった地域をフランスが現シリア地域を、英国が現イラク地域を植民地化することを密約。
＊3 バルフォア宣言：1917年、第一次世界大戦末期、英国はパレスチナ地方のユダヤ人の居住地建設に賛意を示し、その支援を約束。

3．リーマン・ショックから欧州債務危機へ　　　　前田　光幸

　一国の為替レートは、その変動を通じて国の基礎的な経済状況（物価水準、金利、生産性、財政収支、貿易収支など）を調整する機能を有する。各国の基礎的な経済状況のバラつきが大きく、財政を個別に持つ一方で、統一通貨を持つといかに深刻な問題を引き起こすか、それが今日の欧州債務危機である。
　今日のユーロ統一通貨の動揺や EU の金融財政の混乱は、2008年に世界を1929年世界大恐慌以来の経済不況をもたらすこととなったリーマン・ショックと密接な関係がある。そこで、本項ではまず、リーマン・ショックの背景と顛末について概観した後、欧州債務危機の現状を俯瞰する。

（1）サブプライムローン・バブル
米国の IT バブル
　リーマン・ショックの直接原因は、サブプライムローンとそれに関わる金融派生商品の金融バブルの創成と崩壊である。しかし、なぜサブプライ

ムローン・バブルが起きたのかを知るためには、それに遡ること数年間の金融事象を概観しておく必要がある。

1997年のアジア通貨危機で行き場を失った投機資金は、ＩＴ・インターネット関連企業の株式投資に傾斜し、2000年にかけてＩＴバブルと呼ばれる、異常な株価暴騰が引き起こされた。極端な例として10億ドルの純利益の会社の株式時価総額が1,000億〜2,000億ドルに暴騰（PERが100〜200倍に、通常は10〜15倍）する異常事態が起きたのである。このような、実態と全くかけ離れた株式バブルは一旦方向が変わると一気に崩壊する。2001年にＩＴバブルが崩壊し、米国経済は大きく減速し、同年秋には「9.11同時多発テロ」が起こり、不況色が強まった。

異常な「サブプライム住宅ローン」

米国経済の立て直しと米国の威信の回復のために米国政府は二つの金融政策を打ち出した。一つが強いドルの確立、もう一つが低金利政策である（図２−１）。強いドルは米国の輸出を抑制し、経済に負の効果をもたらすために、低金利政策で内需を刺激し、経済の浮上を図った訳である。特に、1999年にユーロ統一通貨（€）制度が開始され、世界貿易の決済通貨である米ドルの地位を脅かす可能性への懸念から、米国はドル信任の強化を図ろうとした。OPEC（石油輸出国機構）加盟国のイラクのように、ユーロ（€）建てへの変更を要求する国が現れたことへの危機感もあった。

低金利政策と金融緩和については、金融緩和で低利資金が潤沢になった市中銀行の融資先が通常の企業投資や健全な住宅・自動車ローンに向かう

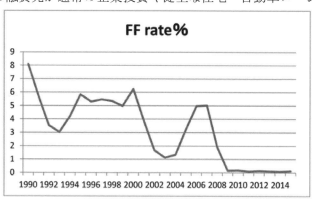

図２−１ Federal Fund Rateの推移（FRBデータから作成）

のであれば、問題はない。有り余る資金の捌け口として商業銀行や住宅担保銀行が目標としたのが、通常ならば住宅を購入できない貧困層向けの「サブプライム住宅ローン」であった。

　サブプライムローンの仕組みは、単純だが異常なものである。例をあげると、年収3万ドルで賃貸住宅住まいの貧困家庭（仮にデービス一家）が30万ドルの戸建住宅を買えるように、最初の3年は金利2％、その後は10％以上に引き上げるというものである（通常の中間所得者向けのプライム住宅ローンは例えば金利7％）。

　最初の3年間は金利支払い額が年6,000ドル。これならデービス一家でも支払い可能である。住宅価格は金融緩和で上昇していく。3年後に最初の住宅を50％高の45万ドルで売り、また別の住宅（大抵はより豪華な家）を買う。これを繰り返す。

　住宅価格が上がり続ける以上、デービス一家は幸せである。その間に住宅の売買益の一部で車も新車に買い換えられる。但し、住宅価格の上昇が止まり、あるいは下がり始めると、デービス一家は住宅を売ることもできず、10％以上の金利を払うこともできず、住宅を明け渡して前のような賃貸住宅に戻るしかない。

嘘で塗固められた金融ゲーム

　米国の場合、貸し付けが焦げ付いても、ノンリコース・ローン（非遡及融資）が主流なので、リスクは貸し手側の銀行が負う。銀行は、サブプライムローンによる融資の焦げ付きリスクを回避するために、融資を証券（MBS、Mortgage Backed Security、モーゲージ証券）化し、投資銀行（日本で言う証券会社）は、一般投資家にこの証券を売りさばく。これは、昔からある融資債権の証券化である。融資は相対取引なので売買できないが、これを証券化することによって市場で売買することができる。但しサブプライムローンを証券化したものだけではリスクが高く、投資家が買わないので、他の健全な住宅ローンや自動車ローン、あるいは様々な社債（優良企業の社債から倒産の可能性のある会社の社債まで様々）と抱き合わせた CDO（Collatelized Debt Obligation、債務担保証券）として売りさばいた。個々の CDO の信頼性は、中に含まれる証券、債権の内容によって当然異なる。

　サブプライムローンの MBS を含んだ CDO は、基本的には大きなリスクを含んでいるが、大手格付け機関（S&P、Moodys）は、一様に高い格付

けをしたので、飛ぶように売れ取引額が膨らんだ。利回りもいいので機関投資家だけでなく、投資銀行自体が借金をして買い込んだ。米国の大小商業銀行、さらには欧州の大手ユニバーサル銀行（銀行業務と証券業務を兼業）も追随した。2008年時点で残高は2.5兆ドル（米国の GDP が13兆ドル）に膨らんでいた。

CDOのリスクをヘッジするCDS保険の大膨張

大変危険なバブルの膨張ではあるが、さらに CDO のリスクをヘッジする極めて投機的なデリバティブとして CDS（Credit Default Swap、破綻保険）と呼ばれる保険が膨張（2008年時点で60兆ドル）した。CDS は、米国の AIG 保険らが発行し、世界的に販売した保険である。CDS 保険の購入者は CDO の損失を CDS の発行者である保険会社に請求できることになっていた。

CDO が破綻すれば CDS の購入者は利益を得るという、言わば破綻催促の保険証券である。しかも CDS は、CDO に限らず、あらゆる金融商品や証券を対象にすることができた。

後述する GM やクライスラーを対象とする CDS もかなり売買され、リーマン・ショック後の自動車産業の破綻危機の際に、CDS 購入者たちが政府による両者救済計画に反対し、結果的に GM、クライスラー倒産の引導を渡したことを付け加えておく。

（2）悪夢の到来

住宅価格の下落で投資銀行の倒産が始まり、リーマン・ショックへ

前述のように、元の住宅価格の上昇が止まり下落を始めると、サブプライムローンをベースにした MBS を含んだ CDO は、全て不良債権化する。

図2−2にロサンジェルスの住宅価格指数の推移を示す。

2006年に不動産バブルがピークを迎え、価格上昇が止まり、2007年には下落が始まり、2008年には約25％の下落となった。

2008年の春に、CDO を大量に保有していた老舗の投資銀行ベア・スターンズが倒産。

2008年9月には、リーマン・ブラザーズはじめ、米国の投資銀行はほぼ全社倒産し、それらの多くは商業銀行の傘下に入ることとなった。投資銀行は、資金を借りて CDO に投資していたので、持ちこたえる力はなかっ

第2章　グローバル市場の様相

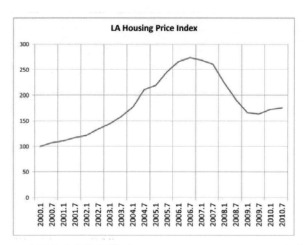

図2-2　米国住宅価格指数（S&P Shiller Home Indexから作成）

たのである。

　米国政府は、投資銀行の倒産と彼らが大手商業銀行の傘下に入ることを放置する一方で、巨額な CDS 保有者の倒産続出を緩和するために、AIG 保険などについては救済することとした。

　米国の大手商業銀行も CDO で巨額な損失を出した。これは欧州・英国のユニバーサル銀行も同様であり、後の欧州債務危機に関係することとなる。

　金融恐慌の拡大を防ぐために、FRB は不良債権の買い取り（TARP, Troubled Asset　Relief Program）や優先株の購入などの各種の銀行支援策、および大規模な通貨供給などを行った。しかし、金融機能の縮小は経済を直撃し、重大な景気後退に突入していった。

　例えば自動車ローンの収縮で、2008年の後半から2009年前半にかけて、米国の自動車販売数量は半減し、このため GM、クライスラーが経営破綻し、政府の公的支援を受ける状態に陥った。この間、約9年。サブ・プライム・バブルの膨張と崩壊の姿を図2-3に示す。

独善的金融資本主義は、世界的に生き延びている

　この一連のバブルの形成と崩壊に主体的に関わったプレーヤーは、いずれも金融の専門家たちで、米国財務省、米国連邦準備理事会（FRB）、米

93

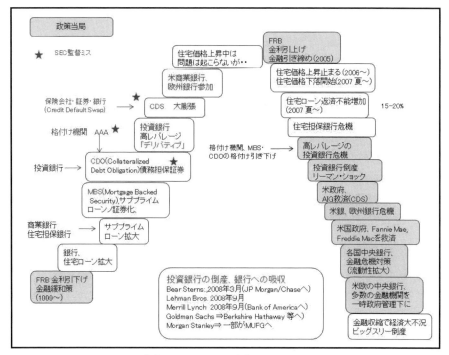

図2−3　サブプライムローン・バブルの膨張と崩壊

国商業銀行、住宅担保銀行、投資銀行、大手ヘッジファンド、債券格付け機関、米国の大手保険会社、英国ユニバーサル銀行、欧州ユニバーサル銀行等である。

　米国のほとんどの投資銀行は倒産したが、ゴールドマン・サックスなどごく一部は生き残り、あるいは大手銀行の傘下に吸収されることによって、彼らのノウハウや情報ネットワーク、そしてなにより彼らの「独善的金融資本主義」は、米国においてはもちろん、英国、欧州、そして世界的に生き延びることとなった。

　倒産した投資銀行のトップたちの中には、倒産間際に巨額な報酬を手にした者も少なからずいたという倫理崩壊に世論は「強欲金融主義者」と呼び、怒りを露わにした。

第2章　グローバル市場の様相

MBSからCDO、CDOからCDS、バブルの後始末は米国内も欧州も終わっていない

やや重複するが、図2－3を時間を追って見てみよう。

序章は静かに始まった。FRBによる低金利策と、金融緩和である（1999年）。銀行は住宅ローンや自動車ローンの貸し出しを拡大した。それでも資金は余剰状態。ここで銀行はサブプライムローンの拡大に転換した。このローンのリスクヘッジのため、投資銀行はこれを証券化（MBS）した。

ここまでは、まだよかった。問題はサブプライムローンを証券化したMBSでは、リスクが大きいので、投資家が買いやすいように、健全なMBSや自動車ローンの証券抱き合わせにし、CDOとして売った。

大手格付け機関はこのCDOをこともあろうに最上級の格付けを行った。CDOは利回りもよく、投資銀行は巨額の借り入れを行い、商業銀行は潤沢な資金を元にCDOを大量に保有した。

このCDOが、表面的には最上級格付けだが、リスクは大きいことを熟知した金融関係者たちは、CDOに保険を掛ける金融商品を生み出した。それがCDSである。多くの金融関係者は危ないCDOを大量に保有し、それをCDSでヘッジしながら、この異常な金融バブルは膨張していった。

このような異常な金融バブルを懸念する世論や議会の圧力に対応し、FRBは金融緩和政策の転換に踏み切った。2005年のことである。住宅バブルがピークを打ち、価格上昇が鈍化し、ついに上昇が止まり、下落を始めた。2007年にはサブプライムローンの借入者たちの返済不能が増え始めた。

時限爆弾がセットされ、あとはいつ爆発し、どの程度の被害になるかの秒読みに入った。爆弾は2008年にさく裂し、春にはベア・スターンズ、そして秋にはほとんどの投資銀行が破綻した。米国政府は最後の避難所（CDS）については、AIGの救済を行い、バブル崩壊の緩和を行った。

しかし、バブルの後始末は米国内でもまだ終わっていない。欧州においても然りである。

（3）リーマン・ショックと欧州債務危機

欧州の大手銀行はリーマン・ショックに懲りて各国の国債保有に走った

欧州の経済状況は、リーマン・ショック以前から、経済の成熟化による

95

衰退が顕著となっており、基礎的な経済状況は脆弱な状態が続いてきた。1999年に開始されたユーロ（€）統一通貨圏内では、各国の基礎的な経済状況に大きな格差があったのも拘らず、金利水準は一定範囲内にあったため、金融緩和下においては、インフレ率が高く実質金利の低い幾つかの国（アイルランド、イギリス、スペイン、イタリア、フランスなど）でかなり大規模な不動産バブルが起こっていた。

そこに加わったリーマン・ショックは、英国・欧州の大手ユニバーサル銀行に対し二重の災禍をもたらした。

一つはサブプライムローン・バブルにおいて、デリバティブなどの証券化商品が、巨額な不良債権と化していたこと。もう一つはリーマン・ショックによる金融恐慌、経済恐慌で、欧州各国での不動産投資向けの銀行債権も不良債権化したことである。

元来、米英の大銀行に比べ自己資本が過小な欧州系大銀行は、経営破綻の危機に直面した。

これに対し、各国政府はそれらの大銀行の救済のために、優先株の購入等の財政的な支援を行わざるを得なかった。これらの欧州系ユニバーサル銀行は、与信業務によって欧州経済を支える基盤であると同時に、EU 各国の国債の主要な引き受け手として、財政赤字を支える基盤でもあったからである。

欧州系ユニバーサル銀行の多くは、自らを支援する各国政府の赤字国債を保有することによって、さらに国債保有を増大させることとなった。

一方欧州各国は、リーマン・ショックによる金融収縮と世界同時不況を回避するために財政出動を拡大し、その結果各国とも財政赤字が拡大した。財政状況が元々厳しく、国債の対外依存度の高い GIIPS（ギリシャ、イタリア、アイルランド、ポルトガル、スペイン）の対外依存度はさらに高まった。

ユーロ建ての各国国債利回りにあまり差がなかったが、これは各国間の経済格差（インフレ率、生産性の上昇）は収斂するとの楽観論によるもので、論理的にも現実的にも根拠はない。大手ユニバーサル銀行は、利回りに大差のない各国の赤字国債を大量に購入していった。サブプライムローン関連のデリバティブに懲りて、国債保有に走った格好である。

統一通貨ユーロ（€）の形成の前提として加盟国は、財政赤字を GDP の3％以内に管理するという条項がある。今日のユーロ債務危機のきっか

第2章　グローバル市場の様相

けは、2009年の秋、ギリシャの新政権（パパンドレウ新首相）が、自国の財政赤字は旧政権が発表してきた対GDP3.7%ではなく12.7%だった（その後15.6%に修正）と発表し、前政権による国家財政粉飾が明るみになったことである。

因みにギリシャの財政粉飾を手がけたのは、ゴールドマン・サックスであった。これにより、ギリシャ国債の債務不履行不安が高まったため、EUおよびIMFは、2010年から3年間で1,100億ユーロのギリシャ支援策を行った。

しかし、それで収まらずスペイン、イタリア、ポルトガルなど財政赤字の大きい各国の財政不安へと広がったため、EUは総枠7,500億ユーロの欧州金融安定基金（EFSF、European Financial Stability Facility、欧州投資銀行と一体となり、自ら起債し資金調達し、債務不履行懸念国の国債購入に備える）の創設を決め、金融不安の抑制を図った。

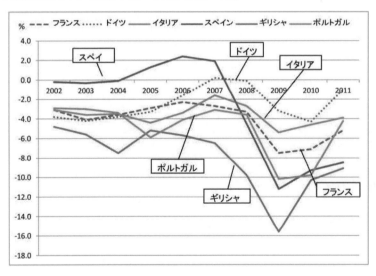

図2－4　ユーロ主要国の財政収支（対GDP比%）（『通商白書2012』データより作成）

ギリシャは他国民のお金で、公務員を無駄に雇ってきた

ギリシャ支援は、ギリシャの財政収支の改善、緊縮財政政策への転換が条件であった。しかし、ギリシャの財政赤字構造の根は深い。

97

例えば、①全勤労者の四分の一が公務員で、かつ勤労者平均給与より高給、②公務員自体が過剰状態、③公務員の年金は現役時代の100％支給、④徴税力が弱体、⑤海運業と観光以外に産業の国際競争力はなく、貿易収支は赤字基調で国債保有を外国に依存せざるを得ない等である。

厳しい言い方をすれば、ギリシャは他国民のお金で、自国の公務員を無駄に多数雇っているとも言える。

その為、自己責任と規律を重視するドイツなどは、ギリシャの財政再建に厳しい姿勢を崩していない。ギリシャ経済のこの構造が続く限り、財政赤字改善の見込みは厳しいと言わざるを得ない。

その後、幾度もギリシャ国債の債務不履行不安が起こり、その都度、EUによる救済策の実施とギリシャ政府の財政収支改善策の宣言が繰り返されるのみで、事態の根本的な解決の見込みは遠い。

ギリシャ債務問題はその他の国、イタリア、スペイン、ポルトガル、アイルランド等の国債への不安に拡大し、赤字国債増発国は財政緊縮策を要請され、経済が低迷するという状況にある。現在、EU 加盟国28カ国中、€加盟国は19カ国である（表2－1）。

表2－1　ユーロ(€)導入国とEU加盟国

	ユーロ (€) 導入国 (19)	その他 EU 加盟国 (9)
北欧	フィンランド、エストニア、ラトビア、リトアニア	スウェーデン、デンマーク
西欧	ドイツ、オランダ、ベルギー、ルクセンブルグ、フランス、アイルランド	英国
中欧	スロバキア、オーストリア、スロベニア	チェコ、クロアチア
東欧		ハンガリー、ポーランド、ブルガリア、ルーマニア
南欧	イタリア、スペイン、ポルトガル、マルタ、ギリシャ、キプロス	

（4）ドイツの一人勝ちと欧州の沈下
通貨統一で為替レート変動による調整機能を喪失

統一通貨ユーロ（€）制度は1999年に導入され、2001年に本格的に開始

されたが、元々、賛否の別れるものであった。

　本来、一国の為替レートとは、物価上昇率の差、産業の国際競争力の変化（生産性の上昇率の差）による貿易収支状況、国内の実質金利（名目金利ーインフレ率）等を反映して為替市場で決定されるものである。

　物価上昇率が低く、国際競争力の上昇が大きい国の通貨は強くなり、逆の国の通貨は弱くなる。それによって貿易収支は均衡化され、各国の経済活動は調整され、その上に立って、各国の財政収支の均衡化も図られる。

　ところが、通貨を統一にした瞬間、物価上昇率が高く、産業の国際競争力が弱く、貿易収支の赤字の国は、為替レートの変動（この場合は通貨安へ）による調整機能がなくなり、貿易赤字の拡大が止まらず、景気後退となり、失業率が増大し、税収減と社会保障費増で財政赤字が拡大し、赤字国債への依存が高まることとなる。

　今の、GIIPS 各国の状況がこれである。このように、元来、問題を孕んだ制度ではあったが、1990年代末に、EU 経済の強化の為にフランスとドイツが主導して進めてしまった。統一通貨€の現実は各国経済の不均衡が目立ち、今後とも存続するのかどうかは極めて疑問である。

　現在、ECB（ヨーロッパ中央銀行）の本部はドイツのフランクフルトにあり、財政問題が厳しい国への金融支援を主導する傍ら、当該国の金融制度、財政制度に対して厳しい対策を要請する上で主要な役割を担っている。€の番人は ECB だが、本部がドイツにあることからも、財政規律の緩んだ国への厳しい態度を崩さないドイツの論理を背景に運営されていると言われている。

　EU 域内で最大の経済規模と高い生産性、安定した物価上昇率を誇るドイツは、昔のように各国個別の為替レートだとマルク高となって輸出増は抑制され、輸入増が増大し、貿易収支は均衡に向かうが、統一通貨€の下では、輸出増が継続し、貿易黒字が膨大に累積する。ドイツは€の最大の受益国なのである（図2－5）。

一人勝ちのドイツ、読み切れないユーロ通貨の今後

　従って、ドイツにとって統一通貨€は、国策として維持すべきものであり、この通貨制度の存続を守るために、財政危機の国には、最終的には EU としての金融支援を行い、同時に財政緊縮策を当該国に要求していくという構図が望ましいということなのだろう。

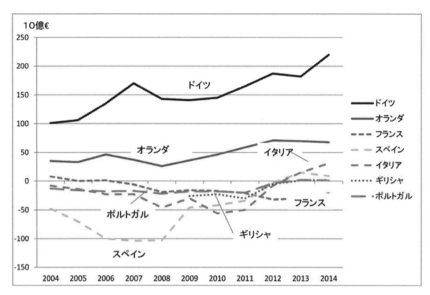

図2−5 ユーロ主要国の経常収支推移（EUROSTA Dataから作成）

　統一通貨が維持される限り、ドイツは経常収支黒字を累積し続け、GIIPS諸国は赤字に沈んでいくこととなる。ドイツに次ぐのはオランダだけで、フランスも赤字基調が続く可能性が高い。
　他の€導入国の犠牲の上にドイツは、米ドルに対する対抗通貨の代表者として君臨する途を手放さないと見るべきだろう。
　為替レート変動による貿易収支の調整が機能しないために国内経済がうまく運営できず、財政赤字が累積する悪循環にある国の中でも、ギリシャ、ポルトガル、イタリアの国債依存度（対GDP比）は急激に上昇しており、かつ対外依存（他国の大手金融機関が保有）が高いために、国債償還懸念が消えず常にユーロ金融不安を掻き立てることとなる。これは世界経済の均衡ある発展にとっても、国際政治の安定にとっても、決して好ましい状態ではない。
　ギリシャが一時的にユーロ通貨体制から離脱し、旧ドラクマに戻り、貿易収支と国内経済の立て直し後、ユーロ通貨制度に復帰する案などが、これまで議論されてきたが、イタリア、スペインなどの大国に波及するとユーロ通貨体制崩壊につながりかねず、それは別の大きな金融恐慌を引き起

こす恐れもある。
　このように、ユーロ統一通貨体制の存続もユーロの解消もどちらも大きな問題を抱えている。
　さらにEU体制のありかた自体が、2016年6月の英国のEU離脱に関する国民投票をきっかけに大きな問題となることは不可避である。ソ連崩壊を契機とした大ヨーロッパ・ビジョンたる"EU"は、20余年を経て、その実効性と持続性が問われることとなる。即ち、EUは英国、北欧、西欧、南欧、東欧、バルカンの6つの多様な地域を包含するが、経済的連合（貿易自由化・関税廃止等）としてのみならず、政治的連合（NATOとの関連、人の無制限な流動性）、さらには社会的連合（様々な規制の統合化）まで発展したことにより、各国の主権との利害背反が増大しており、根本的な見直しが必要な時期に来たと考えられる。

【参考文献】
竹森俊平（2012）『ユーロ破綻　そしてドイツだけが残った』、日本経済新聞出版社
エマニュエル・トッド（2015）『ドイツ帝国が世界を破滅させる』、文藝春秋
竹森俊平（2012）『すぐわかる、ユーロ危機の真相』、言視舎
山口義行他（2012）『終わりなき世界金融危機』、岩波書店

4．イスラム圏の世界経済に及ぼす影響　　　　　　　淺野　昌宏

　近年、イスラム教徒人口の増加、原油価格の変動に伴う産油国資金量の変化、イスラム金融の成長などにより、イスラム経済圏への注目が高まってきている。世界の経済を見るときに、イスラムに関連する事柄が一つの大きな要素になって来ているので、イスラムに関する現状を見てみたい。

（1）増大する影響力
人口に見るイスラム圏の拡大
　イスラム教徒の人口は2010年時点で16億人であり、世界人口の23.4%を占めている。2030年には約22億人、世界人口の26.4%まで増加すると見込まれている。これは、イスラムの年間人口増加率が、非イスラム教徒の2

倍の1.5%と高いためである。

表2-2にイスラム人口の伸びを示す。この2030年には、1990年からの40年間で2倍の22億人になるとの予測データーが示されている。

表2-2　イスラム人口の伸び（単位：億人　Pew Research Center資料より作成）

	1990年	2010年	2030年
イスラム人口	11	16	22
非イスラム人口	42	53	61
世界人口	53	69	83
イスラム人口の割合	20.70%	24.30%	26.40%

表2-3　イスラム人口の内訳（16億人）（「主な国のイスラム信者人口」より作成）

アラブ・イスラム国（3億人）
エジプト、アルジェリア、モロッコ、イラク、サウジアラビア、スーダン、イエメン、シリア、チュニジア、ヨルダン、リビア、オマーン、アラブ首長国連邦、パレスチナ、レバノン、クウェート、カタール

非アラブ・イスラム国（10億人）
インドネシア、パキスタン、バングラディシュ、イラン、トルコ、ブルネイ、アフガニスタン、ウズベキスタン、マレーシア、ニジェール、マリ、セネガル、ギニア、アゼルバイジャン、タジキスタン、トルクメニスタン、キルギス、アルバニア、ガンビア、コモロ、ジプチ、ソマリア、モルディブ

その他の国のイスラム（3億人）
インド（1億1300万人）、ナイジェリア（5400万人）、エチオピア（2700万人）、中国（2億500万人）、カザフスタン（800万人）、コートジボアール（600万人）、ブルキナファッソ（500万人）

表2-2に示すイスラム教徒16億人の内訳は、中東のアラブの国に3億人、中東や東南アジアの非アラブの国に10億人、それ以外の国に3億人が居住すると言われている。

アラブ人とは人種を指すのではなく、アラビア語を話す人々のことであり、大雑把に言えば5つに分類される。一つは、ベドウイン・アラブでサウジアラビアなどの湾岸諸国の人々で父祖の地はイエメンのハダラムートと言われている。二つ目は、メソポタミア・アラブでイラクを中心にチグリス・ユーフラテス流域に住む人たちである。三つ目は、フェニキア・ア

第2章　グローバル市場の様相

ラブでレバノン・シリアあたりに住み、旧約聖書の中に出てくるフェニキアの子孫で肌の白い人たちである。四つ目は、エジプト・アラブでナイル川流域の人達である。五つ目は、田舎アラブでリビア以西のマグレブや、スーダンに住む人たちである。田舎アラブとは失礼な言い方かもしれないが、オスマン帝国の中心から離れた辺境地にあったという意味で使っている。

　中東の非アラブ国では、ペルシャ人のイランや、トルコ人のトルコがあり、南西アジアではパキスタン、バングラディッシュ、中央アジアではトルクメニスタン、タジキスタンなど、東南アジアではインドネシア、マレーシアなどがイスラム教を国教としている。

　ヒンドゥー教徒やキリスト教徒が多いが、イスラム教徒もそれなりに多い国としては、インド、ナイジェリアなどが上げられる。

世界経済に占めるイスラム圏の割合

　世界のGDPに占めるイスラム圏の割合は、人口が多い割に少ない。2015年度のIMF資料によると、世界全体の7.5％に過ぎない（表2－4参照）。

表2－4　世界経済に占めるイスラム圏の割合（単位：億ドル）

イスラム圏	54,536	7.5％	(参考)			
アラブ	24,606	3.4％	アメリカ	179,470	24.5％	
非アラブ	29,930	4.1％	中　国	109,828	15.0％	
			日　本	41,232	5.6％	
全世界	731,710	100％				

（IMF-World Economic Outlook data base 2016.4より作成）

オイルマネーとSWF

　GDPから見て、イスラム圏の経済規模はあまり大きくないように見えるが、オイルマネーの存在は無視できない。産油国は、石油や天然ガスを売った金を国家財政に組み込むが、一部はSWF（Sovereign Wealth Fund、政府系ファンド）などを通じて、金融市場及び産業への投資に充てられている。

　2007年頃まで、産油国のSWFは安定した米国政府債などの金融商品に投資していたため、国際金融市場では目立つ存在ではなかった。しかし、ドル安、低金利などが重なり、米国偏重の投資ポートフォリオでは実績が

103

上がらなくなったため、欧州、アジアに目を向けて株式や不動産、更にM&Aなどの直接投資に転換し、金融界での存在感が高まった。

SWFの実態はその性質上、統計としてつかみ難いが、Sovereign Wealth Fund Institute発行の2016年2月のデータでは、世界の残高は7兆880億ドルとなっている。一方、ヘッジファンドの総資産残高は、2015年は2.2兆ドル前後で推移しており、SWFの方が数倍の大きさであり、世界の相場の主役となっている。参考までに、SWFをオイルマネーと非オイルマネー、更にイスラム系と非イスラム系に分類したものを表2-5に掲示した。

表2-5 ソブリン・ウエルス・ファンド(SWF)一覧 (単位：億ドル)

1．産油国SWF（イスラム系）		28,914
1.1 湾岸諸国		(25,571)
アブダビ投資庁（ADIA）	7,730	
サウジアラビア通貨庁（SAMA）	6,323	
クウェート投資庁（KIA）	5,920	
カタール投資庁（QIA）	2,560	
アブダビ協議会（ADIC）	1,100	
アブダビ国際石油投資会社（IPIC）	663	
ムバーダラ・ディベロップメント（MDC）	663	
その他	612	
1.2 非湾岸諸国		(3,343)
カザフスタン国家基金（KNF）	770	
リビア投資庁（LIA）	660	
イラン国家開発基金（NDF）	620	
アルジェリア歳入調整基金（FRR）	500	
ブルネイ投資庁（BIA）	400	
アゼルバイジャン国家石油基金（SOFAZ）	373	
その他	20	
2．産油国SWF（非イスラム系）		11,187
ノルウェー石油基金（GPF）	8,249	
ロシア連邦安定基金（SFRF）＆		
ロシア連邦国民福祉基金（NDF）	1,392	
アラスカ永久基金（APFC）	539	
テキサス州永久学校基金（PSF）	377	

アルバータ州遺産貯蓄信託基金（AHSTF）	175	
その他	455	
3．非オイルSWF		30,779
中国投資有限責任公司（CIC）	7,467	
中国国家外国為替管理局（SAFE）	4,740	
香港金融管理局（HKMA）	4,424	
シンガポール政府投資公社（GIC）	3,440	
中国国家社会保障基金（NSSF）	2,360	
セマティクホールディングス・シンガポール（TH）	1,936	
ドバイ投資公社（ICD）	1,830	
オーストラリア未来基金	950	
韓国投資公社（KIC）	918	
サムラックーカジナ・カザフスタン（S-M JSC）	851	
カザナナショナル・マレーシア（KN）	416	
フランス国家戦略投資資金（FSI）	255	
アイルランド国民年金積立基金（NPRF）	235	
ニュージーランド退職年金基金（NZSF）	202	
ニューメキシコ州投資協議会（SIC）	198	
テキサス州永久大学基金（PUF）	172	
チリ経済安定化基金（ESSF）	152	
ブラジル政府ファンド（FSB）	53	
その他	180	
合　　計		70,880

（Sovereign Wealth Fund Institute『Sovereign Wealth Fund Rankings』2016年2月より作成）

（2）湾岸諸国オイルマネーの投資動向
金融中心から製造業や不動産に分散

　湾岸諸国のオイルマネーの運用方法は、低いレバレッジでの長期的投資運用で、「手堅く」とい言うのが基本となっている。従って、米国政府債や優良企業の株を大量に持ち配当を受け取る運用であったが、金融危機以降は、欧州、アジア・中東の新興国にシフトすると共に、業種も金融中心から製造業や不動産にウエイトを分散して来ている。また、90年代後半からは、湾岸諸国にビジネス誘致をすることによって、企業の設立も増え、サウジ、UAE、クウェート、オマーンなどでも株式市場が開設された。

ここでの運用も盛んに行われるようになってきている。
　一方、アラブ社会は次世代を見据えて代替エネルギーへの取り組み、工業国への転換、サービス産業の開発などを進めており、買収した企業の転売や M&A、脱資源経済への転換を目指した技術導入や企業誘致などを展開するようになってきた。
　アブダビでは、「マスダールシティ」という太陽光や風力を利用した環境モデル都市を計画し、数百億ドルの予算を付けている。このために、GE や MIT と提携して太陽光発電の研究機関を設け、更に、この開発した技術を販売する為の企業を設立し、送配電網や蓄電技術では日本企業も関わっている。
　ドバイでは、マイクロソフトが地場企業と連携して研究・開発拠点を設立し、インテルはアラブ市場を見据えた販売拠点としてドバイ・インターネットシティに進出している。医療分野への投資では、ドバイの現地資本が病院や診療所の建設、医療センターの開設・運営を進めている。
　アルジェリアでは、豊富な天然ガスを使って燃料電池の開発を進めている。
　サウジアラビアでは、太陽光発電、風力発電、原子力発電の建設を推進している。
　更に、発展途上国での投資活動も盛んであり、カタール投資庁は天津エコシティ建設に参入したり、ドバイの企業が上海でレジャー施設とショッピングモールの建設・運営に参加している。
　他にもインド、パキスタン、インドネシア、ベトナムなどで、大規模な開発に投資している。

（3）イスラム金融と保険
①基本的な考え方
　イスラム金融とは、イスラム教の教義に則った金融取引の総称で、利息の授受、不確実性のある取引、投機的行為、豚肉とアルコールなどが禁止されているため、金融商品の取引に制約が生じる。
　イスラムでは、万物は全て神（アラー）の所有と考えるので、例えば、金持ちとは「神から金を預かっている状態」との位置付けになる。「お金は仕事をして得られるもの」との基本的な考え方であり、貸しただけで利子を取ることは禁止されている。即ち、ビジネスのリスクも取らず汗もか

かない不労所得は認められない。
　②**銀行の3つのタイプ**
　　イスラム貯蓄銀行：個人や中小企業を対象にした預金や住宅ローンを扱う。
　　イスラム投資銀行：金融商品を扱う。
　　イスラム開発銀行：インフラ整備、大規模プロジェクト、貿易金融を扱う。
　③**イスラム金融のルール**
　　投資と配当・利潤　利子を付けないで金を貸し、事業が成功したら分け前をもらう。これは「投資」であり、貸した側も一緒にリスクを負うので不労所得ではなく公平だと考える。即ち、「融資と利息」は存在せず、「投資と配当・利潤」がある。融資とは、銀行は何も仕事をしていないのに利益を得ることであり（借り手は事業失敗のリスクがあるが、銀行には事業失敗のリスクがない）、公平であるべきとのイスラムの教えに反する。
　　期間利子の禁止　金を貸す期間によって利子に大小を付けることを禁じたもの。イスラム教が成立した当時の商慣習として、行商による賃借期間の長さで利子を取る期間利子が存在した。これを禁じたもの。
　　金の流通促進　万物が神のものだから、金といえども速やかに神に返さなければならない。神に返すということは、神が次に預ける人に渡すことであり、必要でない人から、必要な人へ金を流通させることになる。
　　資金活用の促進　喜捨の戒律があり、金を持っている人は、持っていない人に喜捨せねばならない。持っているだけでは、ドンドン目減りするので、手元に置くよりは投資して配当を得ることになる。
　　ギャンブルは禁じられているので、不確実性の高い先物取引や、デリバティブのような金融商品は扱えない。同じ理由で、生命保険、損害保険も駄目である。
　　豚肉とアルコールは禁じられているので、これらに関わる企業とはイスラム金融は取引をしない。その企業の株式を持つことも同様に駄目である。
　　金融機関は、社内に取締役会とは独立した「シャーリアボード」や「シャーリア委員会」というイスラム法学者から構成される委員会の設置が義務付けられている。役割は、金融取引がシャーリア（イスラム法）にかなっているかどうかを指導・監督すること。
　④**無利子型金融**
　　掛け売り型（Murabaha）　銀行が、商品や材料、設備や機器を購入し、

事業家に手数料を上乗せして転売する。手数料は、事業を援助することに対しての報酬であり、利子ではない。資金繰りの関係から、事業家は代金を後払いか分割払いにすることが出来る。

賃貸借契約（Ijara、Gard） 銀行が商品を購入し、有償で貸す。リース契約と同じであると考えれば良い。工場設備、ビル建設、飛行機などの大型商品に利用される。

出資型（匿名組合・Mudaraba） 銀行が出資者（預金者）から預かった資金を、信頼すべき商才や手腕の持ち主（事業家）の事業に投資する。事業家はその事業で得た利益を銀行に分配するが、配分比率はあらかじめ、預金者60、銀行40などと決めておく。利益が出なくても銀行の責任は問われないが、銀行が出資者に出資額を補填する場合もある。例えば、準備金を積み立てて置き、事業が失敗した場合にはそこから補てんするなどの方法で、安定的な配当が出来るように工夫をしている。

不動産取得や開発などの資金調達に利用され、銀行が資本家と事業家を仲介する役割を果たし、銀行は有望な事業に投資して、収益が出たら配当を受け取る。

出資型（合併事業・Musharaka） 資金の流れは、Mudarabaと同じだが、銀行は事業家と共同で経営に参画する。ここで生じた利益は、契約時に決めた比率で配分する。損失が生じた場合も同じである。長期に亘るプロジェクトなどに使われることが多い取引形態である。

⑤スクーク

前項のイスラム金融取引から生じる収益を証券化したもので、事業家が有する資産を特別目的会社（SPC）に譲渡し、この資産を裏付け資産として「スクーク」を発行する。投資家が「スクーク」を購入し、集まった資金を資産の購入代金にあてる。この資産をリースバックし、リース料収入を各期のクーポンとして、また、最終的な資産買戻しによる収入を、スクークの償還資金として投資家に支払われる。

この場合、投資家にとっては、リース料収入に基づく収益率がスクーク購入時に確定しており、更にこのリース料が市場金利などを参考に決定されることから、このスクークは「金利によって収益が計算される債権」とほぼ同じものとなる。

⑥イスラム保険

第2章　グローバル市場の様相

　西洋の保険業には、イスラムで禁じられている「賭博、投機」「金利」「不確定要素」全てが含まれており、認められない。しかしながら、コーランの条項より相互扶助と人を救済する教えにかなうものとして、タカフル（相互扶助）の概念が開発され、1984年にはマレーシアで最初のタカフル会社が設立された。
　損害保険に相当する「一般タカフル」と、生命保険に相当する「家族タカフル」があり、日本の損保会社も既にこの商品の営業を行っている。

（4）イスラム金融と将来展望

　イスラム金融の資産規模は、全世界の金融資産のおよそ1％と言われており、現時点では大きいものではないが、中東だけでなく、北アフリカから東南アジアの地域にも広く浸透してきており、年率15-20％の割合で増加している。
　サウジアラビア、UAE などの湾岸諸国とマレーシアでは、このイスラム金融のシェアは2割を超え年々増加しており、近い将来5割になると言われている。
　イスラム金融のグローバル化　このようにイスラム金融がグローバル経済の一角を担うプレーヤーの一つとして認知されるようになったのは、スクークのように新しい金融商品の開発による競争力の向上がある。このスクークは、90年代前半にマレーシアで初めて発行されて以降、様々な改良がくわえられ2000年代に爆発的に増加した。また、2000年にサウジアラビアの NCB（National Commercial Bank）のイスラム金融部門が「タワッルク」と呼ばれる直接現金を貸し出せる方法を開発し、利子を使わないで実質的な資金の融通を可能にしている。
　イスラム経済への寄与度　イスラム金融の貸付形態は、総合商社の機能の一であった商社金融に似ており、また、シリコンバレーのベンチャーキャピタルとも似ている。経済インフラの脆弱な地域で、長期的な視野で経済を立ち上げることには適しているかもしれず、ビジネス環境の整っていないスーダンでも、既に8行のイスラム銀行が営業し経済開発に大きく関わっている。
　イスラムの無利子経済は資本主義世界でも生き続ける
　イスラム法学者の間では、現時点では無理でも長い時間をかければ、イ

スラムの無利子経済が有利子経済を駆逐していくだろうとの見方があると聞く。一方、西欧社会から観察している学者は、イスラム人口が増大する中、イスラム銀行は拡大するだろうが、有利子需要がある限り現状の世界経済を変えることは出来ないだろうと言っている。しかし、これら無利子金融機関が有利子金融の利子と同程度か、それに遜色のない程度の業績を上げることが可能ならば、資本主義世界で営業を続けて行くことも可能であり、存続し続けるのではないだろうか。

【参考文献】
Pew Research Center（2014.8.31） http://www.pewsesearch.org/
前田高行（2014.9.2）『主な国のイスラム信者人口』
members3.jcom.home.ne.jp/maeda1/1-I-2-T03.pdf
世界の名目 GDP ランキング（2016.7.24）http://ecodb.net/ranking/imf_ngdpd.html
Sovereign Wealth Fund Rankings-Sovereign Wealth Fund Institute（2016.3.26）http://www.swfinstitute.org/sovereign-wealth-fund-rankings/
世界金融危機後の SWF（2014.8.31） www.dir.co.jp/consulting/insight/biz/100623.html
田中保春（2008）「ヘッジファンドを上回った"国富ファンド"の正体」『日経ビジネス』ONLINE、1月8日号
富田律（2010）『アラブの富が世界を変える』ソレイユ出版
上田正勝（2013）『イスラム債の実態に関する調査研究』税務大学校調査資料
武藤幸治（2002）「イスラムと保険」『ITI 季報』Spring2002/No.47

5．イスラムとグローバリズムの折合い　　　　淺野　昌宏

（1）今日の中東の不安定をもたらしているもの

中東の不安定をもたらしている要素は、いろいろの切り口から見ることが出来るが、中東で永らく暮らした者の観点から三つの要素で整理をしてみたい。

一つは、欧米のアラブ・イスラム世界に対する、社会・文化的理解と配慮の不足がトラブルの発端になっていること。

二つは、歴史的に見ても中東には強力な指導者が必要なこと。

三つ目は、イスラム過激派グループの存在と、それを増大させる環境を欧米が作りだしてきたこと。

欧米のアラブ・イスラム世界に対する理解不足

欧米社会は、イスラム世界の制度や価値観を理解しているのだろうか。あるいは、知っていても無視して来たのだろうか。例えば、1990年にイラクがクウェートに侵攻した際に、アラブ連盟では、「域内問題として、加盟国の間で解決しよう」という声もあったが、米国は軍隊をサウジアラビアに展開し、他国にも呼びかけて圧倒的な軍事力でイラクを攻撃した。米国の思惑として、石油の利権なども含め、イラクの体制を変えたかったのかもしれないが、それは余りにも手前勝手な話であり配慮に欠ける所があるのではないか。アラブの人達には何千年の歴史の中で培ってきた地域内での紛争への対処方法があり、彼ら自身に任せるのが自然であったし、もし結果として紛争解決後に、強力な独裁政権が成立することになったとしても、地域住民の安全と地域の安定をもたらすものになったに違いない。

それに続き2003年のイラク戦争では、曲がりなりにも国をまとめてきた実力者を引きずり降ろし、西欧風の制度を押しつけて、途中で撤退するという中途半端な介入をしたがために、チグリス・ユーフラテス流域の住民は、その後十数年に亘り大きな社会不安を抱えながらの生活を強いられている。

強力な指導者を排除することの間違い

中東地域は、未だに縁故社会であり、部族や宗派などの共同体意識が強固に存在する。従って、共同体としての強い規範やお互いの目を気にするところからは、一体感も生まれやすく、排他的になりやすい。中東は、未だに闘争社会にあるということも出来る。

中東は、何千年もの間、数えきれない程の王朝や権力者が、興亡し、相争い、統治してきのだが、現在も、人種、部族、言語、宗教・宗派が混在し、強力な権力なりリーダーシップを持っていないと、統治できない地域である。このことを、認識せずに西欧風の選挙を持ちこんで、民主化せよと言っても全く現実性のない話となる。

イスラム過激派グループが育つ環境を作ったのは誰か

権力者不在の期間が続き、社会が不安定化すると、ここにイスラム過激

思想の活躍の場が出来てくる。その背景として、一つは、グローバル化により市場経済が世界のスタンダードとなり、貧困や格差など社会問題が表面化してきたこと。

二つは、混在する人種、宗教、文化、社会を統率できる権力者を失ってしまい統制の取れない環境が生まれ、武器の流通も規制出来ない状況なっていること。

三つは、自分達の地域の主導権を欧米に握られることへの社会的反発がある。加えて、ITの発達・普及により、コミュニケーションが国際化し、社会に不満や違和感を持つ過激派予備軍と連帯しやすくなったことも大きいと考えられる。

（2）グローバル化とイスラム世界への影響

経済のグローバル化は、資本、技術、材料、製品が自由に移動するが、それに伴い、考え方、情報、人間の動きなど、社会的価値や知識構造の変動にも大いに関ってくる。即ち、経済のグローバル化は社会と文化のグローバル化と互いに影響を及ぼしあうものだと考えられる。

イスラムによるグローバル化の時代もあった

現在のグローバル化は市場経済と民主主義を基本としたものであり、バックボーンとしてキリスト教がある。一方で、元来イスラム世界は国や地域を越えて、同じ信仰を共有し共通の規範やルールを持つグローバリズムであり、国境の意識も薄かった。オスマン帝国の時代はイスラムが非イスラムに対して寛容な形で統治し、それが600年間も続いた訳で、これはイスラムによるグローバル化だったとも言える。

そのオスマン帝国が西欧により解体され、1920年体制として国民国家のスタートを切ったが、100年近く経過した現在、難民が発生するような混沌とした不安定な社会になってしまっている。元来、イスラムの理念は、政治と宗教が一致したところにあるが、1920年体制で政治と宗教が分離され、イスラムが政治から遠ざけられた。「イスラムの理念」と「現実の政治体制」が分離されたことが、不安定な社会の原因となっているのではないか。

現在の中東・北アフリカの国家形態

イスラム教の地域で、国民国家として民主主義に移行しつつある国が無

いとは言えないが、中東・北アフリカでは、概ね宗教原理主義的政治体制か、独裁国家となっている。エジプト、イラク、アルジェリアの例から見ても判るように、自由な選挙が実施され大統領や、議員を選んでも、政治的・経済的に安定した諸制度や機構がない為に統治機構として機能せず、どれも民主主義社会には程遠い状況にある。

中東（イスラエルを除く）・北アフリカの国家制度は分類すれば次のようになるが、現状はいかがか思い浮かべて戴きたい。

  専制君主制：サウジアラビア、クウェート、バハレーン、カタール、
   UAE、オマーン
  立憲君主制：ヨルダン、モロッコ
  イスラム共和制：イラン
  共和制（独立時より）：シリア、レバノン、アルジェリア、チュニジア、
   トルコ
  共和制（君主制を打倒して）：エジプト、リビア、イラク、イエメン

米国標準によるグローバル化とイスラム

1989年に東西冷戦が終わったことを境に、米国標準によるグローバル化が進んだが、その過程では、イスラム世界が人権や民主主義といったものに対して、頭から拒否して来た訳ではなかった。しかし、人権を例にとれば、イスラム社会の中での人権は、米国風の人権感覚とは少し違うと、イスラム世界の人達は感じていたかもしれない。そうだとすれば、そこに摩擦が増大して行く要素が存在したことになる。イスラム世界の人達がアイデンティティを考えるとき、自分たちの根底にイスラム思想があると気付けば、原点に帰ろうという動きが始まり、やがては原点回帰の運動として勢力を増して行く可能性もある。

（3）独裁政権となる必然

中東地域を統治するには、強力なリーダーシップが必要だと述べたが、なぜこの地域では独裁者の独裁的政権となってしまうのだろうか。エジプトのナセル、サダト、ムバラックの歴代の大統領、**PLO** のアラファト議長、リビアのカダフィ大佐、アルジェリアのブーメディエン大統領、チュニジアのベン・アリ大統領、イエメンのサレハ大統領等々どれも独裁者と言われた。世俗主義といわれるトルコでも、現在のエルドアン大統領は独

裁的と言われているし、アメリカの影響下で選ばれたイラクのマーリキー政権も、途中からスンニ派を追い出しシーア派で固める独裁政権となってしまった。

位野花靖雄は『なぜ中東では独裁政権が誕生するか？』*1の中で、独裁政権が生まれることの必然性について、簡潔に整理している。実際にアラブに住んで仕事をやってきた者として頷ける所が多いので、位野花の資料を参考に、独裁政権が誕生する必然性について述べる。

部族と共同体意識

「部族」は、現在もアラブ社会の基本となる部分を構成する重要な社会システムであり、社会環境が変わりつつある今でも、いったん何かがあれば部族の共同体意識が強まる。アラブ社会は長子相続ではなく、部族の長は指導力、調整力、財力などを考慮して、兄弟、従兄弟、伯父など親族の候補者群から選ばれ、父親から長男に自動的に相続される訳ではない。部族を外敵から守り生き抜くことと、そして共同体として部族を円滑に運営してゆくためには、出来るだけ多くの候補者の中から、最適者を選ぶのが合理的だったと考えられる。

イスラムの精神、アラーの前ではみな平等

イスラムでは、すべての人間は絶対神アラーの前では平等となっている。モスクでの礼拝などでも聖地メッカに向かい横一列に並び、王族も役人も商人も身分や地位に関係なく到着順に肩を並べて礼拝する。日本の縦社会では、地域の有力者や先生たちが前列に陣取り、一般の人達はお互いに譲り合って、何となく後ろの方から席が埋まるのとは大違いである。この平等というヨコ意識が権力争いでは、タテ社会と違った様相を呈することになる。

指導者の選出と権力闘争

共同体で指導者を選ぶ場合、出来るだけ多くのポテンシャルのある候補から、選ぶことは合理的であり、メリットも多いと考えられる。しかし、候補者が多いことは、時間と手間がかかり、複雑な作業となるため、時として選定基準が主観的になり透明性に欠ける結果となる。そのため、混乱を招く可能性もまた大きくなる。さらに、いったんリーダーを決めても状況が変われば、イスラムの平等精神がある為に、すぐに権力にチャレンジしてくる人物が次々と現れることになる。

第2章　グローバル市場の様相

生きる知恵としての独裁

　結果として、中東では権力闘争が絶えず、争いが起こると流血を見ることになり、住民は混乱と不安な生活に晒されることになる。この地域の人達は、強い指導者がいなければ不安定な生活になることを、歴史の中で身をもって知っているのだ。

　指導者の方も挑戦者が次々と現れることを防ぐために、No.2やNo.3となりそうな人物は粛清し、同じ宗派、同じ地域の出身者、小さい頃からの仲間、親類一族、親兄弟など身内といえる人々で固めることになり、独裁となってしまう。結果として、平穏な生活を送ることの出来る政治体制は、強力な指導者の下での独裁的色彩の強いものとなる。

（4）イスラム思想と過激派

　宗教はイスラム教に限らず、社会的にはラジカルなものである。宗教を信じるということは「自分が信じる宗教が唯一正しい」と思うことであり、論理的には他の宗教は否定しなければならない。特に一神教の場合にはこの論理が明確であり、これを各信者が実践すれば、人間社会は果てしなく対立を繰り返して治まらなくなる。これを回避する工夫として、「宗教を信ずることは個人的なことであり、他の人は同じでなくても構わない」との便宜的なコンセンサスを作りだしてきた。

　しかし、実際には、人は生まれた時点で既に何らかの宗教共同体に属しており、生まれ育つ過程で、その宗教に深く結び付いた人格形成をしてゆく。従って、人間社会では、個々が自分の信ずる宗教で他者と対立することよりも、宗教共同体や宗派共同体を単位とした闘争となることが多いのではないか。

イスラム主義と過激派の関係

　イスラム主義とは、社会を改善するために、イスラム思想に基づく国家・社会のあり方を実現しようとするものであり、イスラム主義者たちは低所得層の救済活動を行いながら、民主的な選挙の中で権力の獲得を目指している。「アラブの春」の中でも、ムスリム同胞団などのイスラム主義政党がその勢力を拡大した。

　一方、社会の改善にとって障害となるものを性急に暴力により排除して実現しようとするのが過激派であり、こちらの勢力も「アラブの春」以降、

急激に増加してきている。過激派の中でも、近代化した国を中心としたものと、そうでないものに分かれ、前者はインターネットなどの通信手段を積極的に使って思想を広める活動をしているのに対し、後者は、タリバーンのように、西洋由来のものには否定的で、復古的な活動をしている。

前者では、シリア・イラクで活動している「ISIS」、「ヌスラ戦線」、「ヒズボラ」、アラビア半島やマグレブの「アルカイーダ」、シナイ半島では「エルサレムの支援者」、リビアでは「アンサール・シャーリア」、ソマリアでは「アル・シャバーブ」があり、後者では、アフガニスタンの「タリバーン」や、西アフリカの「ボコ・ハラム」がある。

過激派の背景

アルカイーダやタリバーンに繋がるもので「タクフィール主義」と呼ばれる思想がある。タクフィールとは「背教徒宣言」という意味で、不信心者には、必ずこれを宣告してから殺す。不信心者は神・アッラーの敵、信徒の敵であるから成敗してしまわなければいけないと考えるわけである。人間を、「信心者」と「不信心者」の二種類に分けて考え、前者だけが神の国の一員となる資格があり、後者はその邪魔者で害を及ぼす存在なのだ。

この考え方で、第４代カリフ（最高指導者）のアリーがハワリージュ派の信徒に暗殺されている。この事件は、アリーがシリア提督ムアーウィアと657年に戦った時、アリーは犠牲者が多くなることを懸念して和議を結んだが、信仰に従って戦うべきとするハワリージュ派（離脱者という意味）に暗殺されてしまった。

近代になり、イスラム教徒に共感を持たれて、タクフィール主義がもっとも効果を発揮した例として、1744年の第一次サウジアラビア王国の建設があげられる。当時のアラビア半島全体が多神教崇拝に陥っていると批判していたイブン・ワッハーブ師の教えを旗印に、イブン・サウドがリヤド近郊のオアシスから出陣して、瞬く間にアラビア半島全体を平定して行った。

現代のタクフィール主義の元祖はエジプトのサイイド・クトゥブと言われており、ナセル大統領の厳しい弾圧で獄死したが、獄中からイスラム国家建設のための聖戦（ジハード）を強く訴えた。その遺志を継いで、「ジハード団」という過激派集団が生まれ、サダト大統領暗殺事件やルクソール観光客襲撃事件を引き起こしている。このタクフィール思想はウサマ・ビ

ンラディンやアイマン・ザワヒリにも引き継がれている。

（5）社会の変化に適合するリベラル派イスラムの台頭

　アジアのイスラム国であるインドネシア、マレーシア、ブルネイ、インド、パキスタン、バングラディッシュなどがイスラム人口16億人の過半数を占めている。彼らが、経済的にも飛躍的に力を付けてくるようになり、必然のこととして時代の変化に適応できるイスラムを追求する人々も出てきた。IT技術の発達と普及で、世界の情勢がどこでもいつでも分るようになり、また、経済の発展と共に高等教育が普及し、聖職者の専門であったイスラムの解釈が、一般の知識人の間でも議論されるようになったことで「リベラル派イスラム」と言われる人たちが出てきた。
　リベラル派の考えは、イスラムの普遍的な価値は価値として認め、特定の時代や場所に固有のものは分けて考えて、知性の自由な活動を認めるというものである。例えば、コーランやスンナ（預言者の言行録）を字句通り解釈するのではなく、読む人の時代に会った解釈を認めるとか、キリスト教、ヒンズー教などの異教徒であっても神の教えには従っているのだから、具体的な適応の仕方は違っても原理的には対立するものではないという考え方をする。すなわち、社会は変化しているのだから、新しい社会にふさわしいやり方を見つける理性的な解釈をしてゆこうというものである。

イスラム社会の要請に応える金融・保険システムの登場

　アジアの場合には、ヒンドゥー教や仏教や土着の信仰をベースにした伝統的な生活習慣があって、そこにイスラムが入ってきて調和したという歴史があった。そのために人種や民族や政治経済体制の違いを、お互いに受け入れる柔軟さがある。リベラル派イスラムの考え方が、中東ですんなりと認められることは直ぐには難しいだろうが、イスラム人口の5割を占めるアジアが経済的、社会的に発展をすれば、それが大きなうねりとなって、やがて中東地域でも容認される考え方となって行くのではないだろうか。
　現にビジネスの世界では、イスラム社会の要請に応えられる金融システムが編み出されている。前節「イスラム圏の世界経済に及ぼす影響」でも述べたが、イスラムの教義では禁じられている「利子」の考えに抵触しない貯蓄銀行、投資銀行、開発銀行がかなりの役割を果たすようになってきている。1950年代にパキスタンで開発され、1960年代にエジプトで貯蓄銀

行が設立され、1975年にはドバイ・イスラム銀行ができて商業ベースの取組が中東地域に一気に広がった。現在では、事業開発やインフラ投資にも寄与できる投資銀行や開発銀行もできている。

　また、生命保険、損害保険はギャンブル性の理由で禁じられていたが、保険機能の必要性の認識が高まり1970年代に開発が始まったタカフル（相互扶助）に基づく保険システムが編み出され、1984年には経済成長の波に乗ってマレーシアで最初のタカフル会社が設立された。2001年には東京海上日動火災がサウジアラビアに、2006年には AIG がバーレーンに会社を設立している。

（6）イスラムとグローバリズムの折り合い

　この節では、米国主導のグローバル化に対するイスラムの反発や、中東地域の統治の難しさ、それに対しリベラル派のイスラムも台頭していることを見てきた。西欧が主導して近代化を進める中で、政教分離の国民国家体制を中東の地域に作ったが、イスラム世界から見て押し付けられた国民国家体制には反発があり、グローバル化による格差の拡大や、ITによる情報の広がりもあり、過激派集団が増大するという今日の結果になっている。しかしながら、イスラム自体に、何時の時代でも一枚岩的なイデオロギーがあったというわけでもなく、1400年のイスラムの歴史の中で、反発ばかりではなく、その時々に西欧社会と折り合いをつけて歩んできている。最近では、イスラム金融の例や、リベラル派イスラムの台頭など、イスラムの中心部で起こっている現象ではないにしても、現実に即して、柔軟に動いている部分もある。

　従って、西欧社会はイスラムの世界を異質なものとして認識するのではなく、グローバル化がいかにイスラム世界に困難をもたらし、それを性急に進めることが危険であるかを理解することが必要である。同時に、イスラム社会が1400年続き、16億人を擁している事実は、内部に柔軟性を有しているからこそであり、西欧社会は性急さを求めず、イスラムのこの柔軟さと折り合いを付けながらやって行くことが必要ではないか。

【参考資料】
三浦徹（2011）『イスラーム世界の歴史的展開』放送大学教育振興会

六辻彰二（2015）『イスラム　敵の論理　味方の理由』さくら舎
加藤博（2015.12.30）『なぜイスラムは近代ヨーロッパに反発するのか』如水会
　　http://jfn.josuikai.net/josuikai/21f/60/ktl/kt.htm
黒井文太郎（2014.11.6）『イスラム過激派はなぜ過激なのか？』
　　http://jbpree.ismedia.jp/articles/-/42062
位野花靖雄（2015.11.8）『なぜ中東では独裁政権が誕生するのか？』
　　http://yokohachi.com/yokohachi-hp-1/2051115.pdf
青山亨（2004）『インドネシアにおけるリベラル派イスラームの新思潮』東京外大
　東南アジア学第9巻

＊1　位野花靖雄は総合商社で活躍した中東の専門家。
　位野花靖雄（2015.11.8）『なぜ中東では独裁政権が誕生するのか？』
　　http://yokohachi.com/yokohachi-hp-1/2051115.pdf

6．環境変化の類型とエネルギー問題　　　　　　　前田　光幸

　政治・経済・金融・社会・宗教・民族問題、エネルギー問題、環境問題、技術、市場など、産業や企業を取り巻く諸環境は常に変化し、企業に対し事業戦略や事業体制の変更を迫る。
　それらの変化は大きいが一過性のものから、静かだが大きな構造変化をもたらすものまで様々である。変化のタイプによって事業戦略や事業体制を適切に対応させることは企業にとって極めて重要なことである。一過性のものに対して戦略を大きく変更したり、逆に静かだが構造的な変化に対応しなかったりすると、企業の存亡に関わる可能性がある。
　ここでは、変化の類型について、主としてエネルギー問題（一部経済的な問題を含む）を例にとって、第1次石油危機以降40数年の間の主要な変化について、その変化はどういう類型の変化であったかについて論じる。
　エネルギー分野の変化は中東問題や世界政治、金融問題と絡むので特に変化が激しく、世界的にもエネルギー産業だけでなく一般の産業の戦略変更や興亡に大きな影響を及ぼしてきた。
　エネルギー問題の変化の類型を概観することから、自らの産業を取り巻く様々な変化の認識と対応に有意義な示唆を得ることができる。

環境変化の6類型

環境変化は、変化の予測可能性、変化の連続性、そして変化への対応可能性の観点から6種類に類型化することができる。

予測可能で、変化が連続的なものとして；
① "長雨型" は対応が可能なもの
② "高潮型" は対応が困難なもの、ないし対応策がないもの
予測可能だが、変化が非連続的なものとして；
③ "集中豪雨型" はそれなりの対策をとれば対応可能なもの
④ "巨大台風型" は対策をとっても、それを上回る影響が起こるもの
予測不可能だが、変化が非連続的なものとして；
⑤ "地震型" はそれなりの対策をとれば対応可能なもの
⑥ "巨大地震型" は対策をとっても、それを上回る影響が起こるもの

表2-6　変化の分類とエネルギー問題

	変化の分類	時期	事象
対応可能	予測可能・連続的変化　①　"長雨型"（日常的変化）	恒常的 1950〜 1974〜 1980〜	エネルギー関連技術進歩 エネルギー・ミックスのシフト 省エネ 再生可能エネルギー開発
	予測可能・非連続的変化　③　"集中豪雨型"	1990〜 1980〜	エネルギー産業の自由化 OPECの埋蔵量変化、生産政策
	予測不可・非連続的変化　⑤　"地震型"（一過性）	1990〜1991 2003〜2011 2008 2011〜	イラク湾岸戦争 イラク戦争 石油価格大暴落(リーマン・ショック時) イラク・シリア戦争
対応困難　構造的対策必	予測可能・連続的変化　②　"高潮型"（対応策少なし）	1995〜	新興国のエネルギー需要増
	予測可能・非連続的変化　④　"巨大台風型"	1985〜 1997〜 2006〜 2008〜	プラザ合意(円高、内需型への転換) 温暖化防止条約「京都議定書」 シェール革命 リーマンショック
	予測不可・非連続的変化　⑥	1973　1979 1980〜1988	第一次、第二次石油危機 イラン・イラク戦争

第2章　グローバル市場の様相

要	"巨大地震型"	1985〜 2011〜	石油価格大暴落（サウジ増産） 福島原発事故

　この6類型を、主として石油ショック以降のエネルギー問題に当てはめたものを、表2−6に示す。
　以下、各類型についてエネルギー問題の事例を挙げる。
　長雨型　様々なエネルギー供給・消費技術の革新・進歩、例えば石油・ガス回収技術の向上、掘削技術の向上（深海や極地）などが相当する。また、一次エネルギー供給パターンの変化（水力から石炭、そして石油、ガス、原発、再生可能エネルギー、水素へ）や省エネ技術の向上、省エネ製品・機械・システムの普及などもそうである。さらに、各種の再生可能エネルーによる発電の技術開発（風力、太陽光、バイオマスなど）もこれに相当する。
　集中豪雨型　エネルギー産業（石油、電力、ガス）の規制緩和や自由化は、時期的に強弱、緩急があり、必ずしも連続的ではないのでこれに相当する。また、世界の石油・ガス資源は追加的な発見や技術向上、生産過剰による減耗、価格の上下などで増減するが、これによって OPEC の生産価格政策が変動し、価格も激しく変動する。
　地震型　様々な中東アフリカにおける戦争が典型例。戦争時には大きな影響が出ることが多いが、イラン・イラク戦争を除いて概ね短期で終わるか、エネルギー供給には軽微な影響（2003年以降のイラク戦争、その後のイラク・シリアの内乱）のため、エネルギー面では対応は可能なことが多い。また、2008年のリーマン・ショック直後の原油価格暴落[*1]も OPEC が3ヶ月後に協調減産に切り替えたので一過性に終わった。
　以上3つの場合、その変化が生じた時（期間）に対応策[*2]を予め準備しておくことが可能であり、その対応の適否が企業の競争力の優劣を大きく左右する。このことは何も事後講釈ではなく、例えば予測不可能な地震型の場合であっても、適切なマネジメントによって、然るべき対応を取ることは可能である。
　対応が難しく構造的な対応が必要な変化として、以下の3つがある。
　高潮型　発展途上国の経済成長に伴うエネルギー需要増加、石油需要の増加がこれに相当する。世界の石油供給量の増加には限りがあるので、いつか　原油価格高騰につながるとの予測はできるが、それを食い止める対

策は極めて難しい。事実、2004年以降、原油価格は急騰した＊3。

　巨大台風型　大変化はタイミングや影響度は概して予測が難しいものの、"いつかそのうち来る可能性がある"とされる大変化であり、直撃が起こると長期的構造的な対応が必要となる。事例としては、1985年の「プラザ合意（円高、産業構造の変化）」、1991年の日本経済のバブル崩壊と後遺症対策に10年を要した金融不況がこれに相当する。

　「プラザ合意」が"いつかそのうち来る可能性がある"ものであったことは洞察力のある人々には認識されていた。即ち、1980年代に入り、我が国は製造業の国際競争力の向上とドル高・円安の環境下において世界の輸出市場を席巻した為に、その反動として円安の修正、輸出攻勢の抑制の圧力は先進諸国間で議論されていたのである。また、1980年代後半の日本経済のバブルはいつバブルが弾けるかと、誰もが懸念したことであった。

　また、1997年の「温暖化防止京都議定書」に於ける温暖化ガス削減目標設定も1990年代初以降、温暖化ガスの抑制が一連の国際会議で喧伝されており、先進国に削減の数値目標が課されることは予測されたことであった。この数値目標を充足しているのは EU とロシアだけであって、世界の温暖化ガス排出量の1/4以下に過ぎない。世界は温室効果ガスの抑制および削減の問題の解決策をまだ全く見出していない。

　2006年頃から新たな技術（水圧破砕や水平坑井）で掘削開始された北米でのシェール（頁岩）ガス、シェール石油の生産は何十年も前から議論されてはいたことである。ただ、実際にシェールガス、石油の商業生産が始まるかどうか、直前まで全く分からなかったものである。シェール石油の生産増で原油価格に下方圧力がかかった一方で、シェール石油の生産コストは高い（2014年時点でバーレル当たり平均60ドル程度、幅としては40〜80ドル）ので、原油価格の下支え効果も併せ持つ。OPEC はじめ世界はまだ、この新たなシェールガス・石油がもたらす世界のガス・石油供給と価格パラダイムに十分対応できていない。

　1999年以降の米国の大幅な金融緩和と、それに付随して造られた「サブプライムローン」に関わる住宅バブルと巨額な金融バブルは、そのバブル崩壊とその影響の巨大さに関し、2006年、おそくとも2007年にはこれを予測する動きが金融専門家、即ちバブル当事者の間で出ていたものである。2006年以降、資金が金融市場（債券、証券）からコモディティ市場（金、メ

タル、石油、穀物等)へ大量に避難したことがそれを物語っている。2007年後半以降の原油価格の急騰(バーレル70ドルを超え、2008年央には145ドル)は明らかに金融筋の投機相場であった。2008年秋のリーマン・ショックで金融バブル崩壊が現実となり、世界は大金融恐慌に落ち込むこととなった。世界は金融緩和と財政膨張で経済恐慌からの脱却を図ったが、日米欧各国は財政赤字の拡大になり、中国は不動産バブルが膨らみ、その反動に直面している。従って、リーマン・ショックはまだ収束していない。

この件については、第2章「3．リーマン・ショックから欧州債務危機へ」で詳述した。

巨大地震型　予測が困難でかつ突然起きるため、社会はパニックに陥り、難しいかつ構造的な対応を要する変化である。まず、第1次、第2次石油危機。第2次石油危機の背景となったイラン・イラク戦争もこれに相当する。

また、1985年の原油価格の突然の崩壊(バーレル40ドルから10ドル台へ)もこれに相当する。1979年のイラン革命、その後のイラン・イラク戦争で、

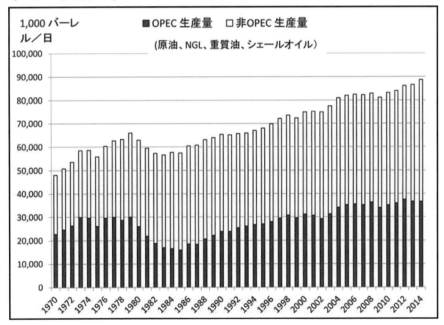

図2-6　OPEC、非OPEC石油生産量推移(BP統計から作成)

日量約800万バーレル（OPEC全体の四分の一に相当）の石油供給が途絶え、石油価格は10ドル／バーレルから40ドル／バーレルに暴騰し、しかもそれが5年以上続いた。

この石油高価格への世界の対応は、（A）世界経済の減速、（B）省エネの増進、（C）石油代替エネルギー供給の増加（天然ガス、石炭、タイムラグ付きで原発）、（D）OPEC以外の石油供給量の増加（北海、アラスカ、ソ連、南米等）となって現れた。このため、1985年時点の OPEC の生産量は石油価格高騰前の1978年の日量3,200万バーレルから同1,500万バーレルへと半分以下に落ち込んだ（図2－6）。

この間、サウジアラビアが中心となって大幅減産で需給バランスをとり、価格崩壊を防いできたが、1985年秋にサウジアラビアは流石に国家財政上、減産継続が困難となり、他国並みの減産に踏み切った（要するに増産）瞬間に価格が崩壊した。この時、OPEC は価格効果や生産政策について多くのことを初めて思い知らされることとなったが、その解消に OPEC は20年弱を要することとなった（図2－7参照）。

1985年以降の原油低価格は石油・ガスへの依存度の高いソ連が崩壊する

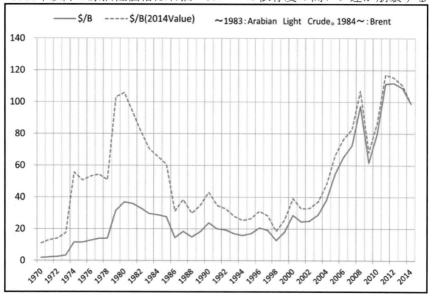

図2－7　年平均原油価格推移（BP統計から作成、点線は2014価値表示）

最大の要因の一つとなったことは忘れてはならない。

　また、2011年の福島原発事故も当然この類型に相当する。この事故後、我が国の全原発は運転停止となり、火力発電の増加と電力需要の省電力によって原発電力の休止を賄った。その後原発は安全審査を通過したものから、地元合意を前提に徐々に再開される可能性があるとは言え、多くが廃炉プロセスに入る。また、世界中の原発の新増設に大きな影響を与えており、世界の長期的なエネルギーの最大の問題となった。

　以上エネルギー問題を例に変化の類型について見たが、企業は経済、金融、地域政治動向、市場、技術など様々な外部環境の変化に対し適切に対応することが求められている。

　予測できる変化でかつ対応可能な変化に対しては、常に対応策を準備しておく必要がある。一過性の変化には一過性の対策で対応し、過度な反応をすべきではないし、長期的、構造的な対応が必要な場合に、戦略的、根本的な対応を極力早く準備する必要がある。

　その為の方法として、企業内に外部環境の変化や政策変化、市場や技術の変化などを総合的にチェックし、対応策を議論し、提言する為の特別な組織として"Issue Management（問題マネジメント）"、あるいは"Change Management（変革マネジメント）"委員会のようなものを設けておくことが考えられる。他社や世間の動きに流されることなく、独自の対応策、戦略を持つ意識が必要なのである。

【参考文献】
BP, Statistical Review of World Energy 2015
OPEC Bulletin 2014
International Energy Agency "2014 Key Energy Statistics"
US Energy Information Administration, "DOE、Analysis & Projections"
日本エネルギー経済研究所・計量分析ユニット、『エネルギー・経済統計要覧』、各年号

＊1　2008年9月、バーレル100ドル超から同年12月、30ドルへ急落。
＊2　石油備蓄、石油融通、石油先物予約、為替先物予約、石油輸入源多様化、その他地域でのエネルギー供給増、エネルギー供給源の多様化。
＊3　2003年、バーレル30ドルから2008年7月、同145ドルへ。

まとめ

前田 光幸

　この章では、グローバル市場の政治、経済、文化、宗教、民族的問題を歴史的、構造的な観点から鳥瞰し、特に、普段見落としがちなことがらについて考察した。その際、一般に報道されたり書物に著されたりすることの他に、裏に流れている深層に対する観察と洞察に特に留意した。

　海外事業に関わる人は勿論のこと、一般のビジネスに携わる人やトップ・マネジメントは、世界の情勢とその変化に関する広い視野を持つことと、それに対する考察力が必要とされる。

　そのためには、世間が提供する世界の潮流に関する様々な情報を受け取り、自分で認識するだけでは足りない。世間があまり提供しない小さな情報にも時として十分注意する必要がある。昔から「真の変化や変革は辺境に発する」とよく言われる。鴨長明の「諸行無常」は京都伏見の日野山中の閑居で、芭蕉の「不易流行」は奥の細道の旅中で、いずれも京や江戸の中心ではなく辺境で気付き、生み出された哲学である。辺境ほど、世の中の変化が鋭く現れ、その変化に対する深い思索が育まれるものである。

　長い鎖国時代、日本および日本人は長崎の出島など限られた窓からわずかに流れ込む世界の文明や知識から、多くのものを学び取り、自分たちのものとして体化＊1してきた。その熱意と体化の勤勉性が近代日本を作り上げた。今日、世界の情報は報道、ネット、人々の交流によって溢れているために、かつて日本人が持っていた、小さな窓から流れ込んだ情報に対する新鮮な好奇心や驚きが薄れている。渇望は創造の母、充満は退化の元である。

　本章の各テーマは、グローバル化の潮流の中では、普段目にする本流の流相ではなく周辺の流相、あるいは深層の流相に当たるものを取り上げた。その中から、グローバル化の側面を抽出することによって、逆にグローバル化の真相が浮かび上がると考えたからである。

　また、世界の状況やその変化を考える際、「グローバル化」と「グローバリズム」を明確に分けて考える必要があることを強調した。

　欧州列強の植民地統治は、その意味では「グローバリズム」の狼藉であり、その狼藉の歴史を見ることは、グローバル化を考えるときに忘れては

第2章　グローバル市場の様相

いけないことである。そして、その歴史の傷跡は、旧植民地が今尚抱えている負の遺産として残っていることに気が付く。世界がグローバル化する中で、その負の遺産が引き起こす様々な問題や混乱の状況を理解する必要がある。

「1．グローバリズムの正体」では、16世紀以降の列強植民地主義、新自由主義、国際金融資本主義を論じた。この三つの主義は「グローバル化」という実体的な動きではなく、「グローバリズム」という独善的なドグマに基づくものである。列強はどのような植民地経営を行い、それが現在にどのように影響しているかを考察した。20世紀に新興国として遅れて海外進出に参入した日本の統治システムは列強の収奪システムとは異なるものであった。占領地の人々にも教育を施し、地域の経済を活性化させる試みを行ってきたことを記した。

「2．世界、米国、日本を巡る構造変化」では、国際的な政治情勢の変化を、東西冷戦構造の終焉、世界の多極化、無極化と混沌、エネルギー問題と地球環境問題の役割の増大、という4つの構造変化として捉えた。また、世界の経済情勢の変化を、ソ連の崩壊と新自由主義の台頭、成長地域の移動、金融資本主義の膨張という3つの構造変化として捉えた。さらに日米関係の構造変化は主として米国の圧力によって引き起こされたことを強調した。

「3．リーマン・ショックから欧州債務危機へ」では、リーマン・ショックに至る国際金融資本による大規模な金融バブルと崩壊の顛末を俯瞰し、それが欧州債務危機にもつながったことを記した。

「4．イスラム圏の世界経済に及ぼす影響」では、今後、イスラム人口比率が増大し、イスラム経済の影響力が強くなる中で、その特徴を概観した。経済規模の増大と共に、内容も変化する可能性があり、留意が必要であることを記した。「イスラムはよく分からない」では済まない。

「5．イスラムとグローバリズムの折り合い」では、イスラム世界と西洋社会との摩擦を論じた。中東では様々な事象が起こり不安定さを増しているが、これが米国主導のグローバリズムとどのように関係しているのか、またイスラム世界サイドではどのような困難があり、今後折り合いをつけて行けるのかを整理した。

「6．環境変化の類型とエネルギー問題」では、外部環境の変化に対し

て、どのように対応して行くべきかをエネルギーの事例を引いて検討した。変化には予測できるもの、予測できないもの、一過性のもの、持続的なものなど多様であり、かつ対応可能なものと対応不可能なものがある。企業はこれらを的確に判断し、対応する必要があることを論じた。

＊1 体化：思想や知識を具体化すること。ある科学技術を体化するとは、設計し、製造すること。

第Ⅱ部

日本企業のあるべき姿

第3章
日本型経営とグローバル化

はじめに
前田 光幸

　戦後、奇跡的な高度経済成長を遂げた原動力として、日本型経営システムが挙げられる。これは、終身雇用、年功序列、企業内組合という労働・雇用システムを核とする、擬似的な村落共同体システムだと言えよう。

　ただし、このシステムはあくまで戦後のものであって、戦前は、国策企業や財閥系企業以外は多くが中小零細企業で、このような労働・雇用システムを採用する段階に至っていなかった。

　戦後、大企業を中心に徐々に定着したこの労働・雇用システムは、他の制度や方式と合わせて、「日本型経営システム」と呼ばれるようになった。

　例えば、メインバンク制度、株式持ち合い制度、官民協調による経済政策運営方式、各種業法と護送船団方式、企業の意思決定プロセスにおける全員一致方式、生産性改善運動などである。このシステムは、高い貯蓄率、高水準の設備投資という条件の中で、高度経済成長を効率的に支え、世界市場を獲得し、欧米諸国に追いつく原動力となった。「官・労・使」が一体となった日本の経済発展は、世界の経済史に例を見ない見事なパフォーマンスを示した。

　しかし、成長曲線*1の軌道が示すように、高度経済成長期はいつまでも続くわけではなく、いずれ終焉する。また、1970年代の石油危機や公害問題は経済成長率を減速させた。1980年代半ば以降は先進各国からの圧力により、内需主導への転換を余儀なくされ、それが国内の不動産・株式バブルの発生と財政赤字の増大につながった。このような日本経済の構造変化は、高度経済成長期にふさわしかった経営システムの見直しを必要とした。しかし、全く見直しされることはなく、1990年代初頭のバブル崩壊と金融不況に突入してしまった。

時を同じくしてソ連が崩壊し、世界経済のグローバル化が進み、ＩＴ化とインターネットの急速な発達でビジネスが時間と距離を乗り越え、金融資本主義が異常に膨張する、というこれまでにない大きな変化が日本経済や企業を襲った。

　グローバル化とは、資本、技術、人材の流動性が高まり、先進国経済の比較優位性が地理的に発展途上国へシフトする現象でもある。発展途上国の新興企業の台頭で、日本の産業の競争優位は、急激に損なわれ、輸出市場を奪われると同時に、生産年齢人口の減少と国内経済社会の成熟化で、国内市場の縮小に直面している。世界で負けて、国内はジリ貧という状況である。

　このような中で、日本企業は、日本型経営システムに対する自信を喪失し、グローバル・スタンダードという名の新自由主義（市場原理主義）、金融資本主義へ傾倒する事例が目につく。

　我が国は、客観的に見て、依然として十分な資金供給力と高い技術開発力と質の高い人財力を持っている。それは経済の活力と産業のイノベーション創出力の源のはずだが、企業が戦略の方向性を見失って、いたずらに漂流しているのは何故か。資金力と技術開発力と人財力に問題がないとすれば、企業のこの漂流は制度や経営、および意識に問題があると考えるほかない。

　本章では制度や規制緩和の問題ではなく、経営システムと経営意識の問題を議論する。

　振り返ってみれば日本型経営システムは、遅くとも1990年代前半に、自分で自発的に見直しておくべきだった。それを先送りし続けたために、多くの企業で経営の機能障害が起きてしまった。いずれにせよ、日本企業がイノベーション創出や、活発な水平展開（新事業展開）、グローバル展開を行うために、経営システム、経営意識をどう見直すべきかが企業が直面する課題である。

　そこで、日本的経営システムの系譜、その特性、長所や短所を明確にした上で、絶えず変化していく世界の環境の中で、今後の経営システムの方向を探る。

　「１．日本型経営のイノベーション考」は、日本企業が従来から得意としてきた集団力を再度活性化することの重要性を説く。現場力の活性化や

第3章　日本型経営とグローバル化

オペレーション力の強化、あるいはボトムアップ型のイノベーションの重要性を強調する。

「2．グローバリズムと日本型経営の変質」では、米国による日本の改造、および日本企業の経営スタイルの変貌を論じる。米国がグローバル化とは似て非なるグローバリズムという独善的な主義を振りかざして、日本に社会経済体制の改造を強要する実態を概観する。その上で、日本的経営の変質を議論する。

「3．これが新日本型経営」は経営力を10の能力からなるとし、5つの「生来能力」と5つの「獲得能力」に分け、それぞれを日本型とアングロ・アメリカン型の相対比較をする。その上で、日本が優位な生来能力を潰すことなく、劣位にある獲得能力の強化とそのための方法論について概説し、新たな日本型経営の方向性を指し示した。

＊1　成長曲線：Ｓ字型の曲線で、時間が経つにつれ、成長率が減少していく曲線

1．日本型経営のイノベーション考　　　　　　小平　和一朗

　イノベーションは、日本人が好きな言葉である。しかし、変化を嫌う日本人の気質のままで、雇用が保証された企業体質の風土の中から、イノベーションといわれる変革を起こせるのだろうか、との疑問が起きる。優れた革新的な技術を実用化しただけで、イノベーションが起きたとは言わない。その技術を使って事業化をして、社会レベルでの変革を認識できなければイノベーションが起きたとはいえないと考えると、日本型企業は欧米型のイノベーション企業にはなりにくい。

　日本企業が、イノベーションを起こすにはどうしているのか。多くの場合、「戦わず勝つ」の戦略を取っている。狩猟民族である欧米型とは異なる、農耕民族である日本人の日本型経営の戦略があるのではないか。日本型経営で成功した企業の歩みを見てくると、日本型の経営手法でもイノベーションを起こすような社会変革をもたらしている。日本型経営でもイノベーションは起こせる。

従業員を大事にする日本の経営

米国の MBA を学んだ社員が、日本に帰ってきて日本企業で働く。その時、日本の組織に合わなくて浮いてしまうという話をよく聞く。日本企業は、従業員を、組織を、人財を大切にすることで成り立っているところに、株主利益を優先する米国流や、社内、社外を問わず戦うことを前提とした運営を日本の組織の中に持ち込んでも、日本企業の中では拒否反応を示してしまう。社員の自立性を重んじて、ボトムアップの行動を前提としている日本企業の社員の動きを止めてしまうのだ。その結果、日本企業の良さが発揮できなくなる。上を見て働くようになり、やがて待ちの姿勢となって、組織は活力を失う。

会社のために働く日本人従業員と、組織を守る日本人の経営者が取り組む戦略は、日本独特なものである。終身雇用を前提とした人財育成とキャリアパスが、日本企業の強みである。

従業員が主体の日本型経営は、社会主義的だともいわれる

昔、景気が悪くなっても、日本では簡単に人員整理を行わなかった。職場内の移動や休業、転籍、他社への出向や転職などに取り組んで、雇用を守りながら不況を乗り切った。日本の社会が社会主義だといわれるのは、そのような雇用形態があったからである。日本社会の基本的な価値観や人間関係に合わない企業統治の仕組みを取り入れると、日本経済の強さを全て失う結果となることを知らなければならない。

時代の変革を読み、自らの業種、業態を変革して成功している企業がある。企業が自らの組織を残し、雇用を継続して環境の変化に対応して生き残っている。株式会社クラレが取り組んできた「繊維から化学品メーカへの業態変更」は成功事例である。繊維産業が構造不況に陥った時の対策で、化学品メーカへと業種・業態を変革し、会社と従業員の雇用を守った。最近では、アナログカメラのフイルムのトップ企業の富士フイルムが、化粧品や薬品への業態変更をしている。米国のコダックはそれが出来なかったから駄目になったと言われる。日本の企業独特の、今いる社員と共に取り組む、時間をかけた戦略である。

米国の GE（ゼネラルエレクトリック）は、米国型の業種転換をしている。それは米国型の転換手法というもので、シェアがトップの事業（センサーや医療など）だけを残して新しい部門に出ていく。雇用は、日本とは違う。

第3章　日本型経営とグローバル化

基本的に社員を含めて売却先に人と事業がついていく。GEのジャックウェルチは、1,000の事業を切った。そして新たに1,000の事業をM&Aで買収した。切ったところの従業員は、首にしている。GEは、従業員の継続雇用を前提としていない。

自立型組織で変化を創り出す日本の企業

社員の企業忠誠心が、日本の「現場力」を作ってきた。世界のモノづくりの組織モデルが日本にある。日本企業は従業員が支える構図が出来ている。いかに従業員の底力を引き出すかが、リーダーの役割である。日本企業の特徴は、ボトムアップ型で仕事が進むことである。リーダーの方針のもとで、指示待ち型でなく、自立型の組織が実現していることがモノづくりの競争力をつくり上げている。

日本企業は従業員が支えているが、その裏には異議や異論を束ね目標実現に向け、組織を誘導するリーダーの存在がある。いかに従業員の底力を引き出すかが、リーダーの役割である。

日本の近代化、グローバル化の役割をになった日本の起業家たち

日本の歴史には、優秀なビジネスモデルを創出し、社会に受け入れられてイノベーションを作ってきたと評価できる立派な経営者がいる。

三菱グループの基礎を作った岩崎弥太郎、明治時代の産業や鉄道網を構築した渋沢栄一、百田尚樹が書いた『海賊とよばれた男』の主人公の出光佐三らが戦前（1945年以前）に活躍している。

戦後（1945年以降）の企業では、東芝の創業者の田中久重、トヨタグループの創始者の豊田佐吉、ブリヂストンの石橋正二郎、パナソニックの創業者である松下幸之助、ホンダを創業した本田宗一郎、情報通信革命を推進したソフトバンクの孫正義などが、世界でも名前が知られている日本における経営のリーダーである。

それぞれの企業が苦労をしながら、グローバル企業として活躍をしてきた。

百年企業といわれる老舗の存在

「創業100年以上」を老舗の最低必要条件として設定し、建設業、酒蔵業、医薬品、鉄鋼、小売業の各項目で創業年の早い順に代表的な企業を表3－1に整理した[*1]。

100年前というと、1915年（大正4年）以前である。企業は永遠を実現してきている日本の経営は、世界に誇れる社員を大事にしている。それが日

表3−1　日本の老舗（百年企業）

業　種	安土・桃山以前（創業年）	江戸時代（創業年）	明治・大正（創業年）
建設業	松井建設（1586）	竹中工務店（1610） 住友林業（1691） 錢高組（1705） 清水建設（1804） 鹿島建設（1840） 佐藤工業（1862）	大林組（1892）
酒蔵業	剣菱酒造（1505以前） 吉乃川（1548） 養命酒製造（1602）	月桂冠（1637） 菊正宗酒造（1659） 男山（1661） 大関（1711） 沢の鶴（1717） 白鶴酒造（1743） 朝日酒造（1830） 宝酒造（1842）	
医薬品製造業	三光丸（1319） 宇津救命丸（1597）	ヒサヤ大黒堂（1611） 小野薬品工業（1717） エスエス製薬（1765） 武田薬品工業（1781） 久光製薬（1847）	資生堂（1872） 太田胃散（1879） 参天製薬（1890） ロート製薬（1899）
鉄鋼業	住友金属鉱山（1590）		
機械製造業		ＩＨＩ（1853）	日立造船（1881） 日本電気（1899）
小売業	西川産業（1566）	鳩居堂（1663） 天満屋（1829） 高島屋（1831） 千疋屋総本店（1834）	

本の経営の特徴である。

「家族主義」「人材に投資」「長期的な視野」「互いを知り尽くした人たち」「長期にわたって経営」は、日本型企業の特徴である。しかし、米国の東海岸に、日本型の経営をして成功している老舗企業はあると言われる。製薬のジョンソン＆ジョンソン、化学のデュポン、その他少なからず永続

的に存在する。従業員を人財と見做し、組織の永続性を重視する経営をしている。

日本型経営での戦略とは何か
　戦略は、軍隊が敵と戦うためのものである。しかし、日本の戦略はというと多くの場合、「競合と直接に戦わずして勝つ」という戦略が多い。つまり、日本の戦略は組織内部に向いた取り組みが多く、戦争のような短期型ではなく、長期的な計画に基づいて、時間を掛けて取り組むことが多い。
　日本企業は昔からそのような日本的戦略を持つことで、自らの組織を守ってきた。日本の従業員は、会社のために働いている。日本の経営者は、社員をリストラで人員整理することを極力避けてきた。操業短縮をし、異業種への応援や出向、いろいろな方策をもって日本企業は従業員を雇用し続けることに取り組んできた。従業員を会社運営の中核に置くからこそ取り組んだと言える。日本には戦略がないといわれるが、これも経営戦略である。
　会社と従業員との関係は、家族主義的で古臭いというのではなく、実際に会社との関係で社会問題化しない日本的良さが語られなければならない。日本の会社は、会社で草むしりをやらせても雇用は残すという考えで経営してきた。プライドが許されないというところがあっても、会社を自ら辞めない限り、給与は支払われていた。会社の中で内職みたいなことがやられたこともある。製糸会社の片倉などは、植物などの販売で雇用を守ってきた。日本では、就職と言いながら、会社を親とともに選んで就社をしている。会社を選んでいるのであって、職業を選んでいるわけではない。企業選びも、株主重視の経営を良い会社とは言わすに、従業員を大切にする永久就職先を選んでいる。
　最近は、大手の製造業のリストラを見ているから、以前ほど大手志向ではなくなった。

状況論理という暗黙知が日本のモノづくりを支えている
　愚直の経営と状況に合わせて柔軟に判断して行こうというのが、加護野忠男の状況論理*2である。「状況論理とは、仕事をしている内に、勘の良い連中は分かる」と言う。モノづくりにあたっての製造現場でのエンジニアリングは状況論理で行けるが、これがコトづくりやモノづくりの設計開発の作業では、ロジカルな分析が必要となるので同じようには行かないと

いわれる。ここは日本型経営の弱点である。

　例えば、ソフトウェアの設計過程では、「振る舞い」を一つひとつ詳細に定義することになる。単なる「勘」のレベルでは、ソフトウェアを具現化することは不可能であり、詳細定義がなければ、ソフトウェアは機能化しない。明らかにソフトウェア開発作業では、状況論理は使えない。

　モノづくりの現場で状況論理は、従業員の中に知識化されて、現場のノウハウとして暗黙知化されている。従業員のもつ暗黙知が日本の企業を支えてきた、と考えないと失敗をしてしまう。従業員の体に染みついたものだけでは、会社の知的財産ではない。従って退職後も従業員を大切にしないといけない。まさに状況論理である。退職した従業員が、競合社の社員と仕事をすると、ノウハウを含んでいる技術（エンジニアリング）は、簡単に競合社に流失してしまう。退職者を雇用した競合社が、イノベーション企業になってしまう。日本型企業の多くがリストラをして、従業員を守ることの大切さに初めて気付いた。

状況論理を戦略に組み込みアップルのモノづくり

　ファブレスでモノづくりをしている企業が、モノづくり先を養成し、コストコントロールをしているアップルは、「状況論理」を理解し、モノづくり戦略に組み込んでいる企業と言える。新潟にある研磨の会社が iPod の裏蓋をぴかぴかに磨きあげ、研磨は日本の技術だと言っているうちに、海外のメーカに生産委託先が移ってしまった。作業の詳細を画像にとり、その作業の移転を計画的に、戦略的にアップルは取り組んでいた*3。

　同じようなことが沢山起きている。

　4章「3．知的財産戦略」でも報告するアップルは、ファブレスであるが、コンサルタントを自ら雇い、自らの手で生産技術や生産システムの管理ノウハウを、生産委託先を技術指導しながら、アジアの量産工場を自らの力で進化させている。アップルは、工場を持たないが、生産活動に取り組んでいるといえる。まさに「状況論理」を戦略として取り組み、管理している。それが、グローバル企業、アップルの凄さである。自社の工場でモノづくりをすることを前提としている日本企業の考えとは、基本が異なっている。まず先行した製造技術を持った生産委託先で、モノづくりに関するエンジニアリングを徹底して学ぶ。そこで学んだ状況論理を、別なファブレス先でのモノづくりに生かす。日本の企業が出来ていないところで

ある。
　生産ロット1億個に取り組んでいる、アップルのグローバル戦略である。このスケールの大きいグローバル戦略に、日本企業がどう対応できるのか、課題は多い。

継続的にオペレーションの改善に取り組むとイノベーションは起きる

　「オペレーションの効率化は戦略ではない」とポーターは言う。
　日本の企業を研究し、オペレーションの効率を頼りに経営をした企業で、長期期間に渡り競争優位を保てた企業はほとんどないと報告*4しているが、そのことに疑問を持っている。
　ポーターは、その理由として、オペレーションは競合他社にすぐに模倣されてしまうからだといっているが、日常的なオペレーションの効率化で原価が下がり、価格競争力が生まれ、市場のリーダーになると競争力がついてくる。
　実際、「工期短縮」という生産性改善の先に、イノベーションと言えるような競争優位な結果が生まれる。年間20％の工期短縮を継続すると、3年目には「$0.8×0.8×0.8≒0.5$」と約半分になる計算になる。同じ仕事を半分の資金でできることになる。
　アーネストワンの事例では、原価の低減と工期の短縮というオペレーションの改善に取り組んで、コストで2分の1、工期で3分の1を実現したと報告している。オペレーションの効率化のための改善を、一定期間積み重ねて実現した成果である*5。
　経営学では、ポーターの「オペレーションの効率化は戦略ではない」がセオリーとなっている。工期短縮をはじめとする生産性改善の先に、イノベーションはあると言える。事業サイクルの最小化や回転率を重視した経営が出来たのは、オペレーションの効率化の結果である。
　ボトムアップの力で実現するオペレーションの改善、最初から2分の1の削減目標を掲げるのは危険で、「年20％の工期の短縮」「年20％のコストの削減」という、製造現場で受け入れられる現実的な目標を掲げ、それを毎年繰り返すことである。

オペレーションの改善を積み重ねてイノベーションを起こす

　ファーストリテイリングの柳井が言う「リスクを取るとは、リスクを避けることではない」*6とは、まさにオペレーション戦略である。最初から

危険を避けるのでなく、非常識と言われる数量の生産計画、これを販売の現場に立って、売れ行きに応じたプロモーションに取り組む。売れなければ店舗ごとの現状を認識して、最後は値下げをする。それも均一である必要が無く、地域に応じて対応する。これはこの時点で社長にしかできないと柳井社長は判断し、自分の仕事の仕方を次に伝えたいために自らが率先して取り組んだ。

オペレーションと戦略、特にボトムアップ力を引き出すことができる日本型経営が出来る人財と組織があるところでは、暗黙知の伝承が時間をかけると可能になる。経営者が計画的、経営目的を持って長年オペレーションの効率化に取り組んだ時、これを経営戦略であるといえる*7。

長期計画でオペレーションの改善（効率化）に組織を取り組ませることで、革命的な成果となる。その成果をイノベーションという。この長期計画は戦略に基づいて実行されたという。トップダウンによる改善活動の組織、計画的な取り組みは、戦略といえる。

例えばトヨタは、不断のない前年度比20％削減というオペレーションの改善を、協力会社と共に継続的に取り組んで競争優位を築いた。

現場改善が進まないとか、従業員のやる気をどう出させたら良いか分からないと悩んでいる経営者がいる。それに対しては、モノづくりに限らずコトづくりでも、まず5S*8の徹底をしたらとアドバイスをする。5Sは、目に見える活動である。美しい職場で生産するものは、品質も良い。段階を踏んで、従業員の心や気持ちが変わってくる。

職場環境が整ってくるに従い、提案活動が活発になる。変革の時代に常識はない。聞くことは重要だが、聞き過ぎると何事も遅れて、常識的になる。経営リーダーは自らの感性を磨き、情報に近づき、直にふれる。「現場、現物、現実」という三現主義でリーダーは行動することが重要である。

顧客には、提案型で取り組むことになる。提案する革新的（イノベーション）商品に、買い手は人生（リスク）を掛けることになる。利他の心で顧客の立場に立つことが出来てイノベーションが起きるきっかけを得ることができる。日本人の組織では、これが出来る。

カリスマ的リーダーの存在

就職人気企業の上位10社が、10年後には半分が無くなる。実際、1960年のオリンピックの年には、繊維産業全盛の時代であった。次に、家庭電気

第3章　日本型経営とグローバル化

製品の電気会社の時代、銀行の時代、証券の時代と変遷している。

　パナソニック（松下）、シャープ、ソニーの凋落を10年前には予測できていない。その中で、商社はまだなんとかやっている。上位に出て人気企業になって、安定志向の社員が多くなり、会社にイノベーションが起こる風土がなくなり、それが10年も継続され、安定志向の社員が多くなると、会社は駄目になる。

　やる気の無い、リスクを避ける小利口な社員が多くなる。変革の時代、その商社も怪しくなる。「安定志向、某社は一流大学の人を多くとった。行動パターンもありきたりのものになってしまった」と聞く。最近は成績が良いだけでは、採用しなくなっている。コミュニケーション能力を問うようになっている。

　日本的経営とは、一つは雇用制度の要素である。終身雇用、年功序列、企業内組合、人事制度。もう一つは、株主資本主義ではなくて、会社資本主義である。リストラに走りすぎて、これが崩れている会社が多い。日本企業の良さが無くなると、日本の企業の足腰を弱くしてしまう。従業員が生き生き働ける環境を作れれば、強くなれる。

　悪いときでも首を切らずに我慢する会社もある。日本型経営、農耕民族の血を引く日本人を戦う集団には変えにくい。日本人の強みは集団力である。個々の力では、欧米人のほうが上である。従って、日本企業が集団力を奪われたら、戦略で勝つことは難しい。

　変革の時代、成功企業には強引といわれるようなカリスマ的なリーダーがいて、そのリーダーが非常識と言われるようなビジネスにリーダーシップを発揮して取り組み、日本型企業をグローバル市場でも競争力のあるイノベーション企業へと変身させている。

*1　各社のホームページ　創業年
*2　加護野忠男（1997）『日本型経営の復権』、PHP研究所
*3　後藤直義、森川潤（2013）『アップル帝国の正体』、文藝春秋
*4　マイケル・E・ポーター著、竹内弘高訳（2005）『競争戦略論Ⅰ』、ダイヤモンド社
*5　西河洋一、小平和一朗（2015）「経営者に求められるセンスウェア」、『開発工学』、2015前期

＊6 柳井正（2009）『成功は一日で捨て去れ』、新潮社
＊7 西河洋一、小平和一朗(2015)「経営者に求められるセンスウェア」、『開発工学』、2015前期
＊8 5S：整理（いらないものを捨てる）、整頓（決められた物を決められた場所に置き、いつでも取り出せる状態にする）、清掃（掃除をして職場を清潔にする）、清潔（整理、整頓、清掃を維持する）、躾（決められたルール・手順を正しく守る習慣を身に付ける）

２．グローバリズムと日本型経営の変質　　　　　　　　　　前田　光幸

（１）戦後日本型経営の特徴
1990年代以降、戦後日本型経営も様々な課題に直面

　戦後、1955年以降、我が国が本格的な経済成長への道を歩み始めた中で、社会労働運動の高まりを背景に大企業中心に徐々に形成された日本型経営システムは「終身雇用、年功序列、企業内組合」という労働・雇用システムを核としたものであった。

　このシステムは、日本に固有のものではなく新しいシステムと言って良い。戦前の日本型経営システムは明治以降、意欲的に取り入れた欧米のシステムの特性を比較的濃厚に残したものであった。例えば、競争主義的で倒産も頻発し、資本と経営の分離があまり行われておらず、資本家と労働者との所得格差が大きく、労働の流動性も高かったと言えよう。

　戦後の日本型組織経営は、戦時体制下の集団主義、官僚主導の経済政策が戦後の復興体制下においても引き継がれたことと、戦後の労働運動の高まりが加わって出来上がったもので、官・財・労の利害が見事に調和した日本特有の経済成長モデルであった。我が国の飛躍的な経済発展は、このモデルのもとで1960年から1990年まで約30年に亘って継続した。

　しかし1990年代に入り、内需バブルの崩壊とバブルの後始末、日本経済の成熟化、グローバル化と新興国の追い上げ、さらには少子高齢化による生産年齢人口の減少で、日本の戦後経済成長は終焉した。この過程で、戦後日本型経営も当然様々な課題に直面することとなった。

　ここで、戦後日本型経営の「終身雇用、年功序列、企業内組合」のもと

で、共有されてきた、主として大企業に見られる企業価値観の特徴とは何かについて、幾つかの重要な項目別に確認しておきたい。

企業の目的：日本経済の成長と国民の生活向上のために、社会的な使命を果たし、雇用を拡大し、社会に貢献すること。

企業のビジョン：企業は長く存続することが重要で、合弁や合併はいいが、他社の買収には慎重。

利害調整の優先度：全ステイク・ホルダー（従業員、顧客、取引先、株主、金融機関、社会）の利害を大切にし、株主利益の最優先には偏らない。

個か集団か：株式の持ち合いにより、経営の安定と共存共栄を図る。

人的資源の位置づけ：OJTによって、質の高い労働力を育て、技術力、製造能力、サービス力を高める。また、これとは表裏一体で就職とは就「社」を意味する。

重点戦略：自社における技術開発力、商品開発力、製造能力、品質管理の向上。

意思決定のスタイル：業界の状況、他社の状況など総合的な視点から判断。意思決定については社内や主要なステイク・ホルダーのコンセンサスを重視。

以上の特徴は戦後の高度成長期に一般的に見られたということである。従って、例えば時代環境が変化し、根本的な技術革新や社会変革が起こった場合には当然、価値構造とスタイルは変わり得る訳で、また変えなければならない。

にもかかわらず、時代変化などによっては容易に変わりにくい、あるいは変えるべきでない経営の価値構造・スタイルもある。それはより深く日本の社会・文化・歴史に根差した分野、例えば、企業のビジョン、利害の優先度、個か集団か、人的資源の位置づけ、重点戦略などである。

（2）アングロ・アメリカン型経営

他方、英米型の経営・運営の価値構造とスタイルはどうであろうか？ここであえて英米型といったのは、ドイツ型*1や南欧型*2ではなく、英米型経営スタイルの日本への流入が近年目立つからである。まず英米的経営・運営の価値構造とスタイルは次の諸点に要約される。

企業の目的：競争優位を確立し、世界市場を支配すること。

企業のビジョン：短期的な業績を上げること。
　利害調整の優先度：株主利益最優先。そのために株主資本利益率（ROE, Return on Equity）の向上を重視。
　個か集団か：価値の創出源は個にあり、集団にはないので、共同体の概念は希薄。
　人的資源の位置づけ：人材は調達する。また、これとは表裏一体で就業とは就「職」を意味する。
　重点戦略：企業買収（ベンチャーの買収によりR＆D機能を補完、他社の買収により技術と市場を獲得）を十分に活用。売却も同様。
　意思決定のスタイル：トップダウン、スピード重視。
　以上の特徴は英国、米国の社会・文化・歴史・時代環境と密接な関係を持つ。しかし、そのことは上記が昔から不変であったということではなく、戦後の米国経済体制が全盛期を過ぎ、1971年のニクソンショック*3で米ドル基軸体制が終焉し、さらには、1991年のソ連崩壊でグローバル化時代に入り、新自由主義、金融資本主義、株主資本主義が高まるとともに大勢となったと見るべきである。
　また、現在でも米国企業の中にも、終身雇用、従業員重視型、人材育成重視型、自社内でのR＆Dを重視する企業もなくはない。しかし、総じて、上記の価値構造・スタイルを米国企業の典型的なものとみなすのは間違いではなかろう。
　特に企業の目的、企業のビジョン、利害の優先度、個か集団か、重点戦略、意思決定のスタイルに、その特徴がよく現れている。

(3) 米国のグローバリズム・キャンペーンによる日本改造

　1985年の「プラザ合意」以降、米国と日本の間で、日米構造協議が開かれ、日本経済の方向性を輸出指向から内需指向へ、そして日本国内制度の内需指向型への適応について協議が行われてきた。1990年代前半以降、その協議は「米国政府の日本政府に対する年次要望書」と名前を変え、1994年から2008年まで継続した。同要望書に基づく、日本の各種制度変更の事例を下記に示す。2009年に民主党政権で、この協議は一旦中止となるが、2012年以降、「日米経済調和対話」として、さらには「TPP（環太平洋戦略的経済連携協定）」として継続されている。

第3章　日本型経営とグローバル化

1997年　独占禁止法改正。持株会社解禁。
1998年　大規模小売店舗法廃止。大規模小売店舗立地法成立。
1999年　株式交換可。
1999年　労働者派遣法改正。人材派遣自由化。
2000年　建築基準法改正（38条廃止、構造計算基準）。⇒2014年復活。
2000年　電力市場自由化。
2001年　酒類販売、距離規制、人口規制廃止、時価会計、税効果会計。
2002年　健康保険本人3割負担導入。
2003年　郵政事業庁廃止。日本郵政公社成立。
2004年　法科大学院設置、司法試験制度変更。労働者派遣法改正（製造業への派遣を解禁）。
2005年　郵政民営化法、日本道路公団解散。分割民営化。新会社法成立。
2007年　新会社法の中の三角合併制度施行。

　これらは、基本的に我が国が育んできた諸制度を米国式に変更することを意味している。米国は、それをグローバル・スタンダードと称したが、そのようなスタンダードが世界にあるわけでは無論ない。
　米国はそれによって、①米国企業の日本市場参入を促進する（米国内の各種ロビー圧力の反映）、②米国式各種ルール（独禁法、労働法、電力市場、医療制度、金融制度、政府外郭団体構造の破壊、等々）を日本に採用させることによって、米国企業が日本において事業展開をしやすくする、③日本が固有の歴史・慣行と欧米の概念を融合させて育んできた戦後の社会経済体制や日本型経営を壊し、日本の国力を削ぐことを目的としているものと考えるべきである。すなわち、専ら米国の利害に立脚しており、日本にとっての経済的得失や社会的意義についての考慮はほとんど払われていない。
　日本政府から米国政府への要望も出せるが、ほとんどゼロ回答である。日本政府（政党および官僚）は、米国の要望に対し、討議・協議・交渉を十分に行って来たとは到底思えない。

（4）グローバリズムによる日本の社会経済制度の変質

　日本がグローバル化の過程の中で国際競争力を失ったために、人々は日本型経営への懐疑が膨らみ、その間隙を、米国が突いて来たというのが、

ここ10数年の動向である。

日本は自ら戦後の社会経済体制と日本型経営の見直しと修正を考えればよかったのだが、米国に強要されてやって来たという現実を認識することが必要である

世界経済構造の変遷

世界経済の構造を端的に表すと以下のようになる。

1980年代は、市場メカニズムの拡大、自由化、規制緩和の時代であった。

1990年代前半は、ソ連の崩壊により中国、東欧、アジア諸国の世界経済への参画が始まった時期である。インターネットの発達や技術移転、金融緩和による資金の世界流通でグローバル化が始まった。

1990年代後半以降は、グローバル化がさらに進展し、特に中国経済の膨張が顕著になった時代である。また、経済の成熟化から景気の長期低迷が続く EU は統一通貨ユーロによる、域内貿易の活発化を図った。

また、1990年代は、企業経営の重心が技術開発から M&A へ、製造業からサービス業へ、社会・顧客指向から株主指向へと徐々に移った時期でもある。経営指標としては、ROE（Return on Equity、株主資本利益率）が重視されるようになった。そこではRを上げるか、Eを下げるかによって ROE を上げることが企業経営の目標となった。これは結果的には米国における製造業の衰退の原因となったと思われる。製造業は製造設備、在庫などに大きな資本を要するためにEが大きくなる。逆にサービス業は大きな資本を必ずしも要しない。ＩＴ企業はなおさらそうである。サービス業やＩＴ企業のＥは小さいので ROE は高くなり、株価も高くなる。製造業は株主を意識すればするほど、ファブレスの委託生産へ流れる。産業全体として企業が製造業からサービス業へと流れるシフトが徐々に、継続的に起きたものと思われる。

これは他山の石として肝に銘ずべきことである。高度なモノづくりが最大の存在意義とする日本の製造業が安易に株主利益指向に流れ、設備投資を抑制し、委託生産に走ると大変危険な状況になる。製造受託会社に軒先を貸して母屋を取られるような事例が近年多く見られる。

このような、財務的なリターンや株価を重視する風潮は金融資本主義の過度な膨張と表裏一体のものである。世の中は、社会にとっての持続的価値を高めることから、今日、儲けることが大事という風潮に傾いてきてい

る。このような一連の流れの中で、金融資本主義、市場原理主義が富の偏在を増大させた。

米国経済の凋落

以上の世界経済の構造変化は米国の経済構造の変化と一体のものである。

1980年代は米国の製造業の凋落の時代である。日本や東アジアの製造業に米国内市場を奪われていった。巨額な貿易赤字と財政赤字、貯蓄不足と投資不足、所得水準を超えた消費性向。いずれも健全な経済の姿ではない。そこで打ち出したのが「ストップ・ジャパン」のG5によるプラザ合意（1985年）である。円は過小評価されているとして大幅な円高への修正と、日本の経済運営を内需に向けるべく、金融緩和と財政政策の拡大を我が国は強要されることとなった。

1990年代前半、米国企業は必死で日本の成功モデル（改善、看板方式、シックス・シグマ、品質管理など）を学習し、必要に応じ取り入れる試みを行った。この時期、プラザ合意事項の吟味という意味で続いていた「日米構造協議」は、「米国政府による日本政府に対する年次要望書」という形に変えて、日本の諸制度の変更を迫った。

日本の政策の多くは米国の要求したもの

日本に対する要求は前述のように株式の持ち合い規制、郵政民営化、製造業への派遣労働許可など数多い。これらはいずれも法律改正を要するものであり、当然国会での議論となったが、激しい論争を引き起こしたのは郵政民営化のみであり、あとは経団連の賛意を背景に、無自覚、無抵抗の中で法律改正が行われた。

これら、日本型経営システムの重要な部分を占める、株の持ち合い制度や、製造業の雇用慣行、人材育成制度などが、あっさりと切り崩されて、世の中が自分たちの意思ではなく変わっていくという状況に立ち至ったのである。しかもこの傾向は今も変わらない。

「米国政府の日本政府に対する年次要望書」は2009年民主党政権時に一端中断されたが、2012年から「日米経済調和対話」と名前を変えて復活した。TPP の中での社会的・経済的・科学的な諸制度の変更議論は同じ文脈のものである。

1985年以降、我が国の経済政策は米国の対日政策をそのまま引き直したものになっている。「日本の政策」は、「米国の対日政策」とほぼ同じであ

る。日本の主要な経済・社会政策の多くが、米国発というのは驚くべきことであり、異常という他ない。

（5）日本型経営の変質
国の産業力を長期的に弱体化させる悪法

　国際関係、日米関係のパラダイム変化と我が国の政策の変化によって、日本型経営は今どのように変化しようとしてきたかを概観する。ここで変革ではなく「変質」と表現する意味は、自ら変えるべきだと考えて変えている訳ではないからである。

　日本の社会経済システムの変更や日本型経営の変化は、一体何の為に行われているのかがよく分からない状態となっている。グローバル化への対応のために当然変える必要がある場合と、外圧でそのように変わってしまったことが、錯綜しているのである。例えば、「製造業への派遣労働者」は、国内で政労使が長い時間をかけて議論し合意したものではないが、経団連が飛びつきあっという間に決まってしまった。もともと米国が出した要望である。国際競争力の向上という屁理屈が持ち出されてはいるが、国の産業力を長期的に弱体化させる悪法の見本と言わなければならない。このような法律改正が近年多く、それが日本型経営システムの変質に大きく関わっている。

　経営の基本的な骨組みとして、①企業の目的、②企業のビジョン、③利害の優先度、④経営資源の重点、⑤重点戦略、⑥意思決定バイアス等があるが、それぞれどう変質しているか見てみる。

　企業目的：社会的使命・貢献から、市場支配・競争優位確立へ
　企業のビジョン：持続的な成長から、短期的な財務的業績重視へ
　利害の優先度：全ステイク・ホルダー重視から、株主重視へ
　自立か集団化か：集団の共同体意識の希薄化へ
　人的資源の位置づけ：従業員重視、人材育成から、人材調達、非正規雇用の増大、アウト・ソーシングへ
　重点戦略：自社でのR&D重視、合弁・合併主体から、企業買収へ
　意思決定のスタイル：総合的な視点、コンセンサス型の見直し、カンパニー制へ

この7要素の中で、変質によって大きな価値の衝突ないし、混乱が起きているものと、そうではないものが混在しているので、その点を明確にしておく。

　企業のビジョン、利害の優先度、自立か集団か、人的資源の位置づけに関する変質は、明らかに日本的価値観とは相反する考え方である。従って、企業はこれらの点を充分吟味した上で、経営の基本的な骨組みを決めるべきである。

　従来の考え方と相反するものに変えると、深刻な内部矛盾を引き起こし、組織が弱体化、ないし崩壊する危険があるので要注意である。我が国の大企業の中にも、そのような変質をあえて行っているところがあるが、袋小路に入り込むだけである。

【参考文献】
リチャード・T・パスカル他（1981）『ジャパニーズ・マネジメント』、講談社
ジェームス・C・アベグレン（2004）『新・日本の経営』、日本経済新聞社
戸部良一他（1984）『失敗の本質』、ダイヤモンド社
吉川元忠他（2003）『なぜ日本経済は殺されたか』、講談社
中野剛志（2011）『TPP亡国論』、集英社新書
関岡英之（2002）『拒否できない日本』、文藝春秋
関岡英之（2006）『奪われる日本』、講談社現代新書
在日米国大使館（各年）『日米規制改革および競争政策イニシアティブに基づく要望書』、各年号

＊1　政府、資本、労働が協議しながら経済運営を行う社会福祉型資本主義。
＊2　政府規制型でかつ雇用重視型資本主義。
＊3　ニクソンショック：1971年、米国は金とドルの固定交換比率（1オンス＝35ドル）と固定為替レート制度を廃止し、世界の通貨は変動相場制に移行。戦後、金とドルの信認を基礎としたブレトンウッズ体制が終焉。

3．これが新日本型経営　　　　　　　　　　　　　　　前田　光幸

　本節では経営力を構成する重要な10の要素について、日本型経営とアングロ・アメリカン（以下AAと表記）型経営とを実務経験に基づいて対比、

スコアリングする。

その上で、グローバル化の進展する中で、否が応でも変革を迫られている多くの日本企業が進むべき方向性と新しい日本型経営のあり方を考察する。

（1）経営力の10の要素

経営力の構成要素として、生来能力5つ、獲得能力5つを挙げる。生来能力とは組織の風土を特徴づけるもの、獲得能力は組織の意思、選択に関わるものと定義する。

生来能力として、価値構築力、管理運営力、人事・組織力、オペレーション力、コミュニケーション力の5つとする。その中で、人事・組織力は他の能力に対する影響度が強く、主導的な能力であるので、注意深い考察が必要である。また、これらの生来能力はお互いに結びついたものとして存在する。これらの能力を変革したり、改造したりすることはかなりの時間とエネルギーを要するし、場合によっては組織を破壊する危険性がある。

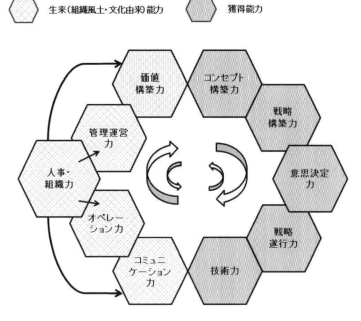

図3-1　経営力の10要素、組織の生来能力と獲得能力

獲得能力としてコンセプト構築力、戦略構築力、意思決定力、戦略遂行力、技術力の5つとする。経営者や経営層の意思によって、変更し、取捨選択し、実行できうる能力である（図3－1）。

昨今、日本的組織風土の中に、AA型の方式を移入しようとする事例が多く見られる。しかし、無分別、浅薄な移入は組織にいたずらに混乱を生むだけという場合が多い。日本企業は経営のあり方について自ら活路を構築するしかない。

（2）人事・組織能力の8項目

生来能力の中で主導的な能力としての人事・組織能力をさらに8つの小項目に分解し、考察を深めた上で、日本型とAA型を対比する。

8項目として、（1）就職、（2）忠誠心・集団力、（3）個人力、（4）人材育成、（5）階層性、（6）組織と個人の関係、（7）人事評価・報酬制度、（8）企業統治・ガバナンスを挙げる。

人事・組織力は日本型経営の3種の神器、即ち終身雇用、年功序列、企業内組合という戦後の企業組織の設計と密接な関わりを持つ。この組織設計は戦前の日本企業ではそれほど表立った特徴ではないが、本来的な農耕社会の村組織と融合性を持つものであった為、戦後の高度経済成長時代に一気に優勢になったものである。戦前は経済発展段階が未熟だったため、一部の例外企業（財閥、国策会社等、老舗企業）は別として、そういう3種の神器を整えるに至らなかったと考えられる。

日本型の8項目についての長所短所の差を表3－2の右端の＋1、0、－1で表示する。

長所が強い項目は「2.忠誠心・集団力」、「4.人材育成」であり、短所の方が強い項目は「3.個人力」、「8.企業統治・ガバナンス」である。企業統治・ガバナンスについては、責任体制が曖昧、透明性が低い、自浄作用が働きにくい等、「2.忠誠心、集団力」のマイナス面が出る形になる。

他方、AA型は「2.忠誠心・集団力」や、「4.人材育成」が弱く、「7.人事評価、報酬制度」についてもボスが権限を持っており、公平性に問題がある。逆に「3.個人力」が優れている（表3－3）。

人事・組織能力を総合すると日本型のほうがAA型より全体として優れていると見ることが出来る。日本企業は集団力をより活用し、人材育成を

さらに強化し、企業統治・ガバナンスを見直すことが重要である。それ以外については、概ね自信を持っていいと考えるべきである。

表3－2　日本型人事・組織能力の長所と短所

		長所	程度	短所	程度	差
1	就職	就社 様々な部署を経験	4	個人は社内で職種を選べない	4	0
2	忠誠心 集団力	組織・会社への忠誠心強い 強い集団力を発揮	4	帰属意識・忠誠心を期待(強制)される 個の力、個性の発揮が弱い	3	1
3	個人力	調和を優先	3	個人力を適切に評価しない	4	－1
4	人材育成	長期的人材育成	4	精神教育が入り込む場合あり	3	1
5	階層性	統率性あり ボトムのモラル高い	4	年功色の強いピラミッド式、 階層多い、窮屈	4	0
6	組織と個人の関係	信頼ベース	4	合理性が働きにくい 個人が集団に埋没する場合がある	4	0
7	人事評価 報酬制度	協調性、勤勉性を評価 トップと最下層の倍率低い	4	個性、自己主張を嫌う 実力との相関性低い	4	0
8	企業統治 ガバナンス	共同責任	3	共同責任は無責任体制と同義 問題を指摘しにくい空気 透明性低い 自浄作用が機能しにくい	4	－1
	計		30		30	0

表3－3　AA型人事・組織能力の長所と短所

		長所	程度	短所	程度	差
1	就職	中間層以上の個人は強い目的意識	4	組織全体に対する関心は弱い	4	0
2	忠誠心 集団力	自我の発揮、契約で規定された役割を果たす	3	組織への忠誠心、帰属意識は弱い	4	－1

第3章　日本型経営とグローバル化

3	個人力	個人力が力の源泉、特にトップ	4	利己主義、共助の精神薄い	3	1
4	人材育成	自己研鑽が基本（自己投資）	3	組織教育は弱い	4	－1
5	階層	強い階層概念、遂行力強い	4	階層多い、ボトムのモラル低い	4	0
6	組織と個人の関係	契約ベース、個人と会社を区別	4	自分の領域外は無関心	4	0
7	人事評価報酬制度	上長の判断次第	3	前後左右の上長の判断が反映されない 納得性に疑問 トップと最下層の倍率高い	4	－1
8	ガバナンス	ルール規定	4	コントロールきつい	4	0
	計		29		31	－2

（3）経営力を構成する重要な10要素のスコアリング

　次に、前述の生来能力5つ、獲得能力5つについて、各々4つの小項目に分解し（計40項目）、それぞれについて、日本型経営とＡＡ型経営をスコアリングする。生来能力を表3－4に、獲得能力を表3－5に示す。その上でスコアリングの要約を図3－2のレーダーチャートに示す。

表3－4　生来能力のスコアリング（日本型とAA型）

経営力の10要素 （生来能力）	40アイテム	日本型		アングロ・アメリカン型	
		一般形	（スコア）	一般形	（スコア）
1 価値構築力	11 組織の持続性	重視する	(9)	最重要ではない	(6)
	12 社会的役割・責任	重視する	(8)	重視するが最重要ではない	(6)
	13 理念・ビジョン	必ずしも明確でない、他社と類似	(5)	各社独自性あり	(8)
	14 ステイクホルダー優先度	バランス型、従業員重視	(8)	株主重視、利益重視に偏重	(5)
	計		7.5		6.25
2 経営管理力	21 ガバナンス・コンプライアンス	集団隠蔽、改ざんが生じやすく、表に出にくい	(5)	個人の違反	(5)
	22 モチベーションの維持増強	従業員重視	(8)	あまり意を用いない	(5)
	23 ファイナンス力	金融依存残る	(6)	直接金融志向	(8)

	24目標管理	数値化・客観化不十分	(7)	極力数値化	(8)
	計		6.5		6.5
3 人事・組織力	31雇用の持続性	終身性根強く残る	(9)	契約性	(5)
	32人材育成	熱心、OJT	(9)	個人の能力アップが基本	(6)
	33集団としての力	強く発揮する	(8)	個人の能力に依存	(5)
	34個人の能力発揮	集団の調和優先	(5)	制限少ない	(8)
	計		7.75		6
4 オペレーション力	41組織の柔軟性（縦横）	横串が弱いケースも多い	(6)	横串は弱い	(5)
	42現場力の増強	現物・現場主義	(9)	現場力は弱い	(5)
	43「知」の結合・内面化	努力中	(6)	困難	(5)
	44バリューチェーンの強化	メリハリが弱い	(6)	メリハリをつけている	(7)
	計		6.75		5.5
5 コミュニケーション力	51情報の透明性（社内）	透明性低い	(5)	情報格差大	(6)
	52明確性・客観性,形式知化	漠然、形式知化弱い	(5)	明確で形式知化に努力	(8)
	53暗黙知と形式知のバランス	暗黙知に偏重	(5)	形式知に偏重	(5)
	54情報の受発信（対外）	広報努力弱い	(5)	広報重視	(7)
	計		5		6.5

表3－5　獲得能力のスコアリング（日本型とAA型）

経営力の10要素（獲得能力）	40アイテム	日本型 一般形　（スコア）	アングロ・アメリカン型 一般形　（スコア）
6 コンセプト構築力	61世界・社会環境認識	世界認識に甘さ　(5)	世界認識得意　(8)
	62ユーザ価値の重視	技術志向・製品志向が強く、ユーザ視点弱い　(5)	技術志向・製品志向が強く、ユーザ視点弱い　(5)
	63競争環境変化の把握	環境変化に敏感でない　(5)	競争環境の変化に敏感　(8)
	64リスクマネジメント	他社と同様な道を取りがち(5)	リスクヘッジは熟慮　(7)
	計	5	7
7 戦略構築力	71自他認識	認識はある　(6)	認識強い　(8)
	72差別化	他社と同様な道を取りがち(5)	差別化を重視　(8)
	73バリューチェーンの変革	バリューチェーン全般の見直しが弱い　(5)	バリューチェンの見直しを重視　(8)

第3章　日本型経営とグローバル化

	74他社・異業種連携・協調	NIH意識強い	(5)	ベンチャー、パートナーを重視	(8)
	計		5.25		8
8 意思決定力	81スピード	稟議制度残る、遅い	(5)	トップダウン方式	(8)
	82権限の明確性	権限不明確	(5)	権限は明確化	(8)
	83権限委譲	権限委譲は行われている	(7)	権限委譲は限界的	(6)
	84重視するステイク・ホルダー	従業員、銀行、政府、取引先	(8)	株主優先	(5)
	計		6.25		6.75
9 戦略遂行力	91戦略目的の明確性	あいまい	(6)	明確、具体的	(8)
	92遂行集中度	集団力高いが、周辺事情に配慮し、躊躇生じる	(6)	他要素は無視して推進	(8)
	93遂行責任の所在	あいまい、共同責任	(6)	明確、具体的	(8)
	94資源投入	バランス配慮が出る	(6)	集中的	(8)
	計		6		8
10 技術力	101研究開発力	比較的強い	(8)	自社研究を削減	(7)
	102製品・サービス開発力	比較的強い	(8)	設計力強い	(8)
	103研究人材調達・教育力	OJT中心	(8)	リクルート、他社依存	(6)
	104他社連携、特許戦略	NIH意識強い	(6)	合理的に実施	(7)
	計		7.5		7

　以上をレーダーチャートに示す。丸が日本型、四角がAA型である。六角形の印で、薄色が生来能力、濃い色が獲得能力である。
　図を概観すると、日本型は、生来能力には概ね優れているが、獲得能力が弱い。特にコンセプト構築力、戦略構築力、意思決定力、戦略遂行力が弱い。日本型は生来能力に優れた組織特性を持つために、それに依存して戦略が弱いと見做すことが出来る。
　AA型は、ほぼ逆で、生来能力が弱く、獲得能力が概ね強い。組織の生来能力が弱いので、勢い、戦略を鍛えるという方向になると見做すことが出来る。あるいは、経営戦略の多くが軍事戦略にその源泉があり、その面で戦前・戦後一貫して軍事戦略を鍛えてきたという背景も影響していると

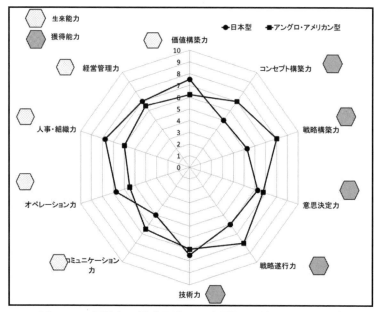

図3-2　経営力の構成要素の日本型とAA型のスコアリング

考えられる。
　総合して経営力の10の要素は以下のように要約することができる。
　日本型は、
（1）組織特性として、共同体型。自律的に集団としての力を発揮することができる。逆に、共同責任体制は時として誰が責任者か分からず、無責任体制に流れるきらいがある。
（2）価値観として、「共存」、「調和」型でステイク・ホルダー全体のバランスを重視する。
（3）戦略構築力が弱い。
（4）事業遂行面として、連続的な改善や向上は得意だが、大きな変革期の対応に弱い。
（5）経営の型として、グローバル化の中で、日本的なものへの懐疑が膨らみ、中途半端に最近のＡＡ型経営（新自由主義株主資本主義、金融資本主義、短期収益重視）を取り入れ、組織の方向性を見失っているきらいが

第3章　日本型経営とグローバル化

ある。
　AA型は、
（1）組織特性としては、個人の力が経営力の源泉で、集団力は弱い。
（2）価値観としては、「勝ちか負けか」が明確であり、また株主利益優先主義が強い。
（3）戦略論としては現場力が弱いので、トップのリーダーシップに依存する。
（4）事業遂行面としては有事、変革時にトップのリーダーシップで思い切った変革を遂げることが可能。
（5）経営の型としては、軍事戦略が企業戦略の源泉となっていることもあり、戦略的構築力に優れている。1990年代には日本型を学習し、必死で競争力向上を目指した。それでも、やはり製造業は日本、東アジアには勝てないので、ゲームのルールをIT、金融、標準化等へと変えてきた。

（4）グローバル化の進展と日本型経営の漂流

　過去25年間のグローバル化の進展が日本企業の経営力の発揮の仕方に与えたインパクトは極めて大きい。そしてそれは概してマイナスのインパクトとして出たことが、25年の長い低迷に現れている。
　多くの製造業において、新興国企業が資金へのアクセスを獲得し、技術導入を行い、世界市場を獲得した。そのため、日本企業は競争力の低下に直面し、世界市場でのシェアを奪われ、新興国の技術導入の迅速性によって日本企業の研究開発の投資収益性は低下した。無論、全ての産業ではなく、工作機械、輸送機械、精密機械等については、新興国企業がまだ日本に追いついてはいないが、いずれ同じ状況に見舞われる可能性がある。
　従って日本企業は、新たな方向性を見出す必要があるにも拘らずが、全体の傾向として、自信を失い、新たな方向性を見い出すに至っていない。それはあたかも船が「漂流」しているような状態であり、以下のように要約できる。
（1）グローバル化の急激かつ大規模な進展に対し、国内市場は成熟化し、縮小しているのに、国内市場で高機能・高品質に拘る（例：ガラパゴス化）。
（2）低コスト化を求めて海外立地に走る。その為、国内工場が空洞化し、

リストラを行い、大事な人財を散逸させる。新興国の新興企業との価格競争から抜け出せず、有効な戦略が打ち出せない。
　（3）後進国への急速な技術移転で、研究開発の投資収益性が低下している為に、自社の研究開発を縮小させている。研究開発の方向性や目的、戦略がはっきりしない中で、産学官連携やオープンイノベーションを行っているが、時間とエネルギーを浪費している。
　（4）世界的金融緩和で後進国の新興企業が資本へのアクセスが容易になり、大規模な設備投資で新規設備を作る状況に対し、彼らと同じ競争ルールの土俵で、短期的利益追求に走るが、結果として売上・利益の減少に陥る。
　（5）企業にとって人財は経営資源であり、その育成に力を入れるという従来の企業風土を軽視し、人材をコストとみなし、従来の雇用慣行を変え、非正規労働の増加へ傾斜する。その結果、企業力がさらに低下する。
　（6）付加価値の源泉がモノづくりから、オペレーション、サービスへシフトしているのに、相変わらずモノづくりに拘る。モノの市場ではあっという間に新興企業にキャッチアップされ、価格競争に破れ市場を失う。
　（7）津波のように押し寄せるグローバル化に対して、混乱し、日本型経営のアイデンティティや強みを忘れ、藁をも掴むようにAA型経営方式に傾斜する。しかし、AA型の人事制度や意思決定システム、外部取締役制度、委員会制度などは日本型経営風土との摩擦が大きく、うまく機能しない。

（5）日本企業のあるべき対応、戦略的方向性
　以上のような、混乱した、漂流する経営から日本企業は早く目覚める必要がある。もう一度自分のアイデンティティを確認し、かつ同時に目線を上げ、世界市場でのあるべき姿を考える必要がある。日本企業のあるべき対応、戦略的方向性を以下に記す。
　（1）グローバル化の急激かつ大規模な進展に対し、ユーザ指向の設計、モノづくり、海外市場での現地向け設計、低コスト化のためのバリューチェーンの再構築を行う。
　（2）必要な国内回帰を決断し、多様な設計、バリューチェーン、コスト戦略を構築する。

（3）企業業績が苦しい時は経営者、従業員が危機感を共有し、周辺事業の開拓、報酬・賞与の削減、一時休職制など工夫し、できる限りリストラを回避し、雇用を確保し、人財育成、新職種教育などに力を入れ、現場力を再生・再構築する。
　（4）後進国への急速な技術移転の動きに対し、自社技術開発に拘らず、必要に応じ、共同研究、オープン化を進める。また、差別化分野を重視する。
　（5）資本政策、財務政策については長期的経営を基本とし、その重要性につき、経営トップが株主に対し頻繁に説明し、議論する。
　（6）付加価値の源泉がモノからオペレーション、サービスにシフトしていることに対し、製造業単独型から、サービス、オペレーション融合型への転換を行い、異業種協業型の事業展開を行う。
　（7）経営スタイルについては、次項で述べるような新日本型を構築すること。
　以上のような方向性の中で、産業別、企業別には、より具体的で自社に適した考察、検討を行うことが必要である。

（6）新日本型経営：獲得能力の修正・強化
　あるべき新日本型経営については基本的に長所が多い生来能力を残し、強化し、短所が多い獲得能力を修正し強化するという方向が適切である。前述の表3－5の5つの獲得能力および各4つの小項目についての修正・強化を表3－6に示す。
　いずれの項目も修正・強化は著しく困難なものではない。意思と努力で可能なものばかりである。おそらく、企業の外部にはこれを行うことを邪魔する力は働かないだろう。あるとすれば、企業内部の抵抗である。従って、経営トップが本気になれば、その方向に動くのである。獲得能力の修正・強化を行った場合の姿を図3－3に示す。
　獲得能力の修正・強化はほぼAA型に近い。生来能力の長所と合わせると、新日本型経営の全体的な長所は明らかである。ただし、生来能力のコミュニケーション能力の修正・強化は是非必要である。

表3－6　新日本型経営：獲得能力の修正・強化

経営力の10要素のうち5つの獲得能力	各4アイテム	日本型	新日本型(☑は変革必要)
コンセプト構築力	世界・社会環境認識	世界認識の甘さ、疎さ	☑世界認識に注力
	ユーザ価値の重視	技術志向・製品志向が強く、ユーザ視点弱い	☑技術志向・製品志向ではなく、ユーザ指向
	競争環境変化の把握	環境変化に敏感でない	☑競争環境の変化に敏感
	リスクマネジメント	他社と同様な道を取りがち	☑リスクヘッジは熱慮
戦略構築力	自他認識	認識はある	☑認識を強く
	差別化	他社と同様な道を取りがち	☑差別化を重視
	バリューチェーンの変革	バリューチェーン全般の見直しが弱い	☑バリューチェーン見直しを重視
	他社・異業種連携・協調	NIH意識強い	☑ベンチャー、パートナーを重視
意思決定力	スピード	稟議制度残る。遅い。	☑トップダウン
	権限の明確性	権限不明確	☑権限を明確化
	権限委譲	権限委譲は行われている	権限委譲を積極的に
	重視するステイク・ホルダー	従業員、銀行、政府、取引先	従業員、銀行、政府、取引先、株主
戦略遂行力	戦略目的の明確性	あいまい	☑明確、具体的
	遂行集中度	集団力高いが、周辺事情に配慮し、躊躇生じる	☑優先度明確化
	遂行責任の所在	あいまい、共同責任	☑明確、具体的
	資源投入	バランス配慮が出る	☑集中的
技術力	研究開発力	比較的強い	比較的強い
	製品・サービス開発力	比較的強い	比較的強い
	研究人材調達・教育力	OJT中心	OJT中心
	他社連携、特許戦略	NIH意識強い	☑合理的に実施

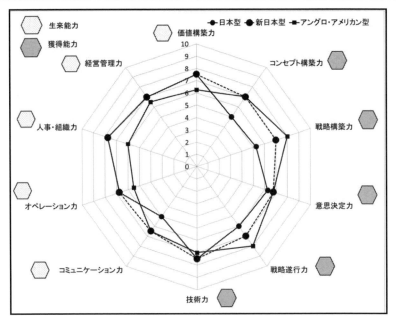

図3－3　新日本型経営：獲得能力の強化

第3章　日本型経営とグローバル化

【参考文献】
飯田史彦（1998）『日本的経営の論点』、PHP新書
天児慧（2009）『日本再生の戦略』、講談社
常磐文克（2012）『新・日本的経営を考える』、日本能率協会
野中郁次郎他（2011）『日本企業にいま大切なこと』、PHP研究所
佐伯啓思（2010）『日本という価値』、NTT出版

まとめ

前田　光幸

　イノベーションを創出する為の要件は、資本、技術、人財、情報、および経営システムの分野に亘る。この5つの要件分野は、企業が水平展開（新事業）する場合や、グローバル展開をする場合にも共通である。
　本章では、日本型経営システムについて、様々な角度から分析した。
　「1．日本型経営のイノベーション考」では、日本的なイノベーション創出の原動力としての現場力、オペレーション力、暗黙知、ボトムアップ方式の重要性を議論した。これらはいずれも集団主義で物事を切り開いてきた日本人の特性を特徴づける経営システムのコアである。それらは必ずしも目に見えないものであり、他の先進国企業や後進国の新興企業は容易に習得できるものではない。そういう意味では、この日本的経営の強みを再度活性化させるために、何か障害になっているものがあるとすれば、それは何で、どのように解決していくべきか、さらに分析・研究が必要であろう。
　「2．グローバリズムと日本型経営の変質」は、米国による日本改造運動と日本的経営の変質がメインテーマである。グローバル化という現象は事実として存在するが、グローバリズムやグローバル・スタンダードというものに実態的裏付けがある訳ではない。現在、米国が日本に要求していることは、新自由主義という衣を纏ったグローバリズムないし、グローバル・スタンダードと呼ぶ代物である。これは日本のためなどではでは毛頭なく、米国の、あるいは米国企業の利害のためである。米国の要請による日本改造運動について日本政府が口を閉ざし、メディアも報じないので、本節では敢えて強調して説明をした。グローバル・スタンダードなるもの

を冷静に、懐疑的に見つめ、かつ自分に自信をもって、変えるべき点と残すべき点をしっかり吟味することが大事である。その上で、自社独自の経営システムを築くことがグローバル化において真に求められている。

「3．これが新日本型経営」は、日本型とアングロ・アメリカン型のハイブリッド型の提唱である。経営力のうち「生来能力」は極力残し、「獲得能力」を強化していくことが重要である。日本企業は生来能力が優れているため、あるいは従業員、現場の水準が極めて高いために、トップの中心的な仕事である「獲得能力」が凡庸でも、昔は何とかなった。しかし、今やなんともならなくなったので、これを鍛える他ない。そして、それは思ったほど困難なことではない。動き出すことが大事で、試行錯誤で修正しながら強化することが大事である。

第4章
グローバル事業展開のフレームワーク

はじめに

小平 和一朗

　グローバル事業展開のフレームワークについて、事業展開の段階的マネジメント、日本企業の課題および知的財産戦略、それぞれの視点から報告する。
　「1．事業展開の段階的マネジメント」では、グローバル事業展開のステップとして4つの分類を提案している。
　第1ステップは「製品輸出型」。第2ステップは、少し進んでコア製品を国内で製造し、現地で組み立てる「メンテ・サービス・シフト型」。第3ステップは、現地で製造する「製造の全面現地化型」。第4ステップは、開発まで現地化する「開発シフト型」である。
　本節では、上記4つのステップについて、グローバル事業展開の3つの戦略要素、グローバル事業展開とバリューチェーンの移行、グローバル事業展開の人的資源マネジメント、3次元マトリックス・マネジメント＆コントロールの4つの経営的視点からその段階的マネジメントについて整理している。
　「2．グローバル化の段階と課題」では、日本企業のグローバル化の段階と課題について検討している。グローバル化で成功をするにはそれなりの理由があることが分かった。克服すべき課題は一様ではなく、企業が置かれている状況に応じて個々の企業、経営者の意志と戦略により重要度、優先順位も変わっていることが分かった。今後の日本市場を考えると海外展開が必須となる。海外売上高比率が高ければ良いわけではないが、海外で競争できるブランド力がある企業も多い。日本企業にも、まだまだチャンスがあることが分かる。
　「3．知的財産戦略」では、グローバル時代に海外でビジネスをする際

の知的財産戦略について説明する。海外進出にあたっては、特徴ある技術を持ち、競合会社に一歩先んじてビジネスを展開する必要がある。その技術、ビジネスなどを保護し発展させるための戦略が、知的財産戦略である。知的財産戦略は、技術経営戦略の重要な戦略の一つである。

1. 事業展開の段階的マネジメント　　　　　　　前田　光幸

　グローバル事業展開には、いくつかのステップがある。
　第1ステップは「製品輸出型」、少し進んでコア製品を国内で製造し、現地で組み立てる「メンテ・サービス・シフト型」の第2ステップ、「製造の全面現地化型」の第3ステップ、開発まで現地化する「開発シフト型」の第4ステップの4つに分類できる。もちろん、実際にはそれぞれの型の中間型があるし、第1ステップでもメンテ・サービスが伴う場合もある。
　本項では、グローバル展開の上記4つのステップについて、グローバル事業展開の戦略要素、グローバル事業展開とバリューチェーンの移行、グローバル事業展開の人的資源マネジメント、3次元マトリックス・マネジメント＆コントロールの4つの経営的視点からその段階的マネジメントについて整理する。

グローバル事業展開の3つの戦略要素

　グローバル事業展開を行う際、企業は3つの戦略的な要素、すなわちバリューチェーン、人財戦略、マネジメントとコントロールについてビジョンと実行戦略を立て、事業を遂行することとなる。
　バリューチェーンとは、研究開発から製品設計、調達・製造、販売、流通、メンテナンス・サービスという垂直的な価値の連鎖を指す。
　人財戦略とは、グローバル経営に関する意識づけ、国内、海外のスタッフィング、養成、人事評価など「人」の動員、配置、強化を指す。
　マネジメントとコントロールとは、製品戦略、機能（バリューチェーン）戦略、地域・国別戦略、組織戦略、ガバナンス等、経営全般の設計と実行を指す。
　このマネジメントとコントロールは、製品別、機能別（バリューチェーン）、地域・国別の3次元マトリックス組織の運営を意味する。第1ステッ

第4章　グローバル事業展開のフレームワーク

プに比べ、第2、第3、第4と段階が進むにつれて、このマトリックス組織の運営は、複雑かつ高度化する。

グローバル事業展開とバリューチェーンの移行

　グローバル事業展開の段階的進化とは、現地で実行するバリューチェーンを下流から上流に遡行することに他ならない。

　バリューチェーンの外に国内本社、ないし、場合によっては地域別本社（北米本社、欧州本社、アジア本社など）での戦略策定部門や管理部門（人事、会計、財務）、およびシェアード・サービス部門（ICT システム管理、国際調達部門）などが存在するが、実働バリューチェーンのシフトは、概ね下流から上流に向かう動きである。このとき、国内事業から現地事業へのリソースのシフトが同時に起こることになる。このリソース・シフトの戦略とマネジメントをどのように行うかが重要となる。

　さらに、このシフトが起きるとき、上述の戦略策定部門や管理部門、シェアード・サービス部門の変革のマネジメントも重要となる。多くの場合、現地が物理的に多様化、分散化するので、これらの部門の機能は複雑化し、その質と量のマネジメントの調整・修正が常態化することになる。

　それは現地の市場の特性や、労働環境、物価動向、現地の関連するバリューチェーンの発展段階の多様性などの発展に伴い、どんどん変化していくからである。この対応を適切かつ迅速に行うことが、企業のグローバル事業展開の成否を左右する。そのカギは国内本社、あるいは地域本社の各部門が各現地と密接な情報共有を常時行うことと、現地リソースの質の向上と権限委譲、適切な評価制度である。

　しばしば見受けられるのは、現地に権限委譲がうまくされておらず、しかも国内・地域本社は現地市場の実態とその変化を把握していないケースで、現地幹部は本社ばかりに目を向けて、実態に即した事業活動が十分できないというケースである。

　国内本社、地域本社は、常に現地とのコミュニケーションの質と量を高め、加えて現地での接触機会を極力多くするなどの体制が欠かせない。

　図4－1にグローバル事業展開とバリューチェーンの移行の具体的な模式図を示す。

　縦軸に国内と現地のバリューチェーン、横軸にグローバル展開のステップの第1から第4を表示する。

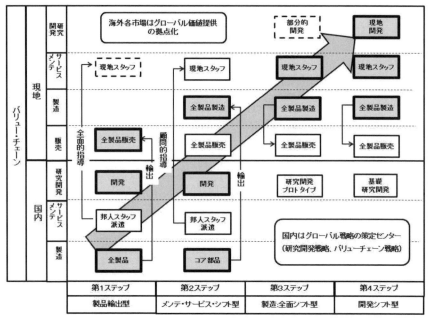

図4-1　グローバル事業展開とバリューチェーンの移行

　第1ステップの「製品輸出型」では、研究開発も製造も国内で、販売のみを現地で行う。製品のメンテ・サービスは国内から全面支援して邦人スタッフを派遣し、現地スタッフを全面指導する体制。

　第2ステップの「メンテ・サービス・シフト型」は、コア部品を国内で製造し、現地で全製品の組立を行うモデル。この型は現地の工業化が多少進み、部品供給能力がある程度高まっていることが条件である。現地組立のため、メンテ・サービスの主体は現地にシフトする。邦人スタッフは現地のメンテ・スタッフを顧問的に指導する立場になる。また、組立加工についても邦人スタッフは顧問的立場になる。

　第3ステップの製造全面シフト型は、国内には研究開発機能が残るが、下流のバリューチェーンは全て現地にシフトする。この場合、現地には邦人幹部だけで、現地スタッフがバリューチェーンの運営主体となる。

　第4ステップの開発シフト型の場合、国内には、基礎研究機能が残る。ただし、前述のごとく、戦略策定部門や管理部門、シェアード・サービ

ス部門は国内本社、ないしは地域本社に残り、それぞれの現地の市場、労働環境、物価動向、部品調達、技術動向などの状況変化に対応して、自らの変革のマネジメントを行っていく。

グローバル事業展開の人的資源マネジメント

バリューチェーンのシフト戦略に次いで重要な戦略要素として、人的資源マネジメント（HRM、Human Resource Management）がある。

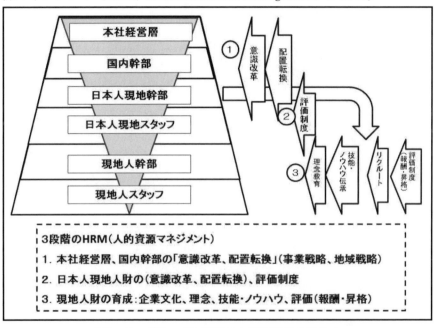

図4－2　グローバル展開の人的資源マネジメント

図4－2はグローバル事業展開において重要な人的資源マネジメントの模式図である。他社の海外進出方式（組織、人財管理）をフォローするという事例がとかく多いように見受けられるが、これは海外事業展開成否の鍵となる点であるので、自社で十分検討したものでなければならない。重要なことは、第一に、本社経営層、および幹部層の意識の問題である。

その例として以下の諸点を挙げる。
（1）何故、グローバル事業展開なのか。
（2）どの製品を、どのような仕様で、どの地域・国の、どういうユーザ

一に、どのようにして提供するのか。
（3）提供の方法（前述の第1ステップ～第4ステップ）を時間的にどのように設計するのか。
（4）人財（国内、日本人現地幹部・スタッフ、現地人幹部、現地スタッフ）のマネジメントについて、どういうフレームワークを持つか。
（5）事業戦略、地域戦略、組織戦略、ガバナンス等、経営全般についてどのように設計し運営していくか。

　これらについて、自社に相応しい柔軟で効果的なコンセプトと具体的なあるべき姿を持つ必要がある。
　グローバル展開のタイプには、相当幅があって、何を目指すのか明確にしておく必要がある。例えば、国内のルールや業務慣行を世界中で適用する「中央集権的輸出企業」（各地で販売のみ）なのか、「中央集権的国際企業」（各地で調達・製造・販売・メンテ・サービス）なのか、各地域・国の特殊性を反映し、権限委譲型で世界各拠点間のネットワークを組む「多国籍企業」なのか、その中間型なのか、時間経過で変化させようと考えるのかは、予めよく考察し、吟味しておくべきである。
　このような議論を経営層、幹部層で十分行っておくことは、実際のグローバル事業展開での運営にとって極めて重要なことである。
　また、経営層、幹部層には、グローバル事業展開を行う上で多角的な視野が必要であり、それを実際に体得するためには、第一に多様な職務配置、たとえば複数の事業部、複数の機能部門、複数の地域を経験することが必要である。そのように、企業内あるいはグループ企業内での流動性が高い状態を常々取っておく必要がある。
　第二に日本人現地幹部およびスタッフの評価問題である。少なからぬ企業において、優秀な人財は国内に残す状況があるが、グローバル事業展開を本気でやるならば、現地に優秀な人財を派遣し、かつ人事評価でも、国内以上の評価をする必要がある。
　その際、昇進面の評価、権限面、給与面、一時金、福利厚生面など多様な方法のうち、その企業にとって適切な評価対応を適用すればよい。
　第三は現地幹部、スタッフの採用、育成、評価、勤続の維持の問題である。これには現地進出のステップによっても、グローバル事業展開の組織

第4章　グローバル事業展開のフレームワーク

設計（現地への権限委譲の程度など）によっても異なるが、基本は、自社の企業理念、ビジョン、バリュー、ガバナンス方式など企業の根幹を成すことがらを首尾一貫させることである。

　海外事業だから、欧米流の人材戦略をとるとすると、一見、現地スタッフの中には組織に溶け込みやすい面があるが、事業全体の理念や方針が変わるので、現地幹部への適用段階では齟齬が起きてしまうものである。たとえば、ある企業がチーム力を重視しているならば、海外の現地の事業もチーム・プレイに貢献している従業員の評価を上げるのがよい。現地は欧米流の個人プレイに任せて、企業全体はチーム・プレイだといっても、噛み合わず、パフォーマンスは低下する。

　以上の3要素、「経営層・幹部の意識」「日本人現地人財の評価」「現地人幹部・スタッフの育成」について、事業展開ステップに応じて柔軟に設計、運用していく必要がある。

3次元マトリックス・マネジメント＆コントロール

　製品を製造するということは、2次元のマトリックス組織を動かすということである。単一の製品しか作らない製造業というのは、実際にはほとんど存在しない。

　普通は複数の、しかも多種多様な製品を製造している。

　それぞれの製品を製造するのに、バリューチェーンが存在する。例えば、製品がコピー機、プリンター、デジカメとあり、それぞれのバリューチェーンが事業戦略、研究開発、製品設計、調達、製造、販売、メンテ・サービスとある時、コピー機のメンテナンス・サービスの責任者は、コピー機事業部長とメンテ・サービス機能部長の二つのレポート・ライン（指示を仰ぎ、報告するライン）を持つ。

　因みにコピー機事業の場合、メンテ・サービスが付加価値の大きな部分を占めており、もっとも重要なバリューチェーンである。かつ、このコピー機メンテ・サービス責任者は、コピー機事業部の他の機能部門の責任者と常にコミュニケーションをとる必要がある。この2次元のコミュニケーションがうまく機能しているかどうかがこの製品事業の価値を決める。

　地域別・国別の事業展開を行うとなると、3次元マトリックスとなる。図4-3中、M氏はコピー機事業部のメンテナンス・サービス責任者でかつ、アジア・大洋州駐在（たとえば、バンコック）だとする。

169

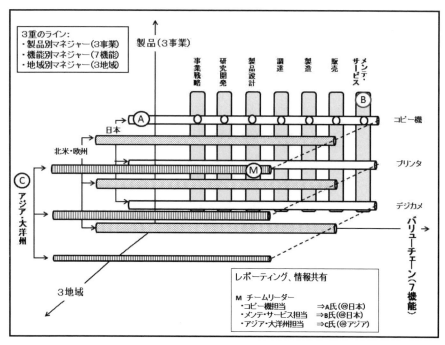

図4−3　3次元組織のマネジメント

　M氏は前述のとおり、コピー機事業部長A氏とメンテ・サービス機能部長B氏のほかに、アジア・大洋州地域統括部長C氏の三つのレポート・ラインを持つ。三つのリポートラインを持ち、かつ多分二つの収益ライン（コピー機事業の収益と貸借対照表と、アジア・大洋州地域の収益と貸借対照表）に関係し、責任をもつということになる。

　このM氏は、当初は日本人でもいずれは現地人幹部や、あるいは当該国以外からの駐在員（Expatriate）かもしれない。その場合、日本国内のコピー事業部の各機能部とのコミュニケーションをとりやすくするために、短期間（たとえば数ヶ月）の日本での勤務兼研修が必要な場合もあろう。

　日本での研修が必要なのは、現地人幹部に限らず、スタッフについても行ったほうがいい場合が多い。

　3次元マトリックスのうち、事業軸、機能軸、地域軸の何を強く働かせるかが、実際の事業展開では極めて重要であり、状況に応じてトップマネ

ジメントの力量が問われる点である。また、この3軸以外に顧客軸が絡む場合もあり、複雑な考察と試行錯誤が求められる。

2．グローバル化の段階と課題　　　　　　　　　　　　杉本　晴重

　第1章「1．グローバル化とは何か」で、日本企業のグローバル化の課題が挙げられている。これらの課題は業種、業態、グローバル化の段階、進出先、進出理由によって解決すべき要素が異なる。従って、それらを個別に論じることはさておき、本章ではグローバル化時代の段階別課題を議論し、さらにはグローバル化がますます進展する今日的、将来的な変革の環境下における段階別課題について議論する。

（1）グローバル化の段階

　グローバル化の段階の区分については、清水ら*1が初期、中期、確立期の3段階に分類している。表4－1に、その3段階の定義を示す。

表4－1　グローバル化の段階の定義

段階区分	グローバル化の定義説明
初　期	製造を含めて国内にすべての拠点がある輸出型。
中　期	販売・製造の海外展開が進むが、企業運営の中心は本国（日本）で、現地では部分最適、一定のカスタマイズを行う。
確立期	グローバルビジネスモデルの中で現地が最適な役割を果たす段階。

　清水の定義は、製造業のグローバル展開を発展段階からみた分類学である。グローバル化は必ずしも製造業だけではないし、また製造業でも自社生産設備を持たない企業も多数あるが、分類学として製造業の3段階を考察の対象とする。

　初期　これは輸出型のことであるが、海外輸出市場に新たに進出する企業数が、近年は頭打ちである。日本の市場自体は既に成熟期に入っているが、それなりの市場規模があるために、依然として国内市場志向が抜けずに海外市場への挑戦意欲が弱い企業が多い。

戦後の復興期を経て高度経済成長期には、自動車産業、電気機器産業、化学産業など主要産業は製品輸出を行った。この時期は、日本のモノづくりがグローバル・スタンダードとも言える高機能・高信頼の商品を生み出し、欧米先進国市場の旺盛な需要に応えた。今から振り返ると、当時も色々な課題があったはずだが、まずは強い商品力で海外展開をするという経営判断と戦略で押し切れた時期である。

　なお、この段階は輸出主体なので、現地の人材、組織のあり方をどうするかはさほど重要度が高くなかった、販売・物流チャネルなどの現地パートナーの選択などが重要な戦略的要素であった。

　1985年のプラザ合意以降、急速に進んだ円高に対処するため、多くの輸出産業が現地あるいは新興国へ生産拠点を移した。輸出主体から現地生産化へと急速に中期へ移行した訳だが、グローバル化が進む現代においては、企業は迅速な経営判断ができるように、輸出主体の初期段階においても次の手を準備しておく必要がある。事業展開において、常に市場感応度を研ぎ澄ましておくことは最も重要な経営要素の一つであるが、この面でのICT＊2の活用は欠かせない。業務効率目的だけでなく、市場情報入手や市場との対話、ビジネスモデル構築手段として、ICTの質的重要性は初期段階においても重要である。

　中期　この段階になると、生産拠点、販売拠点や情報通信インフラの構築、バリューチェーンの最適化など課題は多いが、人財についての戦略は極めて重要なテーマとなる。日本人の現地幹部人財、および現地人幹部をどうするかという問題である。日本の中小製造業が海外進出を躊躇する大きな理由が、海外事業経験と人財不足だが、海外事業展開は現地での実体験を積まなくては始まらない。

　実際、大企業の海外経験者が、中小企業の海外進出を支援する事例もあるが、このような経験者を核に現地人材の育成や、人事制度を構築することは効果が大きい。なお、近年、生産は自社で行わず海外のEMS＊3などに外部委託をする選択肢が広がっているが、海外EMSとの契約交渉などは、極めてドライかつシビアで国内での契約とは相当異なる。

　事業をよく理解し、その事業分野で経験豊富で交渉に長けている人財が社内に少ない場合は、広く社外に求めるべきである。

　中期段階では、調達、生産、販売という重要な機能が海外で行われるた

第4章　グローバル事業展開のフレームワーク

め、全社経営を統括する日本本社との、責任と権限の明確化、円滑なコミュニケーション方法、緊急時のリスク対応案などが必須となる。現地と本社間で十分な磨り合わせと信頼関係構築を行う必要がある。

　確立期　確立期には、グローバルに活躍できる人財を現地で採用、および育成することが重要である。これは多くの日本企業が最も苦労している課題である。日本人に限らず有能な人財を採用し、その意欲を高め職務遂行能力を発揮してもらうためには、世界的に標準的な人事制度やキャリアパス、魅力ある人財育成、インセンティブ案などの人事政策が重要となる。特に、現地で経営できる幹部人財を見つけることは容易ではない。時間はかかっても、計画的にグローバルに通用する人財を採用育成していくことが、真のグローバル企業を作るための基本である。

　上記3つの段階の如何に拘らず共通する課題として、市場の変化、ニーズの変化の把握と迅速な対応がある。海外市場は当然一様ではなくローカルな特性を持つ。またその変化、ニーズも地域・国によって異なり、市場、商品戦略などを柔軟に見直し、変化に対応する必要がある。現地トップには、スピードある決断と行動が求められる。日本型経営の特徴であるコンセンサス型や稟議方式は機能しない。そのためにも現地トップの権限と責任を明確にし、本社と整合しておく必要がある。

（2）変革への対応問題
変革期とは

　現在起きている変化は単発的な変化の積み重ねではなく、様々な変化がお互いを誘発しながら大きな地殻変動を起こしているような状況である。

　主たる変化の根源として次の3つを挙げる。

　一つ目は、技術の変革である。アナログ技術からデジタル技術へ変わり、特に半導体の進歩とインターネットの世界的普及が情報、技術、商品のグローバル化を加速した。

　近年、自動車産業など一部を除いて、日本企業のグローバル化が停滞した大きな要因は、技術全般に亘るデジタル革命への対応不全である。デジタル化によって、製品の設計思想（アーキテクチャ）がモジュール化し、製品や技術のコモディティ化が加速し、新興国への技術移転が進んだ。それが研究開発投資のリターンの低下を招き、自社内部での技術開発が停滞

し、オープン・イノベーションへの期待が過度に増大している。同時に、ビジネスモデルは垂直統合型から水平分業型へと移り、競争優位の源泉が、内部強化から協調連携へとシフトしつつある。

　二つ目は資本へのアクセスの容易性が格段に増したことである。それによって多くの新興国において大規模で最新型の設備が容易にかつ大量に新設された。半導体、液晶パネル、太陽光パネル、電気製品、鉄鋼・化学などにおいて中国およびアジア新興国の製造能力が急増したことがそれを物語っている。そのため、多くのモノが供給過剰状態になり、多くの業種において、製造業の収益が低迷、ないし赤字状態に陥るという事態になっている。

　三つ目は、ローカルとグローバルの輻輳である。世界の各国市場は基本的にローカル市場であり、それぞれの歴史や所得水準や、政治・文化的な条件によって特徴付けられているが、反面、グローバル的に共通するニーズ特性を併せ持つということである。インターネットの発達や人の移動で、低開発国の辺境市場において、先進国では当たり前のモノがほとんど普及していない反面、最新の技術を織り込んだ製品やサービスが求められるという状況がある。

　以上の3つの大きな変化は、日本企業にとってのみならず、世界中の企業にとって、歴史的にも大きな試練であり、挑戦である。中国および東アジア新興国はそれらの変化を上手く捉えてきた。即ち、少ない研究開発投資で、金融へのアクセスの僥倖に預かり、近代的な製造設備を整え、低賃金で組立加工を行い、世界的なコスト競争力を獲得し、世界市場を席巻した。

　ただ、これからも、それら新興国の企業の成長がこのまま続く保障はない。過剰生産能力による価格消耗戦は彼ら自身の体力を直撃し、多くが淘汰されていく可能性は高い。低賃金というコスト優位性は急速に禿げてきているし、水平分業の組立加工、受託生産のビジネスモデルの隘路は、近づいていると考えられるからである。

　いずれにせよ日本企業は、多くのハンディキャップ*4付きの新興企業と、同じ土俵で競争する愚を犯してはいけない。異なる事業展開が必要である。上記3つの変化による厳しい影響から距離をおいた事業の進め方が必要である。

第4章 グローバル事業展開のフレームワーク

　一つ目は自動車に見られるような「摺り合わせによるモノづくり」である。二つ目はバリューチェーンの柔軟な組み換え、ファブレスと自社工場を機敏に変化させる製造スタイルである。三つ目は意識改革である。技術研究開発を行い、モノを設計・製造・販売はするが、それは手段であって、事業目的はサービス価値の提供に置くという意識変革である。
　よく、モノづくりからコト作りへの転換と言われる。今まではモノづくりの先にサービスを繋げてきたが、これからはサービスを目的として技術、モノを開発する意識へと転換することが新しい道への入口となる。

変革期に日本企業にもチャンスはなかったか
　以上の変革の視点に立って、幾つかの主要な産業の事業展開の軌跡を見てみよう。
　一般論として技術と市場が大きく変わる変革期は、既存企業にとってはリスクも大きいが、新しい市場に新規参入するチャンスも大きい。実際、自動車産業などは変革期においても、海外生産拠点を拡大し、市場ニーズに合った商品開発、サービス開発を進めてきた。
　デジタル技術についても、マイクロプロセッサ等を取り込みインターネットやGPS ＊5と連携させて自動車の電子化を進めてきた。
　しかし、電気機器産業などでは、パソコン、携帯端末、薄型テレビ、半導体など世界市場のかなりのシェアを占めた時期があったが、あっという間に東アジアの新興国に追いつき追い越され、今では多くの分野で彼らの後塵を拝している。
　情報通信（ICT）分野、バイオ分野、ビッグデータ・AI ＊6・IoT ＊7分野などでは、世界的に多くのベンチャー企業が誕生し成長したが、日本発のベンチャー企業は少なく、またその海外展開は限定的である。一方、この変革期を好機と捉えてグローバル化を進めた企業もある。例えば、通信のソフトバンク、小売物流業のコンビニ業界と宅配業界、アパレル業のユニクロなどであるが、いずれもベンチャー企業、ないし社内ベンチャーの成長によるものである。これらの企業の成長は、価値創出の源泉を独自で追求した、強い経営リーダーによるところが大きい。そして、このことは、新規ベンチャー、既存大企業を問わず、どの日本企業にも提供価値の創出と成長、そしてグローバル価値を大きくする機会があることを示している。

（3）日本企業の具体例　業界と企業
摺り合せ型モノづくりでは日本企業は強みを発揮してきた

次に、段階的展開の具体例として主要な日本企業がグローバル化のどの段階にあるかについて整理し、各社のグローバル展開上の強み、今後の課題について考察する（表4－2）。

表4－2　日本企業の具体例　業界と企業

企業名	初期	中期	確立期	グローバル化の強み／課題
自動車業界				高信頼なモノづくり／新興国市場、大変化時代対応
トヨタ			○	トヨタ生産方式／大変化の主導権
ホンダ			○	ホンダイズム／北米依存度大、ホンダらしい車創出
日産		○	○	ルノーG／今後のルノーG関係
富士重工		○		差別化技術と事業領域の特化／大変化への対応
スズキ		○		軽自動車　インド市場／グローバル展開
電機業界				各社再構築中／事業構造・ブランド再構築
パナソニック		○		家電、住宅、自動車向け／国内の強みを海外でどう生かせるか
ソニー			○	ブランド、半導体（CCD）／不透明な事業戦略
東芝		○		原子力　半導体（NAND）／信用回復
日立		○	○	社会インフラシステム／鉄道車両に続く中核事業戦略
三菱電機		○		社会インフラシステム／更なる事業の集中と選択
NEC		○		グローバルに対応するSI力／中核事業の確立
富士通		○		グローバルに対応するSI力／中核事業の確立
電子部品業界				技術力、商品開発力／スマホに次ぐコア事業
村田製作所	○	○		微細セラミック技術／スマホに次ぐ中核事業
TDK	○	○		フェライト技術／スマホに次ぐ中核事業
日本電産	○	○		積極的M&A／ポスト永守社長
精密機器業界				技術力／次なる事業展開
キヤノン		○		光学、メカトロ／脱カメラ、医療機器事業など
ニコン		○		光学、メカトロ／カメラに次ぐ新事業戦略
富士フイルム等		○		光学、メカトロ／医療、化粧など新事業の確立
医薬品業界				商品開発力／メジャーと戦える事業規模、新薬
武田		○		ガン、消化器、中枢神経／バイオ対応のコスト
エーザイ		○		hhc理念に基づく医療活動／バイオ対応のコスト

第4章　グローバル事業展開のフレームワーク

　グローバル化の段階が中期から確立期にあり、業績面でも成功しているのが自動車業界、電子部品業界、精密機器業界である。

　自動車業界は、トヨタを筆頭に摺り合せ型モノづくりの強みを発揮し、各社とも世界的なブランド価値を確立している。ハイブリッド車（HV）の製造販売では、日本企業は完全に世界をリードし、また燃料電池車（FCV）の開発においても先んじている。ただ、今後はアジア新興企業が少ない研究開発コスト負担で、中品質・低コスト車でコスト競争の体力勝負に挑む可能性はある。今のところは、機能、品質、燃費、排ガス、価格、デザインなど総合的にまだかなりの差があるが、10年前に比べると彼らは着実に力をつけており、注意が必要である。また、電気自動車（EV）はバッテリーとモーター主体の単純な構造で、部品点数も少なく、モジュラー型モノづくりの典型で、米国のベンチャーが先行した。

　実際、起業家イーロン・マスク率いる米テスラ・モーターズが開発した電気自動車は高い評価を得ている。バッテリーのコストと耐久性、走行距離など改善すべき課題は多々あるが、日本勢にとっては要注意である。電気自動車においては、日本企業の擦り合せモノづくりは通用しないからである。自動車は、全体として擦り合せ型モノづくりのメリットがまだ生かせるが、部分的には主要構成品の電子化に伴うモジュラー化が進展し、新技術も多く、大変化の時代が目前である。自動運転や安全運転に必要なビッグデータやAI等の新技術開発などである。垂直統合型のモノ作りから、オープン・イノベーションによる水平分業型モノ作りへの転換の準備も必要であろう。既に確立期に入っている自動車業界としては、日本の擦り合せ型モノ作りの強みだけでなく、グローバルな製造・開発拠点の人財ネットワークによるモジュラー型イノベーション創出との組み合わせが期待される。

　中期から確立期にさしかかろうとしていた電気機器業界は、1990年代半ば以降、アナログ技術からデジタル技術への移行に伴う製品や産業構造の変化、アジア勢との競合激化、競争優位の喪失等で、世界シェアを大きく下げた。特に、ソニーのように段階的には確立期にあり世界的ブランドも高い企業が、この変革期に乗ることに失敗し低迷しているのは、従来の技術開発とモノづくり企業からソフトビジネス、サービスビジネスへの重心移行に組織全体として上手く適応できなかった結果と言えよう。

現在、各社とも事業構造の再編中であり、世界市場でのシェア復活は厳しいが、日立製作所のように鉄道事業の本社を英国ロンドンに移し、生産も現地化する等、確立期の新たな展開に向けた動きも出て来ている。具体的には第5章「1．電気機器産業の苦闘」で詳述する。

　電子部品業界も超小型部品技術を武器に世界のリーディング企業との密接な関係構築で、携帯電話・スマートフォンでグローバルなポジションを確立し、自動車、医療、環境などの新規市場の開拓も積極的に進めている。しかし、スマートフォン市場も、今後成長が期待される発展途上国では低価格品が主体で、コスト競争が益々厳しくなると予想され、また競合も中国、韓国、台湾勢等強力になってきている。コスト競争力の強化に加え、スマートフォン以外の新規市場向け商品開発と市場開拓を推進することが更なる発展の鍵であろう。

　精密機器業界は、光学、化学、精密メカトロ技術などユニークなアナログ技術と画像処理技術等デジタル技術との融合で常に新商品を創出し躍進してきた。しかし、近年、主力のデジタルカメラ市場の停滞が顕著となっている。これは、スマートフォンがデジタルカメラに置換わっているためである。

　東芝から医療機器部門を買収し、医療機器事業を次のコア事業にしようとするキヤノンや、バイオ等の医薬・医療機器事業、化粧健康事業を強化している富士フィルムなどは、新規事業の立上げを急いでいる。しかし、対象市場は変化しているが、適応技術はしっかり従来のコア技術と繋がっている。技術をベースに新たな事業分野を適切に見定める経営者のリーダシップと技術力がうまく融合している例である。変革の時代の日本型経営の新たなモデルとなりそうである。

　また、ブロックバスター[*8]が軒並み特許切れを迎える一方で、巨額の費用と長い創薬探索努力と治験の時間を要する新薬発見が停滞し、ジェネリックによる収益源の侵食という厳しい環境にある医薬品業界は、企業ベンチャーの探索とその買収、大企業間の買収・合併や外国人トップ起用などにより突破口を模索中である。規模的には海外企業にはるかに劣る日本勢であるが、山中教授が推進するiPS[*9]細胞など、大きな可能性を秘めており、再生医療分野で海外ベンチャー企業との協業で注目されている小野薬品などの例もある。

第4章　グローバル事業展開のフレームワーク

段階的には、確立期をめざしている企業も多く、グローバル化の意識と意欲は高い。

（4）海外売上高比率が高い日本企業
特徴を持つ企業がグローバル市場で活躍している

海外売上高比率が高い日本企業について、その業種とグローバル化の段階、外国人取締役の有無を、2014年度決算書などから調査した結果を表4－3に示す。各企業のグローバル化の段階を正確に評価することは難しいが、どの企業も輸出型の初期段階ではなく、生産拠点を海外に複数持ち、長年にわたり市場開拓に努力している企業ばかりである。従って中期あるいは確立期に近いと考えられるが、取締役に外国人を採用している企業は、表4－3に掲載した企業の中では、シマノとローランド・ディージーの2社だけである。

表4－3　海外売上高比率が高い日本企業（2014年度）

企業名	海外売上高比率(%)	業　種	段階 中期	段階 確立期	取締役	記　事
1．三井海洋開発	100.0	機械 (海洋石油・ガス生産設備)	○	○	日本人	世界の資源開発に貢献
2．竹内製作所	95.1	機械 (建設機械)	○		日本人	世界初から世界のTAKEUCHIへ　オーナー経営
3．フォスター電機	93.9	電気機器 (音響機器)	○		日本人	中国生産、 世界主要販売拠点
4．マブチモーター	90.8	電気機器 (モーター類)		○	日本人	標準化、人財育成、 国際社会との共存共生
5．村田製作所	90.5	電気機器 (電子部品)		○	日本人	Innovator in Electronics セラミック
6．日精エー・エス・ビー機械	90.5	機械 (ペットボトル成形機)	○		日本人	オーナー経営
7．TDK	90.5	電気機器		○	日本人	フェライトのパイオニア

			（電子部品）			
8．シマノ	90.0	輸送機器 （自転車、釣具）		○	日本人 外国人	世界のシマノ
9．GMB	90.0	輸送機器 （部品）	○		日本人	奈良に本社、 日本とインドで生産
10．ペガサス ミシン製造	89.9	機械 （工業用ミシン）	○		日本人	中国生産、 世界主要販売拠点
11．アルパイン	89.8	電気機器 （車載音響・ 情報通信機器）		○	日本人	世界各地に 生産と販売拠点
12．ユニデン	89.7	電気機器 （電話・無線）	○		日本人	早くから海外生産、 海外市場展開
13．ヤマハ 発動機	89.3	輸送機器 （二輪ほか）		○	日本人	感動創造企業 多角的展開
14．アドバン テスト	89.1	電気機器 （半導体装置）		○	日本人	計測技術の優位
15．ローランド・ ディージー	88.8	電気機器 （コンピュータ 周辺機器）		○	日本人 外国人	静岡に本社、 イメージをかたちに
16．富士 機械製造	88.2	機械 （工作機械）	○		日本人	愛知が本社 Inoovative Spirit
17．東光	87.7	電気機器 （電子部品）		○	日本人	中国・アジア生産、 世界主要販売拠点
18．ブイ・ テクノロジー	87.2	精密機器 （FPD製造装置）	○		日本人	FPDと太陽電池に注力 Innovation Passion
19．太陽 ホールディングス	86.7	化学	○		日本人	ソルダーレジストの専門メーカ
20．タカタ	86.6	輸送機器 （シートベルト）	○		日本人	

（出所）2014年度（平成26年度）各社決算書、売上順位は日本経済新聞

第4章 グローバル事業展開のフレームワーク

　グローバル化で外国人トップをどのように位置付けるかは、経営戦略上も重要な課題であり、業種などによる適応性もあると思われるが、業務慣行、ステイクホルダーに対する対応、労働観等々、様々な観点から見て、なかなか難しいと言わざるを得ない。

　海外売上シェアを業種で見ると、海外売上高比率100％の三井海洋開発は、市場が全て海外で国内にないという特殊事情があるが、それ以外では電子部品関係、機械関係とグローバルニッチ市場で、高シェアのメーカが上位を占めている。

　電子部品関係では、マブチモータ、村田製作所、TDK、東光であり、音響機器のフォスター電機も部品に近い。機械関係では、小型建設機械の竹内製作所、ペットボトル成形機の日精エー・エス・ピー機械、工業用ミシンのペガサスミシン製造、工作機械の富士機械製造など規模的には大企業ではないが、それぞれの分野で世界的に高いシェアを持っている。

　そしてグローバルニッチとしては、自転車のシマノ、バイク・マリン製品・スノーモビルのヤマハ発動機などは、長年、世界市場を目標にユニークな商品とビジネス展開を図っている。

　以上、日本企業のグローバル化の段階と課題について検討したが、成功にはそれなりの理由があるが、必ずしも克服すべき課題は一様ではなく、それぞれの業種業態、企業がおかれている状況と個々の企業、経営者の意志と戦略により重要度、優先順位も変わってくる。

　海外売上高の高いことが一概に優良企業を意味する訳ではないが、今後の日本市場を考えると、やはり海外へ飛躍することは必須である。更には、海外売上高比率が高い企業が必ずしも大企業ではないが、それなりに競争力もブランドも高い企業が多く、将来性があることは確かであり、まだまだ世界市場には、ビジネスチャンスがあることを物語っている。

*1　清水勝彦（2014）『日系企業のグローバル化に関する共同研究』PWC
*2　ICT：Information Communication Technologies（情報通信技術）
*3　EMS：Electronics Manufacturing Service（電子機器受託会社）
*4　ここで言うハンディキャップとは、実力が上げ底でカバーされているという意味。

*5 GPS：Global Positioning System（全地球測位システム）
*6 AI：Artificial Intelligence（人工知能）
*7 IoT：Internet of Things の略で、あらゆるものがインターネットでつながるという意味
*8 ブロックバスター：革新的新薬で、世界的売上額が巨額なものを指す
*9 iPS細胞：induced Pluripotent Stem cell（人工多能性幹細胞）京都大学山中教授が発見

3．知的財産戦略　　　　　　　　　　　　　　　　　　　　小平　和一朗

　グローバル時代、海外でビジネスをするには特徴ある技術を持ち、競合会社に一歩先んじてビジネスを展開する必要がある。その技術、ビジネスなどを保護し発展させるための戦略が、知的財産戦略である。知的財産戦略は、技術経営戦略の重要な戦略の一つである。本項では、ビジネスと技術を保護する知的財産戦略について論じたい*1。

（1）三位一体の知的財産マネジメント
　技術経営的な視点で取り組む知的財産マネジメントは、事業部門、研究開発部門と知的財産管理部門の3部門が戦略的に融合を図る三位一体で取り組まなければならない*2。
　事業に貢献する知的財産マネジメント戦略は、会社の経営戦略に基づいて立案される事業戦略、研究開発戦略、知財（知的財産）戦略の3つの戦略が融合することが可能な三位一体のマネジメントに取り組むことが重要である（図4－4参照）。
　日立ハイテクでは「顧客第一主義」を貫く三位一体の経営戦略に取り組んでいて、日立の知的財産本部、研究所、日立ハイテクの事業戦略部門、営業部門、設計部門、法務部などと知的財産部との連携を図っている。そこでは、顧客のニーズをとらえた課題の抽出とそれを実現する特許の創生や育成に取り組み、事業に活用できる特許網を構築している。知的財産を事業に活用することに取り組み、知的財産価値の最大化ができている。
　具体的には、開発プロジェクト作って、ニーズを想定したロードマップ

第4章　グローバル事業展開のフレームワーク

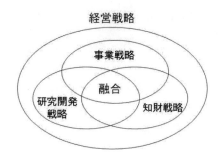

図4-4　三位一体の経営戦略

と半導体のニーズ、そのニーズに対して、他社に勝つためにどう開発をし、特許を取って、市場シェアをどう押さえるか。それらの条件に基づいて5年以上の長期計画を立てるとしている。他社との比較では、顧客ニーズと要素技術のマップをつくり他社比較を行う。どこが強くて、どこが弱いかを明確にし、戦略を決める。そこに営業が入って取り組むというやり方でやっている。

事業分野で知財戦略は異なる

知財マネジメントは、事業分野や事業環境の変化に応じて戦略を変えなければならない。例えば、医薬品と情報通信（IT）の分野では、全く異なる。

医薬品の分野では、多くの場合薬品製法に関わる少ない特許に守られて製造し、販売される。従って特許がもつ価値が相対的に高い。従って、医薬品では、少数の特許で構成されているため独占排他が可能となる。他社の参入を阻止するため、ライセンスを独占するなどの強硬な対応となることが多い。

一方、ITの分野では、特許のブッシュと言われるほどの多数（数万件という膨大な数）の特許が係わっている。石塚利博は「2000年以降のデジタル時代でのキヤノンのカメラの事例では、関連する特許が1万件以上になっている[*3]」と報告している。

（2）特許を出せば良い時代は終わった

情報通信革命やグローバル化が進むと、モノづくりで世界をリードしてきた日本に陰りが出てきた。情報通信機器などのものづくりの分野では、

183

韓国や中国などの中に日本と肩を並べる競合メーカーが出て来て、日本企業を業績で抜き去ってしまった。

大塚忠は『技術情報の保護手段とその最近の動向』と題する論文*4のなかで、「日本の技術レベルの高さを裏付けているのか、特許情報データベースへの中国、韓国をはじめとする諸外国からのアクセス数は膨大で、その情報を参考にしている」という。いつの間にか、海外企業を支える日本の企業の構図が見え始め、「技術で勝って、ビジネスで負けている」と言われるようになった。

どこの国とビジネスをするか

貿易立国日本の2013年の輸出依存度は、韓国の42.9%や中国の23.3%と比較して14.1%と低い*5。米国は9.4%と低いが、欧州のイタリア25.0%、ドイツ39.9%、フランス20.7%と比較しても低い。日本を豊かにするには、輸出を伸ばさなければならない。

2013年の総輸出額は約69兆円で、どこに輸出しているかは、米国に18.5%、中国に18.1%、韓国7.9%、台湾5.8%、香港5.2%、タイ5.0%、シンガポール2.9%と続き、8番目にヨーロッパのドイツ2.6%が入ってくる。インドネシア2.4%、オーストラリア2.4%、マレーシア2.1%までが2%台で、米国を除けば、日本は主に東南アジアを相手に貿易をしている。

海外出願と国内出願

グローバル化が進む中、海外出願の比率が高まっている。出願にあたっては、多数国出願に効率的な PCT 出願*6を使うようになっている。石塚は、「最近は、第一国出願から PCT 出願に変わっている。日本に移行させない特許も一部増えており、国外に出願しない特許は、国内出願もしない方針で取り組んでいる」と報告している*7。

インターネットで公開された技術情報（日本サイト）へのアクセス数は膨大

特許を申請し、一定期間が過ぎると技術情報である申請内容は電子データとしてインターネットを経由して全世界に配信される。この電子データへのアクセス数は膨大で、この電子データが世界の技術情報として役だっていると聞くと、周回遅れで追っている立場の日本としては、つらいものがある。

改めて、日本における特許申請の現状を調べてみる。特許庁の特許出願データ*8によれば、国内で出されている特許の2014年度の出願件数は33

第4章　グローバル事業展開のフレームワーク

万件で、審査請求件数が24万件で、登録件数は21万件である。出願から登録までには時間がかかるので、年度で対応することはできないが、出願した特許すべてが登録されるわけでは無い。

　大塚は「特許を出せば守れる時代は終わった」と言う*9。日本の競合となる海外の企業では、日本企業の研究・開発動向の調査やキーマンの検索をして、特許内容から開発課題のヒントや出された特許を無効にする特許を考える情報として活用している。

　特許の目的は情報を公開することによる、無駄な開発を避けようとするところにあり、特許を権利化して事業を展開しようと申告した公開情報である以上、公開情報を参考にして更に優れた研究開発に取り組むために情報を利用することを不正とはいえない。

　インターネットの普及で、地域格差を無くして、世界規模でグローバル化が進行している。競合社に情報が伝わるスピードが、飛躍的に早くなっていることを見逃してはならない。

　鈴木は「鉄道輸出に戦略必要」と題するコラムの中で、100年間の鉄道関連の特許を集計した結果を分析していて、問題なのは83%が国内出願で海外に出願していないことを問題にしている。長い間 JR を対象顧客にビジネスを進めてきており、海外展開を考えた特許戦略への取り組みが出来ていないため、欧米企業と比較してかなり遅れてしまっていることを指摘している*10。

　以上の背景のなかで考えなければならないのは、特許出願によって技術情報が流出してしまうリスクと、特許出願によって得られる権利を天秤に掛けてみることである。

　実際、うっかりすると日本に出願して登録されない特許が、審査がゆるい海外で競合社に特許として出願され登録されてしまうことなども起きてしまう。

　また、特許が登録されて権利化されても、保護期間後には世界中が自由に使える技術となってしまうこともある。

　実際、特許出願により公表される技術情報が過不足なく権利化されるならば良いが、権利化できなかった技術情報が出来てしまうと、その部分は技術情報の流出となってしまうなど、特許として申請することのリスクも色々と考えられる。

185

特許として公開せずに、ノウハウ発明として秘匿

ノウハウ発明と言われる製造方法や制御方法などは、特許申請をせずに営業秘密として事業上秘匿することで対応した方が、リスクが少ない場合がある。しかし、技術情報を営業秘密として秘匿するには、企業内部における適切な管理と「不正競争防止法」などの理解を進めておく必要がある。窃取、詐欺、脅迫等の不法な手段に、秘匿状態が破られて初めて不正競争防止法による法的保護をうけることが出来る*11。

大塚は、「技術情報を営業秘密として秘匿することができれば、特許の保護期間を超えて事実上、これを長期にわたって独占利用できる」と営業秘密にする利点を言う。開発された技術情報を、特許にするか秘匿するかの選択は、その技術情報の性質を見極めて行う必要があるとし、以下の4つの選択条件を示している*12。

（1）特許性に疑問がある。
（2）特許侵害が発見しにくい。
（3）製品から技術を探索（Reverse engineering）しにくい。
（4）競合がないか、ダントツ技術で他社が追いつけない等。

日本の知財は1周遅れ、営業秘密保護では2周遅れ

日本の知財は「1周遅れ」といわれているが、「営業秘密保護では2周遅れ」といわれている。『知財立国が危ない』*13の中で、国際的な技術競争が激しくなっていて、どの国でも外部に流れるのを防止しているのに日本は立ち止まっている。

荒井は2周遅れの理由を「法律の整備で1周遅れ、さらに取締りで1周遅れ、併せて2周」であると言う。

日本では、技術情報だけでなく「研究開発の成果、生産技術、実験データ、顧客名簿などの営業秘密が社外や国外に無断で持ち出されるケースが頻発している」という。技術情報は形が無いので盗むのは簡単で、持ち出すのも簡単で、最近ではサイバー犯罪という新しい手口がでてきている。

我が国の営業秘密保護制度は、国際的な流れの中で遅れに遅れている。不当競争防止法から独立した営業秘密保護法を制定する必要性を、荒井寿光は主張している。

中国は、出願件数を増やして、世界の知財の主導権を握ろうとしている

1980年代、米国、欧州、日本の3極の出願でほとんどを占めていた。最

第4章　グローバル事業展開のフレームワーク

近は、中国や韓国が入って、今は5極体制になっている。

　中国が、国家戦略で特許出願数を増やしている。共産国だから不動産には使用権しかないが、特許には所有権がある。華国鋒元首相は「将来に世界を制覇するのは知財だ」と言う。中国で自動車などの重要技術は「合弁」でないと認めない。合弁会社にして、図面をはじめ全部を頂けることになる。国家戦略として、基幹技術を手に入れようとしている。

　松原は、著書『チャイナハラスメント』*14に、「中国では、車体とエンジンを同じ会社で作ることを認めていない」と書いている。

中国は必要な技術を自ら開発する必要がないから進歩が止まってしまう
　さらに松原は、著書の中で「中国のビジネスは利益を出すのは非常に難しい」と書いている。事例として技術提携契約を上げていて、中国人技術者の中には、対価を払って技術を購入するという誤解した考えの者がいる。「あくまでも知的財産の使用を許諾する」との技術を売らないとの原則を曲げていけない。契約満了後もその技術を転用してしまう。

　海外からの重用な技術は政府が一括管理し、必要な技術を自ら開発する必要がないから、中国から世界をリードする技術やノウハウが出てこない。中国の経営者は「開発するより盗んできたほうが安上がり」と考えていて、他人の技術を無断で使用しても悪いとは思わないと同書の中で報告している。

韓国は3年で部品、素材や製造装置で追いつく
　韓国のサムスンは、技術は買って入手するという考えをもつ。知財部門の人達が特許を調べて、どの技術を買ったら良いかに取り組んでいる。M&Aも含めて、技術は入手するという考えを持っている。オープンイノベーション戦略で、開発に取り組んでいるといえる。

　韓国は国策で日本を追って、部品、素材や製造装置を作ろうとしている。現状、サムスンのスマホの部品の6割位は、日本の部品である。韓国や中国の輸出額は大きいが、アセンブリしたスマホとか完成品とかを売ったお金である。それでは薄利で、付加価値がない。

アップルのモノづくりの知的財産戦略*15
　アップルが確固たる事業基盤として守っているコア領域とは、ブランドであり、製品デザインであり、ユーザーインタフェースであり、統合型ソフトウェアプラットフォーム（iOS）であるという。iOSこそ、アップル

187

のコア領域を守る知的財産が集中カプセル化している。アップルのコア領域はクロスランセンスの対象としない領域であるとともに、知的財産が侵害されても分かる領域であると、『オープン&クローズ戦略』の著者である小川はいう。

アップルは、専用部品以外の大部分を外部に製造依頼して調達している。アップルは、専用部品だけでなく、部品の組み立てや取り付け領域や、コネクタの意匠や制御信号のプロトコルにも知的財産が集中している。模倣して組み立ててもアップルの知的財産に抵触するように守られている。

アップルは、自社で製造をしないファブレスを貫いている。しかし、アップルはコンサルタントを自ら雇い、自らの手で生産技術や生産システムの管理ノウハウを委託先のメーカーへ移植しながら、アジアの量産工場を自らの力で進化させてきている。ここが自社工場でしか出来ないと思い込んでいる日本企業とは違うと小川は指摘する。

（3）訴訟に強くなる

日本には「日本知的財産権協会」があり、1,000社以上の日本企業が入っていて、話し合いで日本企業同士が解決しようという考えで取り組んできている。日本の企業は、訴訟を避けてきていた。

日本の最近のデータだが、特許だけの訴訟で約1万件になっている。こういう訴訟を沢山経験すると、非常に訴訟に強くなる。しかし、訴訟に当たっては、社内の理解を得るのが大変である。訴訟それ自体をまず、「マイナスイメージ」だという発想が日本企業にはある。

石塚は、実際、争いごとを嫌う文化が日本にはある。例えば、宮沢賢治の「雨ニモマケズ」の詩を見ると、「北ニケンクワヤソショウガアレバツマラナイカラヤメロトイヒ」と書かれている。「訴訟はするな」と書いてあるが、アメリカで訴訟は当たり前である。

更にこんな日本人の話もあると石塚は言う*16。

お隣さんとは非常に仲が良かったが、ある日、間違えて塀を壊してしまった。そうしたら隣さんが私を訴えてきた。

その日本人はびっくりして「なんで私を訴えたのですか」と聞くと、「訴えないと、保険が出ないでしょ」とお隣さんから言われたそうだ。「訴えることが悪い」という考えはなくて、「訴えないと保険が出ないか

第4章　グローバル事業展開のフレームワーク

ら訴えただけですよ」となる。

　日本で訴えられたら「よっぽどその人が悪いことをやったのではないか」となるが、裁判を「紛争の単なる解決手段」と米国人は考えているので、発想が違う。

サントリーがアサヒビールをノンアルコールビールの特許侵害で訴訟

　国内の係争事例として、サントリーとアサヒビールの話がある。ノンアルコールビールは酒税法の税金が掛からないので、非常に利益率が高い。ノンアルコールビールを一番最初に作ったのは、キリンビールである。キリンビールは、「ビールから、いかにアルコールを抜くか」という作り方をした。

　サントリーは、まぜこぜにしてビールの味に近づけようと考えた。ビールからノンアルコールビールではなく、まぜこぜにしてビールの味に近づけようとした結果、結構おいしいビールができた。更に後発のアサヒビールは、「サントリーの特許は進歩性が無い」と判断していた。この係争、2015年10月に東京地裁は判決を出し、「サントリーの特許は既存製品から容易に発明できるもので、進歩性がない」とし、サントリーの訴えを退けた。

切り餅事件

　切り餅事件があった。切り餅で餅の横に切れ目を入れている特許である。特許として進歩性が疑わしいという内容であるが、最終的に餅の切り方だけで、8億円の判決が確定した。さらに越後製菓が、きむら食品を45億円の損害賠償で提訴した事件である。

　国内も以前と違って、中堅企業同士で訴訟をやる事例を見るようになった。

　その他にも、トーソーが油メーカーの会社を訴えた事件や、新日鉄住金とポスコの訴訟の件や、東芝のフラッシュメモリでサンディスクの社員が、「SKハイニックスに対して営業秘密を漏洩した」という件などの係争事例が多くなっている。

ほとんどの日本のグローバル企業は海外で訴訟をやっている

　中国は、裁判の勝率7割ぐらいで凄く勝率が高い。アメリカも6割ぐらいで比較的高い。ドイツも7割位で高い。ところが日本は2割である。最終的に判決までいくのは非常に少ないが、判決まで行った事件でもこんな

に差がある。するとどうなるか。グローバルな企業は「やっても勝てない、勝っても金額が低い」ので、日本で訴訟はやらないと言っている企業もある。以上は、石塚のセミナーで聞いた*17。

アップルを訴えた島野製作所

従業員350人で、売上30億円の中小企業である㈱島野製作所は、コネクタに関する技術や特許を持っている。アップルから頼まれて設備投資をし、コネクタの新製品を開発したら、納入段階になったら発注が来ない。調べたら、アジアの他の企業で同じ製品が作られていた。「設備投資したのだから」とアップルに言ったら、「他のサプライヤは安く作れるので、差額分、1億6000万円払え」となった。

新しいサプライヤは、開発していないから安く作れるわけで、これは納入した後だから、日本では不当なリベートに相当すると、日本で独禁法と特許権の侵害で差し止め訴訟をやっている。

重大なのは、島野製作所の特許が米国で登録されていることで、米国でアップルの差し止めとか、損害賠償をやったら非常に高額になると予測する*18。

モノづくりのノウハウをいかに守るか

新潟県燕にある金属部品を研磨する老舗企業の「小林研業」は、かつてアップルの iPod の裏蓋を、職人の手でひとつ一つ磨いていた。生産量が増え、地場の研磨業者ではこなせない量になった。匠の作業が、ビデオで撮られて、もっと安い人件費で大量に磨けるところに移り、研磨業者約20社で磨き上げてきた iPod の仕事は、今や地元から消えてしまった。契約で抑えないと、アメリカメーカーにもやられてしまう*19。

クローズドな完全垂直統合型で簡単に模倣はできない

製造業がサービス化し、完全垂直統合型のビジネスモデルを構築するのが、ノウハウを守るには一番強いと石塚はいう*20。

GE のジェットエンジンなどがそうだ。開発からサービスまで全部押さえてしまう「完全垂直統合型」のクローズドなビジネスモデルをつくり上げている。

ファスナーで有名なのが、YKK である。YKK は、ファスナーの材料から自分の所で作っている。製造装置も自社製で、最終的に商品までを自社内で作ることができる。日本で作ったファスナーの製造装置を世界各国に

第 4 章　グローバル事業展開のフレームワーク

輸出している。材料から製造装置までの全部を自社内で完結しているので、簡単に模倣されることはない。

　日立ハイテクが手掛けている電子顕微鏡。電子顕微鏡は、製造上のノウハウの塊である。電子顕微鏡の部品一つとっても、そのノウハウは、簡単に模倣できない自社に閉じたクローズドなものづくりをして、守っている。

*1　石塚利博（2015）『グローバル時代における知的財産戦略－海外ビジネス展開で注意すべきこと－』、第16回技術経営人財育成セミナー、一般財団法人アーネスト育成財団
*2　石塚利博（2015）「企業の知的財産戦略について－日立ハイテクの取り組み－」、『特許研究　PATENT STUDIES』No.60
*3　石塚利博（2016）「戦略的知財マネジメント」、『開発工学』2015年度後期号
*4　大塚忠（2016）「技術情報の保護手段とその最近の動向」、『開発工学』2015年度後期号
*5　総務省統計局・貿易依存度：一国の国民経済のなかで貿易の占める比率。輸出額÷国民総生産（GNP）を輸出依存度という。http://www.stat.go.jp
*6　（注記）PCT（Patent Cooperation Treaty の略）出願：「特許協力条約」に基づく国際出願で、ひとつの出願願書を条約に従って提出することによって、PCT 加盟国であるすべての国に同時に出願したことと同じ効果を与える出願制度である。多数の国に出願する場合には有利な制度である。出願をどこにするかは、該当製品の競合企業が製造している国や販売を予定する市場の規模が大きい国や、販売先の重要顧客との関係で出願する場合もある。
*7　石塚利博（2015）「企業の知的財産戦略について－日立ハイテクの取り組み－」、『特許研究　PATENT STUDIES』No.60
*8　特許庁（2015）『特許出願等統計速報（平成28年1月19日作成）』
*9　大塚忠（2016）「技術情報の保護手段とその最近の動向」、『開発工学』2015年度後期号
*10　鈴木潤（2016）「イノベーションを考える　第2章日本の技術力（6）鉄道輸出に戦略必要」、日本経済新聞、2月11日付
*11　経済産業省知的財産政策室『不正競争防止法の一部を改正する法律について』
*12　大塚忠（2016）「技術情報の保護手段とその最近の動向」、『開発工学』2015年度後期号
*13　荒井寿光、馬場錬成（2015）『知財立国が危ない』、日本経済新聞出版社
*14　松原邦久（2015）『チャイナハラスメント－中国にむしられる日本企業－』、

新潮新書
* 15 小川紘一（2014）『オープン＆クローズ戦略』、翔泳社
* 16 石塚利博（2015）『グローバル時代における知的財産戦略－海外ビジネス展開で注意すべきこと－』、第16回技術経営人財育成セミナー、一般財団法人アーネスト育成財団
* 17 石塚利博（2015）『グローバル時代における知的財産戦略－海外ビジネス展開で注意すべきこと－』、第16回技術経営人財育成セミナー、一般財団法人アーネスト育成財団
* 18 石塚利博（2015）『グローバル時代における知的財産戦略－海外ビジネス展開で注意すべきこと－』、第16回技術経営人財育成セミナー、一般財団法人アーネスト育成財団
* 19 後藤直義、森川潤（2013）『アップル帝国の正体』、文藝春秋
* 20 石塚利博（2015）『グローバル時代における知的財産戦略－海外ビジネス展開で注意すべきこと－』、第16回技術経営人財育成セミナー、一般財団法人アーネスト育成財団

まとめ

小平 和一朗

　グローバル事業展開を進める際のフレームワークについて、本章では広く浅くではあるが、多彩で、かつ色々な角度から学ぶことが出来るように配慮している。

　事業展開の段階的マネジメントでは、グローバル事業展開の4つのステップを提案していて、そのステップでの3つの戦略要素、グローバル事業展開とバリューチェーンの移行、グローバル事業展開の人的資源マネジメント、3次元マトリックス・マネジメント＆コントロールの4つの経営的視点を学ぶことがでる。

　日本はグローバル化において現状色々な日本企業独特の課題を抱えている。それは、弱みしか見えない反面、日本企業の強みも見えてきている。多様なグローバル化の過程並びに目指す所は、100社100様であるが、グローバル化の段階に応じた日本企業の問題を考察している。

　中小企業のグローバル展開とリスクでは、中小企業の国際展開の目的と戦略のなかで、ビジネス全体が高度化・自立化することが重要であるとし

第4章　グローバル事業展開のフレームワーク

て、中小企業経営者のリスク対応と経営姿勢などについて、具体的な提案をしてきた。

　グローバル時代では、知的財産戦略が重要になっている。グローバル時代における、海外ビジネスでの知的財産戦略について学ぶことが出来る。技術経営戦略の要の戦略が知的財産戦略である。競争優位な市場をつくるには、特徴ある技術を持ち、競合会社に一歩先んじてビジネスを展開する必要がある。その技術、ビジネスなどを保護し発展させるための戦略が、知的財産戦略であることを学ぶことができたと思う。

　知的財産戦略は、経営トップがリーダーシップを発揮して取り組む、技術経営戦略の要となる重要な戦略の一つである。

第Ⅲ部

日本企業のグローバル展開の状況

第5章
グローバル事業展開のケース・スタディ

はじめに
　　　　　　　　　　　　　　　　　　　　　　　　　　　杉本　晴重

　戦後の復興と国を挙げての高度成長政策の追い風を受け、1960年代から80年代日本企業は海外展開を加速していった。当初は輸出中心であったが、次第に地産地消の点から消費地近くの現地生産が始まり、1985年9月のプラザ合意に伴う急速な円高により、特に生産コスト面から有利な中国、東南アジア、メキシコ、東欧を中心とした海外生産を急速に拡大した。
　このような社会変化の中で進んだ日本企業のグローバル展開は、現時点で単純に成功・失敗と判定できないケースも多いが、いずれも弛まぬ経営努力と苦闘の結果であり、また貴重な実績と経験を生み出し人財育成の場を提供してきた。
　これら各企業のグローバル挑戦は、現在のみならず将来の日本企業のグローバル化に大いに参考となる反省、教訓を含んでいる。
　この章では、このような日本企業のグローバル展開と、取り巻く社会環境、市場環境などをケース・スタディとしてみてみたい。
　まず「1．電気機器産業の苦闘」では、戦後の高度成長時代、自動車産業と並んで日本社会の復興とグローバル化を牽引した電気機器産業が、近年、急速に業績悪化しグローバルにも地盤沈下して、現在、事業構造改革中の企業も多い。この地盤沈下を及ぼしたグローバル化の影響が何で、各社どのように対応し、また現在どのように復活を目指そうとしているのかを概観する。
　「2．一般電子部品産業と半導体産業の明暗」では急激に世界的ポジションを下げた電気産業の中で、粘り強く実績を積み上げ世界的ポジションを築いてきた一般電子部品産業の強さと、一時は世界のトップクラスに君臨し、その後、グローバルな産業構造の大変化に飲み込まれた半導体産業

について概観する。

「3．通信の発展と通信機器産業の変革」では、電気機器産業の中でも比較的規制に守られていた通信機器産業が、世界の市場開放の追い風を受け、デジタル技術革新により次々に開発された PC、携帯電話等新商品とネット化の中で、新たなビジネス機会を掴んだと思われたにも拘らず、世界市場から大きく後退した背景等を概観する。

「4．プリンタ業界と ATM 業界の挑戦」では世界市場で高いシェアを維持している日系プリンタ企業の実績と、近年、国内市場を飛び出して中国等新興国に積極的に市場進出している ATM 機器企業のグローバル戦略を述べる。

「5．中堅精密加工機メーカの飛躍」では、日本のモノづくりを支える中小企業が、いかに世界市場で活躍の場を築くか、グローバル展開の経営戦略について概観する。

1．電気機器産業の苦闘　　　　　　　　　　　　　杉本　晴重

　日本の電気機器産業は戦後の経済復興に大きく寄与するとともに、世界市場を席巻し自動車産業と並んで日本の高度経済成長を大きく牽引してきた。

　しかし、世界および国内の環境変化がこの産業の軌道を大きく変えることとなった。世界の環境変化とは1991年のソ連崩壊による東西冷戦の終結や1990年代後半以降のインターネット普及による世界経済のグローバル化の加速、アナログ技術からデジタル技術への技術革新などである。国内の環境変化とは、1990年代初頭のバブル崩壊後の国内需要の低迷、国内市場の成熟化などである。この二つの変化の中で、電気機器産業の経営も守りの傾向が強くなり、総じて厳しい業況に直面してきた。

　21世紀に入り東欧、東南アジア、中国、インドを始めとして新興国、開発途上国の経済も一段と伸長し、市場の成熟化が進む日米欧の先進国と並ぶ大きな経済圏を築き始めた。

　日本企業にとってもこの市場拡大は絶好の機会であったが、このグローバル化の流れに日本勢は十分乗れず、経営スピードと戦略性に長じた海外

第5章　グローバル事業展開のケース・スタディ

勢に後れをとる場面が多い。

近年、好調な自動車産業に比し電気機器産業のグローバルなポジションは大きく低下し、リーマン・ショックによる世界経済不況を契機として、ついに各社とも大幅な事業構造改革に着手せざるをえない状況となった。

本項では、この戦後から1990年代までの電気機器産業の業態と、それ以降、現在の事業構造改革を概観し、電気機器産業に与えたグローバル化の影響と低迷の原因、そして各社の課題を考察する。

（1）戦後から1990年代までの電気機器メーカ
メイドインジャパンが世界市場を席巻した

戦後の高度経済成長期を経て1980年代から90年代前半、自動車産業に先んじてメイドインジャパンの電気製品、特にブラウン管テレビ、ウォークマン、ビデオテープレコーダに代表される映像音響機器は、日本勢の独壇場で、世界市場を席巻していた。

次々に新商品が開発される好循環で国内工場も増えて生産も大幅に拡大したが、1985年のプラザ合意以降、大幅な円高により国内生産の収益が悪化し、生産拠点は国内から中国、東南アジア、メキシコ、ヨーロッパなど海外へのシフトが進み、生産と販売のグローバル化が一気に進むことになった。

この時期、ほとんどの製品はアナログ技術で出来ており、いわゆるインテグラル（摺り合せ型）の製品で、日系企業は半導体・一般電子部品部門を社内あるいはグループ内に持つ場合が多く、垂直統合による強みを大いに発揮することができた。

表5－1に日本の代表的電気機器メーカである日立製作所、東芝、三菱電機、ソニー、松下電器産業、シャープ、三洋電機、NEC、富士通各社の主力事業構成を示す。

また、主力事業領域からここでは大きく次の3グループに分類する。
　重電・社会インフラ系：日立製作所、東芝、三菱電機
　家電・映像機器系：ソニー、松下電器産業、シャープ、三洋電機
　情報通信系：NEC、富士通

これだけの広い事業領域をカバーする有力企業が多数存在する国は、当時も現在でもない。各社は、それぞれ創業からの得意分野に加えて、成長

が期待された映像機器（テレビ、ビデオ）、情報通信機器（PC、携帯電話）、半導体へと、横並び的に業容を拡大した。

　この時点では、各社はおしなべて、全ての事業を重視し、多角化を追求し、総合電機化を図り、収益より売上増を重視する傾向が強く、事業のめりはりをつける「選択と集中」という戦略も明確でなかった。よって表5－1では、各社の主要な事業全てを主力事業として○印で表した。

表5－1　電気機器メーカの業容拡大（戦後から1990年代まで）

電気機器	主要電気機器メーカ								
	重電・社会インフラ系			家電・映像機器系				情報通信系	
	日立製作所	東芝	三菱電機	ソニー	松下電器産業	シャープ	三洋電機	NEC	富士通
重電機器	○	○	○						
白物家電機器	○	○	○		○	○	○		
映像・音響機器	○	○	○	○	○	○	○		
情報通信機器	○	○	○		○			○	○
産業メカトロニクス	○	○	○						
（電子部品・デバイス事業）									
半導体	○	○	○	○	○	○	○	○	○
一般電子部品		○			○				
ディスプレイデバイス	○		○	○	○	○			

　注1：重電機器：電力、交通等　　産業メカトロニクス：FA、ビルシステム等
　注2：○印　主力事業

（2）電気機器産業の大転換期
デジタル化、モジュール化で日本の優位性が失われる

　バブル崩壊に伴う国内不況に続き、1990年代後半になるとアナログ技術からデジタル技術への急速な転換が進み、半導体の更なる高速・高集積・高機能化とソフトウェア技術の進歩により、電気機器産業、特に家電、映像音響機器、情報通信機器の競争環境は大きく変貌し始めた。
　製品はデジタル技術によりモジュール化が進み、低コストで容易に製造できるようになり、台湾、韓国、中国などの新興競合勢力が急速に台頭してきた。特に日本メーカが大きなシェアを占めていたテレビについてはブ

第5章　グローバル事業展開のケース・スタディ

ラウン管型から、マイコン、画像処理半導体、ディスプレイパネル、そしてソフトウェアというモジュール構成の薄型テレビへ急速にシフトし、社内あるいはグループ内で部材調達する日本メーカの競争優位、特異性が大きく失われていった。

なお、2000年代に入り、液晶テレビ・パネルに次いで、次世代産業と期待され大きな投資が行われた太陽電池・パネルについても、一時シャープ、京セラ、三洋電気など日本企業が世界をリードしたが、2000年代後半にはドイツのQセルズ、中国のサンテック・パワー等の価格競争で苦戦を強いられ厳しい状況となった。新日鉄マテリアルズとの原料生産共同会社を2012年に閉鎖したシャープはその一例である。

リーマン・ショック後、需要の伸びが止まり価格競争による業績の悪化とFIT制度*1の弊害の表面化で、2012年にはQセルズが、2013年にはサンテック・パワーなどが経営破綻した。これにより、価格競争の緩和と予想される競争条件の変化*2で日本勢にもチャンスがあると思われるが、収益面では確かな展望はまだ見えていない。

さて、情報通信機器分野でも半導体、電子部品の進歩により1980年代に登場したのがPC、自動車電話である。

半導体はムーアの法則*3に従って年々、その性能・集積化が飛躍的に進み、デジタル化と融合してPCはデスクトップからノートブック、タブレットへ、そして自動車電話は携帯電話へ、そしてさらにスマートフォンへと最終製品の大幅な高性能化、小型・軽量化を可能とした。

デジタル化と並んでインパクトを与えたのがインターネットである。ネット化により情報はあっという間に世界に拡散することとなった。製品開発の速度は加速し、地域による情報格差も急速に縮まり、電気機器産業特にB2C*4の商品では商品情報、価格情報が瞬く間に拡散し、商売の主導権は売り手から買い手へとシフトした。

このような技術革新とネット化による情報のグローバルな拡散は、競争環境を一変させ、余程の価格競争力を持つか、高い商品力を持つか、製品とサービスの融合を図るか、明確な差別化競争戦略が必要となった。

情報通信の分野でグローバル標準を取ることが出来なかった

一方、バブル崩壊後の日本企業は投資減速、海外市場開拓への意思決定の遅れ、そして円高が加わって、コスト面では新興勢力に勝てなくなって

201

いった。新規商品でもアップルなど欧米企業に後塵を拝し、急速にそのポジショニングを低下させた。情報通信分野においても、半導体ではインテル、ソフトウェアではマイクロソフトのデファクト戦略*5に負けた。携帯電話ではクアルコム、エリクソン等の知財戦略*6に負けてグローバル標準を取ることが出来なかった。

そして、2008年のリーマン・ショックとその後の更なる円高は、日本の電気機器産業へ抜本的な事業構造改革を迫った。広がりすぎた事業分野を見直し、一言で言うと「集中と選択」による「脱総合電機メーカ」戦略である。各社ともグローバルに生き残れる事業分野に集中し、新たな発展を目指している。

表5－1の主力事業の中で、2000年代後半以降特に重要あるいは戦略的な事業として注力していると思われる中核事業と、一方、撤退あるいは重要度を下げたと思われる事業を表5－2に示した*7。表5－2では、各社が特に戦略的に注力している中核事業を◎印、従来通りの主力事業を○

表5－2　近年の電気機器メーカの事業構成

電気機器	主要電気機器メーカ								
	重電・社会インフラ系			家電・映像機器系				情報通信系	
	日立製作所	東芝	三菱電機	ソニー	パナソニック	シャープ	三洋電機	NEC	富士通
重電機器 白物家電機器 映像・音響機器 情報通信(機器) 産業メカトロニクス	◎ ○ × ○ ◎	◎ ○ ○ ○ ○	◎ ◎ ○ ○ ◎	 ◎ ◎ 	 ◎+住宅 ◎ ○ ◎	 ◎ ◎ ○ 	パナソニックに吸収合併	 ◎ SI ○	 ◎ SI
(電子部品・デバイス産業)									
半導体 一般電子部品 ディスプレイデバイス	× ×	◎NAND ○ ×	◎パワー ○ ×	◎CCD ×	○ ○ ×	○ ○ ◎		× × 	○ ×

注1：重電機器：電力、交通等　　産業メカトロニクス：FA・ロボット、ビルシステム、
　　　車載機器等
注2：◎印：中核事業　　○印：主力事業　　×印：選択事業（縮小、撤退、売却）

202

第5章　グローバル事業展開のケース・スタディ

印、選択し縮小、撤退、別会社へ売却した事業を×印で示した。
　特に中核事業の中でも、ある製品群またはビジネスモデルに絞っている場合には追記した。例えば CCD *8、NAND *9、パワー半導体、SI *10等である。
　各社、いずれも創業以来、業績や国内シェアが高く、自社の強みを生かせる収益性が高い事業分野に回帰している。一方、売上高は大きくとも膨大な投資を必要とする事業、市場変化が速くて十分に強みが生かせず、収益性の悪い事業は縮小・別会社化・売却などにより整理している。
　重電・社会インフラ系3社は重電機器、産業メカトロニクスを中核とし、一方家電、半導体、情報通信機器（PC、携帯電話）などは、分野限定した集中や別会社化、撤退売却をしている。
　家電・映像機器系3社は、テレビ事業、ディスプレイデバイス事業のウエイトが高く、業績悪化となった主要因だったため、最優先で構造改革にあたった。そして各社ともにテレビ事業継続を今後の成長戦略に位置付けている点は共通している。情報通信機器（PC、携帯電話・スマートフォン）、半導体についても事業改革を進めたが、改革スピード、業績にはかなりの差があり、個別にあとで論じたい。
　情報通信系2社は、半導体と情報通信機器（PC、携帯電話・スマートフォン）の見直しを行い、縮小・売却・合弁・別会社化など構造改革を進め、機器販売事業から、情報通信システムとサービス・ソリューション提供に大きく舵を切っている。
　表5－3にリーマン・ショック前の2006年度、ショック後の2010年度、そして、2014年度の営業利益率を示す*11。これによって、事業構造改革の効果を見ることができる。また、海外での業績を見る為に海外売上比率も合わせて表示した。この表から粉飾決算が発覚した東芝を除く重電・社会インフラ系2社は営業利益率も改善し、海外売上比率も増加していることが分かる。一方、家電・映像音響系3社と情報通信系2社はいまだ営業利益率も低く、海外売上比率も大きな改善変化が無く、業績回復が難航していることが伺われる。
　以下、各社個別の事業構造改革とグローバル化の状況について、重電・社会インフラ系、家電・映像機器系、情報通信系の3グループ別に概観する*12。

203

表5-3　電気機器メーカの海外売上比率と営業利益率

分類	企業名	主要事業	2006年度 海外売上比率 営業利益率	2010年度 海外売上比率 営業利益率	2014年度 海外売上比率 営業利益率
重電・社会インフラ	日立製作所	重電　社会インフラシステム	40.5% 1.8%	43.4% 4.8%	47.0% 6.1%
	三菱電機	重電　産業メカトロニクス	28.3% 6.0%	34.0% 6.4%	41.9% 7.3%
	東芝	重電　社会インフラシステム	49.0% 3.6%	55.0% 3.8%	59.0% 2.6%
家電・映像	ソニー	音響映像　CCD　スマホ	74.4% 0.8%	70.0% 2.8%	72.8% 0.8%
	パナソニック	家電　映像機器　電池	49.3% 5.0%	48.1% 3.5%	52.0% 5.0%
	シャープ	家電　映像機器　液晶パネル	51.2% 6.0%	47.3% 2.6%	60.7% △1.7%
情報通信	NEC	情報通信システム・サービス	26.1% 1.5%	15.4% 1.9%	20.0% 4.4%
	富士通	情報通信システム・サービス	35.8% 3.6%	35.1% 2.9%	39.6% 3.8%

出所：各社決算書

（3）重電・社会インフラ系
構造改革に取り組んだ、日立製作所と三菱電機

　日立製作所、三菱電機の2社は、総合電機メーカの中では比較的早くから半導体と液晶パネル事業の本体からの分離、携帯事業からの撤退、テレビ事業の見直し、縮小など不採算事業を整理してきた。一方で、得意でかつ強みある重電機器、産業メカトロニクスをコアとして情報通信と融合した社会インフラシステム事業の強化など戦略的に構造改革を進めた。

第5章　グローバル事業展開のケース・スタディ

重電・社会インフラ系企業は、PC、携帯端末などの情報通信端末事業を縮小したが、ビッグデータ*13、IoT*14、AI*15、暗号等、高度な情報通信技術を有しており、重電機器や産業メカトロニクス機器と融合した事業の強化を図ってきた。

日立は鉄道事業のグローバル事業本社を英国に移す

日立製作所は1999年にNECと合弁会社エルピーダを設立し、不採算のDRAM事業を分離したが、米国の同時多発テロ等の影響から世界的不況となった2001年度に、半導体とディスプレイデバイスの不振、リストラ対策等から当期純損益約5,000億円の赤字となった。2003年4月には三菱電機と半導体の合弁会社ルネサステクノロジを設立する等、電子デバイス事業を始め改革に取り組んだが、大幅な改善が見られなかった。リーマンショック時の2008年度には、中核事業の電力・産業システム部門、高機能材料部門と繰延税金資産の一括評価減から当期純損益約8,000億円の大幅赤字となり、抜本的構造改革に迫られた。2009年4月には経営陣を刷新し、カシオとの携帯電話事業の統合、ソニー、東芝とジャパンディスプレイを設立して中小液晶ディスプレイデバイス事業の切り離し、ハードディスク駆動装置（HDD）事業の売却など事業の選択を進めた。そして新しく「社会イノベーションの日立」を掲げ、重電・産業メカトロニクス、情報通信を中核として「お客様のそばで経営、R&Dを推進」、「社会インフラでのグローバルな協創を加速」「お客様のそばでソリューションを創造」を戦略骨子に、「エネルギー」「水」「食」「セキュリティ」等の世界的な社会課題の解決に挑戦している。表5－3から分るように営業利益率も改善している。海外市場でも、「社会イノベーションの日立」を掲げ北米市場、中国市場を中心に海外売上比率も増加しているが、特に欧米市場での鉄道車両事業の取組が注目されている。シーメンス（ドイツ）、アルストム（フランス）、ボンバルディア（カナダ）、中国中車（中国）という大手が専有する鉄道車両市場に参入を果たした。英国で実績を上げ、近年、イタリアの大手信号機メーカへの資本参加や英国での車両生産開始、鉄道事業のグローバル事業本社を英国に移すなどグローバル化を加速させている。

三菱電機は海外市場開拓で実績を上げる

三菱電機も世界的不況から2001年度に当期純損益約780億円の赤字、2002年度約120億円の赤字となった。2003年4月には日立製作所とルネサステ

クノロジを設立して半導体事業の分離、同じく2003年エルピーダへのDRAM 事業の統合、2006年には携帯電話事業からの撤退と次々に事業の選択を進めた。家電やパワー半導体など日立製作所と比較すると事業分野はまだ広いが、表5－3に示すように営業利益率も改善し収益重視の堅実経営を進めている。

　海外市場開拓も積極的で主力の FA システム、自動車用機器等の産業メカトロニクス部門に加え、空調システム、冷蔵庫など家電部門においても市場を特化して強みを発揮している。欧米、アジアを始めとして日本勢が苦戦している中国市場でも健闘し、実績も表5－3の海外売上比率の大幅アップに表れている。今後更に、空調システムのインド市場拡販など新興市場開拓を目指している。

迷走する東芝
　東芝も他社と同様、2001年度当期純損益約2,500億円の赤字、2008年度約3,400億円の赤字となったが、2010年に富士通と携帯電話部門を事業統合した程度で、本格的「事業の選択と集中」は行わず、2008年リーマン・ショック後の構造改革の好機を生かせなかった。

　2014年、PC 部門や半導体部門など全社で粉飾決算が発覚し、決算修正と大幅な赤字の計上を余儀なくされた。ほかに、原発のウェスティング・ハウス買収に関する巨額な減損処理問題を抱える。低収益が続く原因は最終的には経営のあり方に帰着する訳で、それを粉飾決算で凌ごうとしたのは、組織全体のガバナンスの問題であり、経営責任が浮き彫りになった。不祥事発覚後、「新生東芝アクションプラン」*16において、医療部門のキヤノンへの譲渡、家電部門の中国美的への譲渡、PC 部門の売却、3万人を超える人員削減などのリストラにより2016年度400億円、2018年度1,000億円の営業利益を目指すとした。

　今後、原子力等のエネルギー事業と NAND 型フラッシュメモリを中心とする半導体事業の2つを中核事業として、事業の再構築を図ろうとしているが、展望は厳しい。

（4）家電・映像機器系
　パナソニック　付加価値の高い産業用分野の市場開拓を進め、業績回復
　ソニー、パナソニック、シャープ3社は液晶テレビ、ディスプレイパネ

第5章　グローバル事業展開のケース・スタディ

ルへの過去の投資、売上・収益依存が高く、未だ本格的な回復軌道に乗っていない（表5－3参照）。

　電気機器メーカのほとんどが赤字になった2001年度の世界的不況においてもソニー、シャープは赤字にならず、それ以降も薄型テレビという大型商品で売上げ、収益を上げていた。一方パナソニック（旧・松下電器産業）はIT関連の内需不振から2001年度に当期純損益約4,300億円の創業以来の大赤字を記録した。2003年にはグローバルブランドを「Panasonic」に統一し事業改善に取り組んだが、本格的な事業の再構築は行わず、リーマン・ショックが起きた2008年度には再度約3,800億円の赤字となった。2008年には社名を「松下電器産業」から「パナソニック」に変更してブランドを統一し、本格的な事業構造改革に着手した。2011年にはパナソニック電工（旧松下電工）と三洋電機を完全子会社化することによりグループ総合力を強化し、総合家電依存から住宅や自動車（燃料電池など）など付加価値の高い産業用製品・システム分野への市場開拓を進めた。

　他社が早期に選択を進めたテレビ向け液晶パネル生産は自社生産を継続していたが、2016年9月末を目途に撤退することを決定した。同じく他社が選択を進めたPC事業は、機種を絞り継続している。携帯電話事業では、2013年、個人向けスマートフォンから撤退を発表し、半導体事業の構造改革も2014年に一段落した。3社の中では、まだ構造改革への着手が早かった為、業績回復も早いようで表5－3の営業利益率の改善に表れている。

　海外市場進出も積極的で、サムスン電子、LG電子など韓国勢に後手を踏んで、市場成長に乗り遅れていたアジアに焦点を置き、過去の反省を踏まえて市場ニーズに合った家電製品の企画開発を現地メンバ主導で進めている。特に最重要と位置付けたインド市場ではクーラーなどで実績をあげ、その成功経験を踏まえて東南アジア、アフリカ市場などに展開している。

アジアの家電市場は韓国・中国勢が席巻

　ここで、成長が著しいアジア市場における日中韓の家電メーカのシェアの状況を通して日本企業のポジショニングを見てみたい。表5－4は市場規模順に中国、インド、インドネシア、タイ、ベトナム、マレーシア、フィリピン、シンガポールにおける2014年の家電主要4商品（洗濯機、冷蔵庫、エアコン、テレビ）の家電メーカシェアを示している。

　パナソニックがマレーシア等一部市場で、シャープ、東芝、三菱電機が

207

一部商品でシェア1位を維持しているが、サムスン電子、LG 電子などの韓国勢と中国市場での海爾集団などの中国勢がかなりのシェアを占めていることが分る。

　市場シェアの奪回は容易ではないが、今後も成長が期待されるアジア、アフリカ市場でのパナソニック、三菱電機の挑戦が期待される。

ソニー復活の鍵

　ソニーは2008年度、当期純損益約1,000億円の赤字に陥ると、液晶テレビを主力とするエレクトロニクス事業部門の赤字と円高で厳しい業績が続いたが、2014年2月に「PC 事業（VAIO ブランド）の譲渡」、「モバイルはスマホとタブレットに集中」、「テレビは高付加価値戦略の加速とより効率的で迅速な事業体制構築」等の方針を発表した。この間、2012年には日立、東芝とジャパンディスプレイを設立して中小型パネル事業を分離し採算を改善し、同じく同年、2001年にエリクソンと合弁したソニーエリクソンの合弁を解消してモバイル事業強化を図ったが、テレビ事業の不振の影響が大きく、業績は好転しなかった。2014年には、2004年サムスン電子と合弁した液晶パネル会社 S-LCD 社を売却し、更なる大リストラなどで2015年第二四半期に黒字転換し、その後、決算数値的には回復しているように見える。しかし現在のエレクトロニクス部門の中核3事業、イメージング関連、ゲーム、モバイルのうち、収益の柱はイメージングデバイス（CCD＊17）である。本格的成長には、売上げ規模の大きい液晶テレビ事業の回復と、健闘しているスマホ事業、ゲーム事業などの収益回復と高収益化が重要であることは疑いない。日本企業の中で、一番グローバル化が進み、海外売上比率も高く、いまだ海外でも高いブランド力を持つソニーが、ソニーらしい新商品・新事業を創出できるかが、本当のソニー復活の鍵であろう。

シャープ、外資のもと再興できるか？

　シャープも2008年度の赤字決算までは一見好調だったが、液晶パネルの価格暴落、液晶パネル生産への過剰投資が大きく影響し、度重なるリストラにも拘らず出口が見えなかった。2012年には堺の大型テレビ向け液晶パネル工場を台湾の鴻海精密工業創業者、郭台銘会長の出資を得て共同運営にしたが、未だ液晶テレビに加えて白物家電、太陽電池、スマホなどビジネスモデルの異なる幅広い事業を有しており、今後の中核事業構造が見えないままである。明確な戦略なしで、グローバルな消耗戦を続けている感

第5章　グローバル事業展開のケース・スタディ

が強い。
　結局、2016年3月、外資[18]による資本注入、および大幅な構造改善策が行われることとなったが、技術も高く新商品創出に優れた企業であるので、外資の元、再興を期待したい。

表5－4 アジア市場における主要4商品のトップシェアメーカとシェア（2014年）

国名　市場規模（億ドル）		洗濯機	冷蔵庫	エアコン	テレビ
中　国	962	海爾集団(中) 49%	海爾集団(中) 39%	珠海格力電器(中) 24%	海信集団(中) 18%
インド	92	LG電子(韓) 28%	LG電子(韓) 25%	タタ(インド) 20%	サムスン電子(韓) 23%
インドネシア	54	LG電子(韓) 27%	シャープ(日) 37%	LG電子(韓) 34%	LG電子(韓) 26%
タイ	28	LG電子(韓) 32%	東芝(日) 22%	三菱電機(日) 21%	サムスン電子(韓) 34%
ベトナム	20	海爾集団(中) 31%	海爾集団(中) 32%	パナソニック(日) 31%	サムスン電子(韓) 36%
マレーシア	20	パナソニック(日) 24%	パナソニック(日) 23%	パナソニック(日) 32%	サムスン電子(韓) 31%
フィリピン	17	シャープ(日) 30%	パナソニック(日) 23%	米ユナイテッド・テクノロジーズ 28%	サムスン電子(韓) 35%
シンガポール	9	サムスン電子(韓) 23%	サムスン電子(韓) 23%	LG電子(韓) 13%	サムスン電子(韓) 38%

出所：日本経済新聞（2015年11月20日）（英国ユーロモニター・インターナショナル調査）

（5）情報通信系

クラウド、ビッグデータを核としたサービス・ソリューション事業にシフト
　NEC、富士通の情報通信系2社も2001年の IT バブル崩壊による世界不況、2008年のリーマン・ショックと2回大きく赤字に陥った。これを契機に両社ともに、業績悪化要因の半導体事業、PC 事業、携帯電話事業の見

209

直しに着手した。

　NEC は2010年に、半導体事業会社 NEC エレクトロニクスをルネサステクノロジに事業統合した。なお DRAM については既に1999年に日立製作所と合弁会社エルピーダを設立している。PC 部門は2011年、中国レノボと NEC レノボ・ジャパングループという JV 体制を構築し生き残りをかけている。携帯電話事業は2010年に日立・カシオの合弁会社と統合したが、携帯電話からスマートフォンへの移行に乗れず2013年に撤退した[*19]。

　半導体、PC、携帯事業はいずれも市場規模も大きく、従って NEC の売上規模も大きかったが、大きな事業を失った。やはり市場の変化に対応できなかったと言える。

　半導体、情報通信機器（PC、携帯電話・スマートフォン）での凋落は NEC に限った話ではなく、日本の電気機器メーカいずれもが苦闘し、共通する課題と教訓を含んでいると思われる。NEC はこれら不採算事業の整理をした結果、売上的には大幅な減少となった。現在の中核事業は、製品単体ではなく情報通信システムを中核とした社会インフラ構築、ソリューション提供、クラウド等のサービス事業である。

　一方、富士通も半導体事業の見直しは早く、2004年に米国 AMD とメモリー事業を統合したスパンションを設立したが、その後は、2014年にシステム LSI 事業をパナソニックと統合、半導体工場は全てファウンドリ事業会社とする等、時間がかかった。

　携帯電話事業は2010年に東芝と統合したが、PC 事業と共に現在も継続している。

　富士通の場合、消費者向け PC、スマートフォンなど情報通信端末事業は継続しているが、中核は情報通信システム事業とクラウド、ビッグデータを核としたサービス・ソリューション事業となっている。

　2008年以降、両社とも売上、収益も低迷し、近年、やっと回復し始めたところである。海外売上比率も一時低下し、徐々に回復中であるが、大きな成長、収益が出せるか、まだよく見えない。

　なお富士通の収益が回復してきたのは、製品販売より収益率の高い SI（システム・インテグレーション）、サービス事業に早くから舵を切ったことと、M&A で拡大した情報系海外子会社の貢献と思われる。両社は海外市場でも、かつての製品中心の通信システム、情報システムからシフトし、

システム・インテグレーション（SI）事業者として情報通信の社会インフラシステム、企業向け情報通信システム構築とサービス提供に注力しているが、グローバルには強力な競合企業*20も多くあり、十分に先が見えている訳ではない。

なお、通信機器事業については、第5章で詳しく取り上げる。

（6）電気機器産業の衰退要因
産業構造変化への対応不全

電気機器産業が上記のような構造改革を強いられた大きな要因を考察する。

まず要因としては、環境変化として技術革新とそれに伴う産業構造変化があげられる。すなわち、アナログ技術からデジタル技術への技術革新が、商品を一体化した機能デバイスから半導体とソフトウェアを基本要素とするモジュール構造に変化させ、日本が得意としていた摺り合せ型の製品開発から、韓国、台湾、中国がコスト競争力を活かせるモジュール型の製品開発を可能とした。

次に生産工程に存在した付加価値、ノウハウが減少し、いわゆるスマイルカーブ*21で付加価値が高く他社との差別化が必須な川上（企画・マーケティング・デザイン）と川下（サービス）に集中するビジネスモデルが優位になった。

従来、この生産設備を持ち大量生産により収益を上げてきた日本企業の利点は減少し、さらにEMS*22の成長により、大きな生産設備を持たない、いわゆるファブレス*23経営の優位性が増した。この技術革新により生みだされた部品、商品、製造設備、ノウハウ、事業構造は人・モノ・金・情報のグローバル化により瞬く間に世界中に拡散し、欧米にとどまらず台湾、韓国、中国などで新規競合相手を次々に生み出した。

日本の電気機器産業、特に家電事業の強みの一つは、各社の系列店販売だった。系列店がお客様の接点となり、販売から機器設置、保守サービスまでを担当することにより、顧客のメーカ・商品への信頼向上、ブランド向上、継続的販売と好循環を生み高収益体制を築いてきた。その強みは系列店から量販店へのチャネルのシフトとネット販売の拡大、並びに商品のコモディティ化により減少し、販売の主導権、価格決定権は完全に量販店、顧客側に移った。この電気機器業界の販売チャネルの変化は、かつて共に

高度経済成長を牽引し現在も系列店販売で好調をキープする自動車業界と、業績面で大きな差がつく要因となっている。

このような技術、開発、生産、販売にまたがるグローバルな産業構造変化への対応不全が電気機器産業の停滞、衰退に大きく影響した。

「モノ・コトづくり」への需要変化への対応に問題

また、グローバルに商品、情報が行き渡ることにより、新興国、開発途上国にも急速にモノ、情報が届き、需要が急増しニーズの多様化も進んだ為、日本メーカが得意としていた何でも揃う総合家電的ビジネスモデルではスピードが追い付かない状態となった。

特に、台湾、韓国、中国などの競合企業は、国内市場以上に積極的に海外進出を目指し、テレビ、PC、携帯電話・スマートフォン等、市場規模の大きいグローバル製品に集中し、コスト競争力を武器に新興国市場に限らず先進国市場でもシェアを上げた。

一方、日米欧の先進国では、モノの時代からサービス・ソリューションの時代に変化し、日本の強みだった「ハードウエアのモノづくり」から新たな「モノ・コトづくり」への需要変化が顕著になった。アップル iPod に代表されるモノ（iPod）からサービス（iTunes）まで含めた新たなビジネスモデルは、決して欧米企業にしかできないものではなかったが、日本企業はかつての成功体験と既存事業の守りに捉われ、イノベーションを起こすことが出来なかった。

技術、社会変化の激しく、ユーザニーズが多様化する現代、イノベーションのチャンスは沢山ある。成功におごらず、負け犬根性にならず、謙虚に事実と裏に隠れたニーズを発掘することが今後も必要である。

自前主義からオープン・イノベーションへの転換の遅れ

開発においても従来、日本企業は自社あるいはグループ会社内で行う自前主義の傾向が強かった。しかし、近年のニーズの多様化、製品の複合化などに対応し、ユニークな製品を早く開発して市場を取る為には、多様なパートナーと組んで製品開発、事業開拓するオープン・イノベーションが求められてきており、日本企業もその方向に動き出しているが、まだまだスピードは遅い。

多すぎるプレイヤと品質に厳しい国内市場指向

最後に日本固有の状況として、国内市場における過当競争と品質に厳し

第5章　グローバル事業展開のケース・スタディ

い適度な規模の市場がある。国内には各電気機器事業分野で多数の日本企業が存在し、また新規事業分野にもすぐに多数の企業が参入し過当競争とも言える状況が続いた。それでも経済成長期には適度な規模の市場があったことと、市場の高品質、一部には過剰ともいえる品質要求の為、海外メーカの参入は容易ではなく、日本メーカはほどほどの収益が確保できた。

しかし各社の戦線が広がり*24、経済成長が鈍化、停滞すると収益率が悪化し、次なる画期的な商品開発や新規市場創出、海外市場開拓などに十分なリソースが配分できず、戦略的取組も十分にできなくなった。加えて相次ぐリストラが韓国、中国などの新興競合企業への人材流失、技術流出となり競争力の低下となったことは否定できない。

(7) 電気機器企業の教訓と戦略的変革の認識

以上述べた点を総合して、電気機器企業がこれまでの事業展開上の問題から得た教訓とコンピタンス*25項目の戦略的変革の認識を表5-5にまとめる。

次に主要な項目について、コメントを追加する。

基本戦略：かつての「大きいことは良いことだ」「何でもやっていることが強み」という総合電機戦略は弱みとなり、強い事業への徹底した集中と差別化、収益性が大事と捉えている。

海外市場：国内市場が高度成長期でそれなりの規模があった時は、海外市場の位置付けは2番手だったが、成長著しい海外市場、特に発展途上国市場を開拓しない限り、もはや成長は期待できず、生き残れない。

ブランド：日本企業は信頼性の高い商品を武器にブランド力を強化してきたが、市場は製品品質だけでなく、サービス、デザイン、環境への取り組み、社会貢献など企業の経営品質を重視している。

ビジネスモデル：製品販売だけでなく、川上（商品企画）、川下（サービス）を含めたビジネスモデルの勝負に移行している。

顧客・製品：日本企業は売り上げ規模を求め、B2BとB2Cの両方を拡大してきたが、市場変化と産業構造変化の激しいB2Cではその強みが減少してきた。B2Cでは事業（製品）と市場（顧客）を絞り集中すると共に、元々の強みであるB2B（社会インフラ、産業用など）に重点をおいて顧客別商品やシステム開発で収益向上を目指している。

表5-5 電気機器企業の教訓とコンピタンスの戦略的変革の認識

コンピタンス	電気機器企業 (従来)	教　訓	電気機器企業 (改革後)
基本戦略	総合電機(製品)	総合は戦略ならず	集中と差別化
海外市場の 位置付け	海外は2番 (国内第一)	競争はグローバル市場	注力市場を選択・集中
ブランド	高信頼製品	製品勝負だけではない	高信頼グローバルブランド
ビジネスモデル	製品生産販売 (総合電機)	付加価値シフト	製品からサービスまで
市場(地域)	先進国(欧米)主体	成長は新興国へシフト	選択した地域と強い商品
顧客	B2CとB2B	B2Cでの優位性減	B2Bへ重点強化
ＩＴ	業務効率化主体	市場競争の必須手段	顧客価値の創出ツール
製品	大量生産品	コストだけでは勝てない	市場・顧客別商品・システム
開発	国内 クローズド	技術革新の規模とスピード	世界最適箇所 オープン
生産	自前工場	生産での付加価値減	自前と協業の使い分け
販売・物流	チャネル構築 による効率化	ネットの威力 協業多様化	多彩なチャネルの活用
サービス	製品販売の付随	差別化、付加価値の源	新サービスによる差別化

　開発・生産・販売・物流：日本企業の特徴・強みだった自前主義は、市場のグローバル化とニーズの多様化、競合者の「持たない身軽な経営」「スピード勝負」の前に競争力を失っている。現代においては開発、生産、販売・物流も他社とのオープンな協業体制を組んで新たな価値創造によりWin-Winの関係を築くことが大事である。

　サービス：製品販売が主体のビジネスモデルでは、サービスは製品の付随だったが、商品のソフト化やニーズの多様化、競争激化に伴い、アフターサービスの重要性、サービスモデルによる差別化と顧客への価値提案の重要性が広く認識されつつある。

第 5 章　グローバル事業展開のケース・スタディ

　IT：日本企業は従来から生産など業務効率化における IT 活用には積極的であったが、販売・広告・マーケティングなど顧客、市場対応では欧米に遅れていると言われている。現在、IT は顧客、市場、社会への新たなサービス、ビジネスモデルの提供資源として重要となっている。

（8）まとめ

　日本の電気機器産業の構造改革は進みつつあるが、まだ道半ばで、必ずしも、その進捗状況は迅速、順調には見えない。
　第一の課題は、まだまだ事業領域が広すぎ競合相手が国内に多すぎる。これをどうするかということである。
　表 5 − 2 に示した通り、中核事業と思われる以外の事業を多数持っている企業も多く、事業が重複している企業もまだまだ多い。多数の事業による雇用面での社会貢献は重要ではあるが、今後のグローバル競争に勝ち抜くには、企業間での事業統廃合、合併、M&A など更に積極的に進めて、保有経営資源の質量を高め、したたかなグローバル戦略の構築と取組みが必要である。
　第二の課題は、近年のイノベーション力の低下をどうするかである。ビジネスのサービス化により、製品からシステム販売、サービス提供まで川下については強化されているように見えるが、川上の画期的製品、川下のサービス、ビジネスモデルの創出は十分ではない。ビッグデータ、IoT、ロボット、AI、フィンテック[26]等、新技術やイノベーションの種は多い。各社とも何らかの取組みがされているようだが、得意分野への重点化が行われているのか、どこで勝負しようとしているのか、まだまだ見えない。
　自動車産業がオープン・イノベーションで、新動力車（ハイブリッド、電気自動車、燃料電池車など）や自動運転、環境問題に取り組んでいる一方、電気機器産業はその部品提供に甘んじている。
　電気機器産業、特に消費者向けの家電製品、情報通信端末では製品のコモディティ化が進み、日本企業衰退の原因にもなっているが、Dyson[27]や iRobot[28]などコモディティ化した製品分野でも、新たな顧客価値を提案し国内市場でも業績をあげている海外メーカがある。
　日本の電気機器産業の持つ様々な技術・ノウハウを融合し、あるいはベンチャ企業や異業種との協業を進めてイノベーションを生む企画・開発体

制の構築が期待される。

　第三の課題は、経営のスピード化である。

　日系企業は経営のスピードでまだ遅れている。スピードには、捨てる選択事業を決断し、新たな事業創造への挑戦を決断するスピードと、遂行、実現するスピードの二つがあるが、特に日系企業の経営者と経営体制に大きく関わる前者の問題が大きい。

　しかし、日本にも日本産の永守社長、ソフトバンクの孫社長、富士フイルムの古森会長など、大胆な決断と果敢な行動で新規事業を創り、グローバルな事業拡大を遂行している経営者と、継続的に経営改革に取り組んでいる企業も他の業界にはある。是非、電気機器業界にも新たなチャンスに挑戦する経営者の出現とグローバル競争に勝てる経営改革が期待される。

　第四の課題は大企業病の克服である。

　日本企業、特に歴史ある大企業には、「前例主義で新しいことを嫌う」大企業病がまだ残っている。電気機器産業にも大企業病はまだ残っているのではないか。

　グローバルな競争に勝ち抜き、真のグローバル企業になるには常に現状に満足せずに新たな創造に挑戦することが、企業にも個人にも必要である。

　日本の電気機器産業には優秀な人材も多く、挑戦の機会もまだまだある。是非、日本人、外国人を問わずグローバルに人材の多様性を高め、若い人材に活躍の場を与え、大企業病を払拭して、新たなイノベーションを起こすことが期待される。

【参考文献】
各社決算関係資料
日本政策投資銀行（2012）『岐路に立つ日本のエレクトロニクス産業』、調査報告書No.184-1
情報通信総合研究所(2013)『infoCom モバイル通信 T&S』　8月号（293号）

＊1　FIT（Feed in Tariff、固定価格買取制度）：電力会社に太陽光発電の電力を高価格で買い取ることを義務付け、電力会社はそれによる負担増を一般の電力需要家にさせる制度。一般の電力料金の高騰を来すこととなった。
＊2　予想される競争条件の変化：太陽光モジュール単体の競争から、業務用・家庭用エネルギー（電力・ガス・石油）の総合的マネジメント・サービスの競争

第5章　グローバル事業展開のケース・スタディ

へのシフト。
*3　ムーアの法則：インテルの創設者G.ムーアが1965年に経験則「半導体の集積密度は18〜24ヶ月で倍増する」を提唱。
*4　B2C：Business to Consumer（一般消費財の取引）、B2B：Business to Business（産業財の取引、会社間取引）。
*5　デファクト戦略：日本標準、国際標準とかの正式ではないが、「事実上の標準」として普及させる戦略。
*6　クアルコム、エリクソンの知財戦略：国際標準として重要度の高い技術を自社特許として抑え、特許収入により高収益化を図る戦略。
*7　各社決算資料等
*8　CCD: Charged Coupled Device　イメージセンサ素子の一つ
*9　NAND：NAND型フラッシュメモリ
*10　SI：System Integration（システム・インテグレーション）
*11　出所：各社決算資料
*12　各社決算資料等
*13　ビッグデータ：巨大で複雑なデータ集合の集積物
*14　IoT：Internet of Things の略で、あらゆるものがインターネットでつながるという意味。
*15　AI：Artificial Intelligence（人工知能）
*16　東芝（2016）『2016年度事業計画説明会』、3月18日
*17　CCD: Charged Coupled Device
*18　鴻海精密工業：台湾の世界最大手のEMS（Electronics Manufacturing Service 電子機器受託会社）
*19　情報通信総合研究所（2013）『infoCom モバイル通信 T&S』8月号（293号）
*20　競合企業：米国 IBM、HP や欧州シーメンス等のメーカ系に加え、アクセンチュア等の独立系 SIer。
*21　スマイルカーブ：事業を川上（企画・開発）、中流（生産）、川下（販売・サービス）に分け、川上と川下の利益が中流より大きい収益形態、カーブがスマイル形になる。
*22　EMS：Electronics Manufacturing Service、電子機器受託会社
*23　ファブレス：生産機能を自社で所有せず、外部委託する事業形態。
*24　戦線の広がり：製品・販売地域の拡大、異なる多数の事業・ビジネスモデルの混在。
*25　コンピタンス：競争力の源
*26　フィンテック：Finance（金融）とTechnology（技術）を組み合わせた造

217

語、IT技術を使った新たな金融サービス。
* 27 Dyson：英国の家電メーカ、特異の技術で掃除機、扇風機などでユニークな商品を開発販売。
* 28 iRobot：北米ベンチャ、掃除用ロボット「ルンバ」を開発販売。

2．一般電子部品産業と半導体産業の明暗　　　　　　　　　杉本　晴重

（1）一般電子部品産業の健闘

　一般電子部品産業は、電気機器・電子部品産業の中で、時代の変化に適合してグローバル化を進め、躍進している*1。

　電子部品・デバイスの世界生産額は2012年、51.5兆円に達し、半導体とディスプレイが過半を占めるが、コンデンサ、インダクタ、小型モータ等に代表される一般電子部品も16.9兆円あり大きな市場である。日本メーカが半導体で苦戦する中で、一般電子部品は好調でありそれぞれの分野でグローバルなポジションを持つ企業が存在する強みがある。

　日系一般電子部品メーカは、いずれも特徴ある技術で小型・高性能・高機能・高品質の製品を開発し、特に近年の爆発的なスマホ需要に乗って世界の主要スマホベンダーに部品を供給している。更に市場拡大が期待される自動車、医療分野に加え、エネルギー、ロボット、IoTなど将来期待される分野でも積極的に研究開発、市場開発に取組んでいる。

　一般電子部品各社の生産工場は、国内に限らず中国、アジアを中心に欧米各国に展開していて、ユーザである世界の主要セットメーカの生産拠点と連携を密にしてグローバルな販売・供給・サポート体制をしいている。

　表5－6に日系一般電子部品主要各社の主要製品と2014年度（平成26年度）の海外売上比率と営業利益率を示す。参考に前節で述べた電気機器産業の主要各社のデータも掲示する。

　データが示すように、一般電子部品各社は前節で述べた日系電気機器メーカに比して、高い海外売上比率と営業利益率を確保している。2000年以降、電気機器メーカが業績を悪化させた中で、一般電子部品メーカは堅調な業績を維持し、近年、増収増益基調が続いている。これら日系一般電子部品メーカの強み、特徴を以下にまとめる。

第5章 グローバル事業展開のケース・スタディ

表5-6 一般電子部品と電気機器の海外売上比率と営業利益率(2014年度)

分類	企業名	主要製品または事業	海外売上比率	営業利益率
一般電子部品	村田製作所	積層セラミックコンデンサ SAWフィルタ	92.2%	20.6%
	日本電産	小型モータ	82.1%	10.8%
	TDK	インダクタ　SAWフィルタ 積層セラミックコンデンサ	91.4%	6.7%
	日本ケミコン	アルミ電解コンデンサ	76.5%	4.1%
	マブチモータ	小型モータ	91.0%	14.5%
	太陽誘電	積層セラミックコンデンサ SAWフィルタ　インダクタ	85.9%	5.8%
	アルプス電気	音響部品　スイッチ	81.5%	7.2%
重電・社会インフラ	日立製作所	重電　社会インフラシステム	47.0%	6.1%
	三菱電機	重電　産業エレクトロニクス	41.9%	7.3%
	東芝	重電　原子力　PC　NAND	59.0%	2.6%
家電・映像	ソニー	音響映像　CCD　スマホ	72.8%	0.8%
	パナソニック	家電　映像機器	52.0%	5.0%
情報通信	NEC	情報通信システム	20.0%	4.4%
	富士通	情報通信システム	39.6%	3.8%

出所：2014年度(平成26年度)各社決算資料

（1）材料開発を含め高い独自技術を保有し、事業分野を選択・集中し高シェアを確保、結果として高いコスト競争力、価格コントロール力を持つ。
（2）世界のリーディングユーザと緊密な関係を構築し、常に最新部品（超小型・高性能）を開発し市場をリードしている。例えば、村田製作所の超小型セラミックコンデンサである。
（3）グローバルな販売、生産、サポート体制で顧客、市場との高い信頼

関係を構築している。
(4) 京都に拠点を置く独立系のオーナー企業が多く、自立、創業者精神にあふれ、中長期的な経営方針と迅速な決断と行動ができている。例えば、日本電産、永守社長のM&A戦略をさす。
(5) 研究開発投資を継続的に行い、自動車、医療、エネルギー、ロボット、IoT等、常に新規市場を開拓している。

近年、欧米だけでなく韓国、台湾、中国などの競合メーカの追随も大変厳しくなってきたが、これらの強みを生かして新規市場を開拓出来れば、日系一般電子部品メーカの成長は今後も期待できる。

(2) 半導体産業の大変化

近年のエレクトロニクス産業の停滞は半導体、PC、携帯電話、液晶テレビ・ディスプレイパネル、太陽電池分野での地盤沈下が大きいが、PC、携帯電話、液晶テレビのような一分野と異なって、半導体の衰退は「半導体は産業の米」と言われる通り、産業界全体に大きなインパクトを与え、将来にわたって与える影響も大きい。

半導体産業は1970年代以降、産業の米として国家的にも最重要産業の一つとして国家プロジェクトを組んで振興され、実際、1980年代、初期の

表5-7 世界の半導体売上げ順位

	1987年	1990年	1995年	2000年	2005年	2010年	2014年
1	NEC	NEC	インテル	インテル	インテル	インテル	インテル
2	東芝	東芝	NEC	東芝	サムスン電子	サムスン電子	サムスン電子
3	日立	モトローラ	東芝	TI	TI	東芝	クアルコム
4	モトローラ	日立	日立	サムスン電子	東芝	TI	マイクロン
5	TI	インテル	モトローラ	NEC	STマイクロ	ルネサス	SKハイニクス
6	富士通	富士通	サムスン電子	STマイクロ	インフィニオン	ハイニクス	東芝
7	フィリップス	TI	TI	モトローラ	ルネサス	STマイクロ	TI
8	ナショセミ	三菱電機	富士通	インフィニオン	NEC	マイクロン	ブロードコム
9	三菱電機	フィリップス	三菱電機	フィリップス	フィリップス	クアルコム	STマイクロ
10	インテル	松下電器	現代電子	マイクロン	フリースケール	インフィニオン	ルネサス

出所:Wikipedia半導体メーカ売上高ランキング　注:太字が日本メーカ

第5章　グローバル事業展開のケース・スタディ

DRAM*2においては世界市場を日本メーカが独占する程の勢いがあった。その為、日米貿易摩擦まで起こったが、同様に貿易摩擦が起きた自動車産業が踏ん張り危機をばねに飛躍したのに比して、半導体産業はその後、DRAM市場でのシェア低下のみならずμプロセッサなどでも地位を確立できず、じり貧の状態となった。表5－7に1980年代後半からの世界の半導体メーカの売上順位を示すが、2000年以降急激に日本メーカは順位を下げている。これは1990年後半以降の大きな時代変化に日本勢が対応できなかった、あるいは乗り遅れたことが大きな要因である。

（3）時代変化の3つの要因

　時代変化の一つ目は主力だったDRAM市場変化である。DRAMの主要用途は当初大型コンピュータで高品質が要求されたが、コンピュータそのもののダウンサイジングでワークステーション、PCと小型・高性能化され更にタブレット、携帯電話、スマートフォンなどの携帯端末が主力となって、品質以上にコストパフォーマンスが重視されるようになったが、日本勢はその波に乗り遅れた。

　二つ目は製品の変化である。DRAMのような単機能製品から、μプロセッサや無線用の機能半導体、画像処理半導体に代表されるインテリジェンスを持った高機能半導体など、製品の多様化が進んだ。日本勢も色々な分野に進出したが、一部を除いてほとんど主導権はとれずデファクトになっていない。

　三つ目は膨大な設備投資と製造の変化である。半導体は、集積度が増す度に研究開発、工場建設・生産設備に数百億円、数千億円という膨大な投資が必要となり、業績が好調な大企業でも半導体への設備投資は容易ではなくなった。このような状況に対応して製造を専門とするTSMC*3、UMC*4などのファウンドリ企業が台湾中心に興り、一方で製造を持たずにデザイン・開発に専念するファブレス企業も欧米中心に増えてきた。開発設計から生産まで一貫した事業形態を主力とし強みとしていた日本勢は、開発・製造設備投資や維持費負担が大きくなり、半導体以外の事業での収益も減少する中、投資体力がなくなりコスト競争力を急速に失っていった。

　このような産業構造の大変化の中で、生き残りをかけて奮闘している企業もいくつかある。東芝はNAND*5型メモリーに特化して高いシェアを

築き、ルネサスは組込み用μプロセッサの自動車用途では世界的にも高いシェアを持ち、現在でも世界売上高ベスト10に残っている。ソニーもCCD＊6では高いシェアを確保し、東芝からもセンサーデバイス部門を買収して事業強化を図っている。また規模的には中堅であるが高収益を誇るロームやキーエンスのように、最先端微細技術を追わずに通信や制御用特種用途向けの付加価値製品に特化する戦略や、電力用半導体に特化してグローバル競争に挑む三菱電機、富士電機の戦略も注目される。

　このような得意分野に特化して世界 No.1 を目指す戦略ではまだ日系メーカのチャンスは残っている。

（4）半導体製造装置産業の健闘

　半導体製品メーカが縮小する中、半導体製造装置業界は健闘している。

　表5－8に半導体製造装置メーカの世界順位推移を示すが、長年、常に4～5社がベスト10に入っている。ステッパや露光機、研磨など光学系や機械系の高度なモノづくり技術を有する半導体製造装置メーカが、日系半導体メーカから世界の半導体メーカへとビジネスを広げ、インテル、サムスン電子など世界のトッププレイヤーや TSMC や UMC 等のファウンドリ企業と付き合うことにより技術を進化させ事業を継続してきた。大企業ではないが、研磨関係の精密装置では高いシェアを握るユニークな企業として定評のあるディスコ社など、一般電子部品メーカが高い技術力で世界のトップ携帯電話・スマートフォンメーカと信頼関係を築いて生き残っているのと同様の強みを生かしている。

　しかし近年、半導体製造装置メーカも多大な開発費を必要とし競争も激化しており、東京エレクトロンのように海外メーカ＊7との合弁により、グローバルな生き残り戦略をとる企業も出て来ており、今後の日本勢の動きが注目される。

＊1　日本政策投資銀行（2014）『日本の電子部品産業の強みと競争力強化に向けた方策』、調査報告書 No.217-1、9月17日
＊2　DRAM：Dynamic Random Access Memory
＊3　TSMC：台湾積体電路製造
＊4　UMC：United Microelectronics Corporation（聯華電子）

第5章　グローバル事業展開のケース・スタディ

*5 NAND：NAND型フラッシュメモリー（不揮発性メモリー）
*6 CCD：Charged Coupled Device
*7 海外メーカ：米国アプライド・マテリアルズ社と経営統合し新会社 Eteris を設立

表5-8　世界の半導体製造機器メーカ順位

	2005年	2007年	2009年	2011年	2013年
1	アプライド・マテリアルズ	アプライド・マテリアルズ	アプライド・マテリアルズ	ASML	アプライド・マテリアルズ
2	**東京エレクトロン**	**東京エレクトロン**	**東京エレクトロン**	アプライド・マテリアルズ	ASML
3	ASML	ASML	ASML	**東京エレクトロン**	ラムリサーチ
4	KLA-Tencor	KLA-Tencor	**ニコン**	KLA-Tencor	**東京エレクトロン**
5	**アドバンテスト**	ラムリサーチ	KLA-Tencor	ラムリサーチ	KLA－Tencor
6	**ニコン**	**ニコン**	ラムリサーチ	**大日本スクリーン製造**	**大日本スクリーン製造**
7	ラムリサーチ	**アドバンテスト**	**大日本スクリーン製造**	**ニコン**	**日立ハイテクノロジー**
8	ノベラスシステムズ	ノベラスシステムズ	ASMインターナショナルズ	**アドバンテスト**	**アドバンテスト**
9	**日立ハイテクノロジー**	**日立ハイテクノロジー**	ノベラスシステムズ	ASMインターナショナルズ	テラダイン
10	**キヤノン**	**大日本スクリーン製造**	テラダイン	ノベラスシステムズ	**ニコン**

出所：Wikipedia半導体製造装置メーカ売上高ランキング　注：太字が日本メーカ

3．通信の発展と通信機器産業の変革　　　　　杉本　晴重

インターネットの出現で、劇的な変化が起きた

　通信業界は、1970年代まで各国、地域毎に異なる標準や規制が存在し市場開放が遅れていた。

世界市場での製品の共通化や標準化の進行は、業界、製品などによって異なる。エレクトロニクス産業で見ると、グローバル化は世界共通性が高い素材・電子部品から始まり、次の半導体はメモリーを始めとしてあっという間に世界共通品（デファクト）が出来て普及し、日米半導体摩擦まで起こった。完成品についても家電製品はテレビ、ビデオ等音響映像機器の世界的普及に始まり、コンピュータ分野でもマイクロプロセッサと汎用OS＊1の出現でデファクト化が進み、パーソナルコンピュータ（PC）という新商品・新事業分野で世界的な普及と競争を加速させた。
　そして最後に、通信分野でも世界標準化が進み規制も緩和され、通信機器のグローバル展開が容易になり、市場拡大をもたらした。
　これは半導体とソフトウエアの急速な進歩が、デジタル技術の応用拡大、高集積・高速・高機能化を加速し、通信の有線・無線分野のインフラ技術進歩を可能としたことが、まず挙げられる。次にインターネットという新たな通信インフラの出現で、通信と情報（コンピュータ）、放送との連携・融合やサービスの高度化と多様化を可能にし、その拡大の規模とスピードは先進国から新興国そして全世界規模へと急速に広がっていることは、良く知られるところである。
　日本においては、1985年、日本電信電話公社が民営化され日本電信電話株式会社（NTT）となり通信自由化が始まった。それ以降、「総務省平成27年版情報通信白書」＊2でいう所の「電話の時代（1985年頃〜1995年頃）」、「インターネットと携帯電話の時代（1995年頃〜2005年頃）」、「ブロードバンドとスマートフォンの時代（2005年頃〜現在）」の10年毎に情報通信分野（通信だけではなく情報と融合した）は大きな発展変化を遂げてきた。
　このような社会環境変化の中で、通信機器業界のグローバル化も劇的に変化してきており、ここでその変化と教訓を見てみたい。

（1）通信自由化以前（1985年以前）
北米、中東、アフリカ、中南米で事業に取り組んだ日本の通信機器メーカ
　通信自由化以前のビッグイベントとしては、1970年代から始まった電話交換機の電子化と伝送路の大容量化であった。特に前者は日本電信電話公社（当時）とNEC、富士通、沖電気工業、日立製作所の通信機器メーカ4社による大プロジェクトで、まずは当時急増し滞留していた電話需要に応

えることが主眼であった。このプロジェクトの成功、経験が更にデジタル電子交換機の開発へと引き継がれ、1985年以降の「電話の時代」を支えることとなる。

　グローバル化については、通信機器メーカは1985年以前から輸出あるいはノックダウン形式で海外市場の開拓を積極的に進めていた。例えば1970年代から中近東、アフリカ、中南米のマイクロ回線の施設（NEC、富士通、沖電気）やテレックス交換機（沖電気）、北米の EPBX ∗3（NEC、沖電気、富士通）等で実績を上げていた。これらは新興国の通信インフラ整備需要を捉え、北米では市場開放による電子化要求に応えた事業展開で、当時としてはかなり挑戦的な経営戦略と評価できる。

（2）電話の時代（1985年頃～1995年頃）
デジタル化への大転換期についていけなかった日本の通信機器業界

　初期と後期では大きく異なる。この時期、固定電話（有線）全盛の時代であったが、初期にスタートした自動車電話は重いながらショルダー型が開発され、後期になると更に小型・軽量化した携帯電話へと進化した。

　この時代、日本勢は新興国の通信インフラ構築に加え、北米、中南米向け局用電子交換機、EPBX、伝送装置、北米の自動車電話などを輸出あるいは現地生産で供給し、継続的な成長を目指した。北米での局用電子交換機（NEC、富士通）や現在の携帯電話の源となるセルラー方式自動車電話（沖電気）などメモリアル的な実績もあげたにも拘らず次の時代の大きな成長へつながったものは少ない。それはなぜか。

　この時期、後期にかけて通信のデジタル化に伴う技術革新のスピードが加速度的に早まるとともに、携帯電話、パーソナルコンピュータ（PC）など歴史的な商品が出て、通信インフラもデジタル化、大容量化に向けて世界的開発競争が激化した。日本企業は、この市場のグローバル化に十分対応できなかった。

　その原因として、大手通信機器メーカは自社内に半導体や電子部品などの事業を有する垂直統合的なビジネスモデルで幅広い製品開発を得意としていた。一方、シリコンバレーを中心とする米国の情報通信機器分野では、シスコなどベンチャが多数創業し多額の資金とM&Aに加え、人材移動が容易な開発環境で革新的製品を短期間で開発した。エリクソン、アルカテ

ル、ノーテルなど欧米の大手通信企業も、積極的にベンチャを買収し外部との協業を進めて、この通信インフラの変化と急増する携帯電話需要に対応した。日本企業は、この開発スピードと革新性に勝てなかったことが第一の原因として挙げられる。

　この時期、安定した固定電話需要に支えられ、日本企業の通信事業部門は業績好調であったが、携帯電話、PC、半導体など高成長が期待される新規事業も多数抱えており、多額の開発投資や設備投資、リソース投入が必要だった。特に半導体投資が大きかった。この事業の多角化と戦線拡大のため、通信機器分野で国内と海外市場同時に製品開発・システム展開出来るだけの、十分なリソースが次第にとれなくなったことが第二の原因として挙げられる。結局、競争は個々の技術力と製品の品揃えではなく、革新的製品を如何に多彩な技術（人材）を集中的に投入して、早く開発するかが勝負のポイントで、日本勢はベンチャ的開発との競争についていけなかったと考えられる。

　その影響は、この次のインターネットの時代以降に大きく表れてくる。

（3）インターネットと携帯電話の時代（1995年頃～2005年頃）
伝送路の光化が進むとともにインターネットと携帯電話の時代に入る

　21世紀を迎えるにあたり、通信インフラは劇的に変化した。伝送・交換、有線・無線を問わずアナログからデジタルへのシステム移行が加速した。ネットワークはTDM*4からATM*5を経て、IP*6への移行が始まった。トラフィックも電話・FAXに加えメールやイメージ・映像等のマルチメディアデータが急増し、端末も固定電話やPCに加え携帯電話が急増し、「インターネットと携帯電話の時代」と言われる時代への転換が行われた時代である。

　それまで健闘していた日本勢のグローバル展開は大きな曲がり角を迎える。
　まず通信インフラでは、伝送路の光化がWDM*7方式で大幅に広帯域化し、通信レイヤは専用の交換機からルータ*8へ急速に移行し、ソフトウエアによるネットワークのインテリジェント化（高機能化）が進んだ。このような時代変化の中で、日本勢は伝送分野ではNECが光海底ケーブル事業を本格化し、富士通は北米伝送装置で存在感を上げたが、グローバル市場で急拡大した携帯電話、ルータ分野では実績を上げることは出来なか

第5章　グローバル事業展開のケース・スタディ

った。

なお携帯電話とルータについてはそれぞれ（5）（6）で述べる。

この通信インフラのシンプル化とオープン化に伴い、世界の通信機器業界地図も大きく変わり始めた。北米シリコンバレーを中心にシスコ等ベンチャ企業が巨大化し、中国にもファーウエイなど新たな新興勢力が出る一方で、ノーテル、ドイツのシーメンスなど苦戦する大手老舗企業も多くなった。日本勢も国内市場はともかく、世界では苦戦を強いられた。これは、技術革新による開発スピードの加速と製品・システムのモジュール化により、電気機器産業の中では技術・製品寿命が長かった通信機器産業にも、製品のコモディティ化が進み、日本企業の研究開発から製品化まで自社で行う垂直統合型の強みが生かせなくなったからである。

インターネット普及に伴うグローバル化は世界市場における競争をさらに激化し、一方でオープンイノベーションの有効性を高めたが、日本企業も大きな変革を迫られた。

日本の通信機業界の大きな変化としては、1999年7月の日本電信電話株式会社（NTT）の分割である。日本電信電話株式会社が東日本電信電話株式会社（NTT 東）と西日本電信電話株式会社（NTT 西）と NTT コミュニケーションズの3社に分割された。NTT コミュニケーションズは、民間会社として国内の長距離通信と海外で国際通信事業を手掛ける会社として設立された。

民間企業の地域データ通信への参入もあった*9。1999年11月には、イー・アクセスが ADSL*10事業で起業、2001年9月には、ヤフー BB が同じく ADSL 事業で無料の端末を配布して参入し、日本国内のインターネットの普及を加速した。

（4）ブロードバンドとスマートフォンの時代（2005年頃〜現在）
スマートフォン時代への対応が全く出来なかった日本の通信機器メーカ

2005年頃から、端末も音声主体の携帯電話からマルチメディア PC がモバイル化したタブレット端末やスマートフォンへと大きく変わった。決定的であったのは、2008年3月に日本で発売したアップルの iPhone（3G）である。

日本の携帯電話は、世界の先端を NTT ドコモ主導で走っていた。端末

227

の小型化、高機能化で日本の携帯電話は技術的に世界をリードしていたが、世界市場での携帯電話機販売ではノキアに負け、国内でも事業の縮小や他社との合併などで凌いで、現在、富士通、ソニーモバイル（旧ソニーエリクソン）、シャープ、京セラが生き残っている程度である。

　アップルの iPhone が市場に出て、スマートフォン時代への対応が全く出来ていなかった日本の携帯電話機器の販売は、更にアップルとサムスン、LG などに押されて、海外進出どころではなくなってしまった。

　商品がコモディティ化し販売チャネルがどこのメーカでも扱い、価格、料金などのあらゆる情報がネットで分るこの時代、よほどの差別化が出来ない限りグローバル競争での勝ち目はない。

日系通信機器メーカにチャンスは無かったのか「事業の選択と集中」遅れ

　2000年代に入り、光アクセス回線の普及や 3.5G 移動体通信、Wi-Fi [11]、WiMax [12]等、無線の高速化と多様化が、高度化したインターネットサービスを、更に容易にかつ安価に提供可能にした。この流れは日米欧だけでなくグローバルに展開され、本来ならば日系通信機器メーカにとっても大きなビジネスチャンスであったはずであるが、既にネットワーク構造の大幅なシンプル化と無線トラフィックの急増により、通信機器レイヤとそのプレイヤーは様変わりしていた。

　すなわち、2010年時点で約800億ドルの通信機器レイヤの世界市場規模のうち、約半分が移動体インフラ構築のための投資である。更に光トランスポート、ルータ・スイッチを加えた3分野が通信インフラ投資の主体であり、この分野は、世界的に有力プレイヤーが決まってきており、エリクソン、ファーウエイ、アルカテル・ルーセント、シスコ、ノキア・シーメンスネットワークス等である[13]。

　半導体、携帯電話、PC 事業などの不振、リストラと円高で業績が大幅に悪化した日本メーカは、海外市場へ参入する余裕はなく、国内市場に注力せざるを得ない状況であった。やはり、情報通信機器事業においても世界の市場動向、技術動向、競合を冷静に見て早目の「事業の選択と集中」を進め、必要な舵を大きく切る必要があったと痛感する。

　その中で1980年代中から光海底ケーブル市場に参入した NEC は、敷設距離延べ20万km（地球5周分）の実績を誇り、フランスのアルカテル・ルーセント、米国のタイコ（現 TE SubCom）と並んで3強の一角を占めている。

第5章　グローバル事業展開のケース・スタディ

この継続的成功は、高速光通信を可能とするデジタルコヒーレント技術や光信号を分岐するOADM*14技術等、弛まぬ技術開発と、当初需要の主体だった日米大陸間などの大陸間から、近年はアジア、アフリカなど発展が顕著な域内需要へ市場戦略をシフトしたことなど、市場動向を見た柔軟迅速な意思決定、行動の結果である*15・16。

　ブロードバンドとスマートフォンの時代になって、インターネット当たり前の多様なサービスと情報・通信を融合した高度な産業システム、社会インフラのニーズ、価値が高くなってきた。そのような社会変化に対応し、NEC、富士通などの情報通信機器メーカも製品・システム開発販売からシステムインテグレーション、サービス・ソリューション提供へとビジネスモデルを大きく変化している。例えばNECは映像監視、スマートエネルギーソリューション、空港ソリューション、スタジアムソリューション等で海外での実績作りをしている。富士通もデータセンター等のサービス提供と、医療、流通、金融等の業種別ソリューション提供を強化している。サービス・ソリューション事業はローカル依存も高く、グローバルに展開するには協業やM&Aを通したローカラゼーションが必須である。ターゲット分野を絞り製品からサービスまで提供価値の差別化が重要である。両社ともビッグデータ、AI、IoTなど、新規分野の研究開発にも重点的に投資しているが、ベンチャーを中心とする海外勢との競争は容易ではなく、いかにサービス・ソリューション事業との相乗効果を上げられるか、今後の戦略が注目される。

（5）携帯電話事業のグローバル展開
世界をリードしたモバイル・インターネットサービス「iモード」

　現在のセルラー方式移動体通信の本格的始まりは、日本では1979年12月の日本電信電話公社（当時）による東京23区の自動車電話商用サービス開始、アメリカでは1981年のAT&T（当時）によるサービス開始であるが、このアメリカのAMPS*17市場の立ち上げに関しては、商用サービス以前、1977年市場調査用端末機器の受注を沖電気がモトローラ社と共に獲得しており、画期的な成果として大いに注目された。

　最初の第1世代（1G）はアナログ方式で、北米市場に注力した沖電気以外のNEC、富士通、日立製作所など通信機器メーカは、通信キャリアを

229

通して国内市場のサービス拡大に注力した。1980年代後半から、自動車電話は急速な部品の小型化によりショルダー型、携帯型へ大進化し、日米欧を中心に需要が急拡大し始めた。

それに応えて大容量化を可能とするデジタル方式の第2世代（2G）が開発されたが、欧州を主体とする GSM*18と日本の PDC*19と、大きく二つの標準が主流で世界標準として一本化はできなかった。日本では1993年に NTT ドコモが PDC 携帯電話サービスを開始し、1994年には端末がレンタル制から買取制に移行し、90年代半ば以降、さらに加入者が急増した。

この時点では、通信機器メーカだけでなく三洋電気（当時）、松下通信工業（当時）、東芝、三菱電機を始めとする家電メーカも市場に参入して、過当競争とも思える状況になったが、日本固有の通信キャリア経由の販売によりバランスが保たれていた。

当時、日本は携帯電話事業では最先端を走っており、1999年には NTT ドコモが世界初のモバイル・インターネットサービス「i モード」を開始した。

次の第3世代（3G）では、日本標準を世界標準にすべく官民挙げて取組み、実際、2001年には NTT ドコモが世界初の第3世代 W-CDMA*20方式を採用した「FOMA」のサービスを開始している。

海外市場に関しては、国内市場での実績と高い技術力で勢いを得た日本勢は、90年代半ばには、当時世界の過半数を占めていた GSM 市場であるヨーロッパ、中国市場の開拓を積極的に進めた。特に NEC、三菱電機等は、現地に生産、開発拠点を設け現地化を積極的に進めたが、結果的に成功せず2000年代に入るとほとんどの企業が撤退してしまった。その後、急成長する中国市場へ 3G で再挑戦した企業もあるが、これも結局、撤退となった。

2G ではデファクト標準となった GSM の知財面でハンデキャップのあった日本企業であるが、3G では研究開発当初より世界標準を目指して W-CDMA を開発して、実際、NEC、松下電器産業（当時）などが多くの特許出願をしている。

しかし、3G の世界標準 W-CDMA、CDMA2000 *21に関して、各企業等から標準化仕様に必要な特許として第2号選択（適切な条件の下に、非排他的かつ無差別に工業所有権の実施が許諾されるもの）で申請された377件の

出願者では、件数順にクアルコム、ノキア、エリクソン、NTT ドコモとなっており、件数からは必ずしも日本勢の優位とは見られない*22。3G 海外進出失敗の大きな要因としては、このような知財問題にもあったと考えられる。

携帯市場とビジネスモデルの変化の速さについていけなかった日本

　他にも日本企業の海外進出の失敗原因は、2000年の通信バブルの崩壊、高機能化した日本仕様・高価格製品と価格重視の市場ニーズのミスマッチング等色々言われているが、一番大きい要因は、通信キャリアを通して企画・開発・販売する日本型ビジネスモデルと、通信サービスと端末販売が分離された自由競争環境にある世界市場とでは、市場ニーズの把握、商品企画、開発、コスト競争等が異なっていたからだ。この激烈なオープン市場で競争するには、メーカ自身が情報収集力、商品力、技術力、生産力、マーケティング力、販売力を、自力で十二分に発揮する必要があった*23。これらの総合力が不足していたと言える。ソニーエリクソン（当時）を作りエリクソンと協業したソニー（現ソニーモバイル）が現在も市場で健闘しているのは、ソニーの企業文化だけではなく、この総合力が鍛えられたからではないかと思われる。

　携帯市場の変化、技術革新そしてビジネスモデルの変化の速さと大きさは予想がつかず、事実、ついこの間まで世界シェアのトップクラスにいたノキア、モトローラがスマートフォン時代への移行に遅れ、アップル、サムスンにその座を譲ってしまった。最近になると、ファーウェイ、シャオミ等の中国勢の台頭などもあり、トッププレイヤーのあっと言う間の交替現象にも市場変化の速さと厳しさがみてとれる。

　結局、当初11社あった日系携帯電話メーカは2001年にソニーがエリクソンと合弁したのを皮切りに、2006年には三菱電機が携帯電話事業から撤退、2008年には京セラが三洋電気から携帯電話事業を買収、2009年には日立とカシオが事業統合、2010年には富士通と東芝が事業統合、同年、NEC が日立・カシオ連合に合流、2013年にはパナソニック、NEC が撤退し、現在残るのはソニー、富士通、シャープ、京セラの4社になり、世界市場での存在感はほとんどなくなってしまった*24。特にガラケイからスマートフォンへの対応不全が致命傷となった。スマートフォン需要も先進国では既に飽和状態に近くなって来ており、今後は発展途上国での厳しいコスト

勝負が予想される。携帯端末は更にウエアラブル端末やIoT対応端末に変化して行くと予想されるが、変化の激しい市場になることに変わりはない。

　今後も、このような市場であることを認識し戦う覚悟が無い限り、日系メーカの携帯端末市場での成功は難しいといえるし、既に日系メーカの対象市場ではなくなってしまった。

　携帯端末機器は設計・構造のモジュール化が進み、既に価値は川上（商品企画）と川下（サービス・アプリケーション・ビジネスモデル）へシフトしていることを考えると、日本企業も端末からIoT時代の新たなモバイルアプリケーションと革新的ビジネスモデル創出に注力すべきである。

（6）ルータ市場
　IP技術開発の取り組みで見誤った日本の通信機器メーカ
　ルータは1980年代後半LAN*25のマルチプロトコル・データ交換機として北米中心に開発されたが、データ量の急速な拡大に伴い、大型・高速化とWAN*26への展開が一気に進んだ。特に1984年北米シリコンバレーで創立されたシスコシステムズ社（以下シスコ社）はマルチプロトコルルータからスタートし、スイッチメーカやATM・FR*27機器ベンチャなどを次々と買収して巨大化しIP通信システムのトップベンダとなった。

　このシスコ社のM&Aによる新市場創出と市場獲得戦略は、「時間を金で買う」戦略であるが、そのスピードはシリコンバレーでも際立っていた。日本市場にも、1992年に進出し、日本企業とパートナーシップを結んでIP市場の開拓を積極的に行った。

　1990年代当初、日本の通信関係者間ではルータ技術とシスコ社の急成長に高い関心はあったが、WAN市場への適用とシェア拡大については、十分な予測が出来なかった。これはルータ技術が規模と高信頼性を要求する公共網に適用されるには、技術成熟に時間がかかること、また、当時ATMを推進していた日本としては、IPはまだ早く、広範な実用化への確信が十分になかったからと思われる。

　実際には更なる技術進歩により、1990年代後半には、リアルタイム性の要求が厳しい音声信号もIP化し、従来の電話交換機に代わってルータとスイッチ、サーバで音声電話の通信が可能となった。いわゆる、通信のダウンサイジングとオープン化である。このような急速な技術変化によりネ

第5章　グローバル事業展開のケース・スタディ

ットワークは光伝送路と IP 交換というシンプルな構造に代わり始め、従来の電話主体のネットワークも IP 網への統合が始まった。

　大型ルータ開発については、日本勢も手をこまねいていたわけではない。2004年に日立製作所、NEC が合弁会社「アラクサラネットワークス」を設立して国産ハイエンドルータ・スイッチ開発に挑戦したが、時すでに遅く、この分野はシスコ、ジュニパーネットワークス等海外勢にほぼ独占されてしまった。

　このような破壊的イノベーションを起こすには、時間を金で稼ぐ M&A が有効であることは分っていたが、当時米国でもシスコ社のように短期間で非常に多数のベンチャー企業を買収する経営戦略は珍しく、バブル崩壊後の当時、自前主義が残りリスクをとることが少なかった日本企業にとってはあっという間の出来事で、スピード感が全く違っていた。

　ただし、全ての M&A が成功したわけではなく、十分に準備検討されたものでもない。シスコ社のケースでも、初期の M&A は顧客からの要求で即決したという話を聞いたことがある。これも日本企業ではなかなか出来ない経営判断である。

*1　OS：Operation System　コンピュータを動作させる基本ソフト
*2　総務省『平成27年版情報通信白書』
*3　EPBX：Electronics Private Brunch Exchange（電子式構内交換機）
*4　TDM：Time Division Multiplexing（時分割多重方式）
*5　ATM：Asynchronous Transfer Mode（非同期転送モード）
*6　IP：Internet Protocol（インターネットプロトコル）
*7　WDM：Wave Division Multiplexing（波長分割多重方式）
*8　ルータ：複数のコンピュータネットワークを接続、中継する機器
*9　千本倖生（2002）『ブロードバンド革命への道』経済界
*10　ADSL：Asymmetric Digital Subscriber Line の略、電話線で高速データ伝送する技術
*11　Wi-Fi：ワイファイと読み、無線 LAN の規格の一つ
*12　WiMax：ワイマックスと読み、無線通信特に Man（Metropolitan Area Network）向け規格
*13　総務省『平成25年版情報通信白書』通信機器レイヤーのグローバル展開
*14　OADM: Optical Add Drop Multiplexer　光分岐挿入装置　光波長多重通信

233

の主要装置
* 15 原田治 (2013)「NEC 海底ケーブル、技術力裏付け『需要は必ず復活する』」、『SankeiBiz』、1月1日
* 16 田中郁也 (2010)「アジアに『光の道』急増する海底ケーブル」、『Media Watch』、12月20日
* 17 AMPS : Advanced Mobile Phone System　先進移動電話システム
* 18 GSM: Global System for Mobile Communications　ヨーロッパ発の第二世代移動通信方式
* 19 PDC: Personal Digital Cellular　日本発の第二世代移動通信方式
* 20 W-CDMA: Wideband Code Division Multiple Access　世界標準の第三世代移動通信方式
* 21 CDMA2000 : Wideband　cdmaOne とも呼ばれる第3世代移動通信システムの一つ
* 22 特許庁『平成15年度特許出願技術動向調査報告書　移動体通信方式』
* 23 王亭亭 (2007)「『日本発 W-CDMA』の挫折」『ITpro　日経コンピュータ』6月～10月
* 24 情報通信総合研究所 (2013)『infoCom モバイル通信 T&S』8月号（293 号）
* 25 LAN: Local Area Network　構内ネットワーク
* 26 WAN: Wide Area Network　広域ネットワーク
* 27 FR: Frame Relay　高速データ伝送方式の一つ

4．プリンタ業界とATM業界の挑戦　　　　　　　　杉本 晴重

　プリンタ、ATM*1業界の分野は、いずれも日本が得意とする光学技術、画像処理技術、センサ技術とメカトロ技術、半導体技術を武器としている。これら高い技術を駆使したインテグラル型（摺り合せ型）あるいはブラックボックス化したモジュラー型アーキテクチャ*2を持つユニークな製品を創出し、世界市場でも重要なポジションを築いてきた。
　ここでは、それぞれの業界について、その強みとグローバル展開の状況を見てみたい。

（1）プリンタ業界
　表5－9に示す通り、世界の HCP（Hard Copy Peripheral：プリンタ・複

写機・コピー機等）市場規模は、近年11,000万台強で推移しており、40%近いシェアを持つ HP をキヤノン（約20%）、エプソン（約15%）、ブラザー（約7%）の日本勢とサムスン（約5%）が追う状況が続いている。

表5-9　プリンタ・複写機の世界出荷台数とシェア

順位	ベンダー	2012年		2013年	
		出荷台数	市場シェア	出荷台数	市場シェア
1	HP	4,418万	38.9%	4,459万	39.9%
2	キヤノン	2,299万	20.3%	2,308万	20.7%
3	エプソン	1,684万	14.8%	1,554万	13.9%
4	ブラザー	757万	6.7%	821万	7.3%
5	サムスン	589万	5.2%	569万	5.1%
6	その他	1,606万	14.1%	1,457万	13.0%
	合計	11,353万	100.0%	11,168万	100.0%

出所：IDC（米国に本社を置く調査会社）

分厚い多様なプリンタ企業群

　トップシェアの HP を日本勢とサムスンが追う形であるが、日本勢はこの3社以外にもリコー、富士ゼロックス、コニカミノルタ、東芝テック、シャープ、京セラ、沖データなど有力企業も多く、各社海外売上比率が非常に高い。JEITA *3の日本企業の出荷台数統計（表5-10）によると日系企業合計で6,300万台から6,700万台近くに上り50%以上の世界市場をにぎっている。

　しかも、HP のレーザープリンタはキヤノンが OEM 供給しており、日本企業の実質的な市場シェアは更に高く世界市場での存在感は大きい。

　日系企業の生産地は、国内から中国・東南アジアを中心にグローバル展開がかなり進んでいる。結果的に HP、ゼロックスの米国勢、韓国のサムスンを除くとほとんどの有力企業は日系企業という状況である。

　表5-10から見えるように技術・製品別では、低価格のインクジェットが約半分を占めるが、オフィス向けでは高速化、カラー化の加速で画質に優れるレーザや LED のページプリンタの比率が増えている。また単機能プリンタ（SFP *4）からプリンタ、コピー、イメージスキャン、FAX 機能などを複合した複合機（MFP *5）へのシフトが進んでいる。

表5－10　日系企業のプリンタ・MFP出荷台数

			2011年度	2012年度	2013年度	2014年度
プリンタ総計		日本	658万	680万	619万	646万
		海外	5659万	5711万	6033万	6001万
		合計	6317万	6391万	6652万	6648万
SIDM		日本	6万	7万	7万	7万
		海外	356万	282万	282万	259万
		合計	363万	289万	290万	266万
インクジェット		日本	519万	551万	490万	513万
		海外	2624万	2822万	2854万	2810万
		合計	3143万	3373万	3344万	3324万
	SFP	日本	78万	63万	57万	66万
		海外	250万	207万	172万	188万
		合計	328万	270万	230万	254万
	MFP	日本	441万	487万	433万	447万
		海外	2373万	2616万	2682万	2623万
		合計	2815万	3103万	3114万	3070万
ページ		日本	132万	123万	122万	126万
		海外	2679万	2606万	2897万	2932万
		合計	2811万	2729万	3019万	3058万
	SFP	日本	80万	77万	78万	84万
		海外	1613万	1518万	1625万	1475万
		合計	1693万	1595万	1702万	1559万
	モノクロ	日本	57万	54万	56万	80万
		海外	1348万	1304万	1417万	1258万
		合計	1405万	1358万	1473万	1318万
	カラー	日本	23万	24万	22万	24万
		海外	264万	214万	207万	217万
		合計	288万	237万	229万	242万
	MFP	日本	52万	45万	46万	42万
		海外	1066万	1089万	1272万	1457万
		合計	1118万	1134万	1317万	1498万
	モノクロ	日本	19万	17万	14万	14万
		海外	815万	872万	989万	1151万
		合計	835万	889万	1004万	1166万
	カラー	日本	32万	29万	30万	27万
		海外	251万	217万	283万	305万
		合計	283万	245万	313万	333万

出所：JEITA統計データから作成

第5章　グローバル事業展開のケース・スタディ

注1：SIDMはSerial Impact Dot Matrixの略、着色料を塗布したリボンを印字ヘッドで叩き印字するプリンタ
注2：インクジェット（プリンタ）は印字ヘッドとインクカートリッジが左右に往復しながらインクを噴射、印字する方式のプリンタ
注3：SFPはSingle Function Printerの略で単機能のプリンタ
注4：MFPはMulti-Function Printerの略でイメージスキャン、FAX、印字など複数の機能を有する複合機
注5：ページ（プリンタ）は1ページの印刷情報を編集・蓄積して印字できる高速プリンタでプリンタヘッドがレーザ方式やLED方式のプリンタが含まれる。

この複合機へのシフトでは、イメージスキャンや FAX 機能など日系メーカは社内に通信端末機器事業も保有していた強みを生かした。

成長市場は先進国から新興国へ*6

2010年代以降、世界のプリンタ・複写機市場は、約11,000万台で推移し安定しているが、大きく成長はしていない。しかも、地域的には成長の中心だった日米欧の先進国が、既に成熟期に入っている一方、経済成長が著しい中国等の新興国の成長が大きく、逆転している。特にカラーが多く収益性の高かった先進国では、需要の中心だったオフィス用途で、文書の電子化、紙離れ、環境保護（省エネ、省資源化）等からプリント枚数低下が顕著であり、一方、新興国ではコスト重視の点から、カラーよりモノクロプリントが圧倒的に多いため、プリンタメーカの収益悪化の要因となっている。このような社会、環境変化に対して、日系企業は光学系技術、画像処理技術、センサ技術、半導体、媒体高速ハンドリングのメカトロ技術、精密加工技術、化学物性技術を複合させて高速性のみならず環境性（省エネ、省電力など）等競争力を磨いてきた。

ハードビジネスからサービス・ソリューションへシフト

製品、市場（地域）の変化に加え、2000年代に入り、ビジネスモデルにも大きな変化が見えて来た。

従来のプリンタ本体とインク・トナー等の消耗品を販売する製品販売モデルからコピー枚数に応じて課金するサービスモデル MPS*7や業種固有のアプリケーションを提供するソリューションビジネス、更に、プリンタ機器をオフィスや自宅には設置せず、要求に応じてプリントするオンデマンドプリント、プリンタの導入から廃棄までを管理する Life Cycle Management（LCM*8）等、ニーズとサービスの多様化が急速に進んで

いる*9。

　更に2000年代前半からゼロックス等米国勢が先行していた MPS に対しても、日本勢は積極的に取組みだした。例えば、リコーは2011年1月に「グローバル MDS（Managed Document Service）*10事業強化」を発表し、MPS に DPS（Document Processing Service）*11を加え、IT との統合を図って文書管理まで提案した。実際、この発表以降、オーストラリア、ドイツ、韓国、米国と MPS、IT 関連のソリューション開発、販売・サポート企業を買収している。

　この「ハードからサービス」へのニーズ変化に応える為、リコー以外にもキヤノン、コニカミノルタ等が販売サポートチャネルの強化や M&A や協業によるアプリケーションソフト開発の強化等を積極的に進めており、これからのグローバル競争が注目される。

　プリンタ業界にとってドル箱のオフィス用プリント枚数が減少する中、MPS 等のソリューションサービスに加え、商業印刷分野への進出が一つの流れとなっている。

　オフィス向けに比較し、より高画質で大判など多様なサイズと媒体への印刷が要求される商業印刷では、従来、オフセット印刷など専用の印刷機を必要としていた。

　しかし、近年、キヤノン、リコーなど日本メーカはプリンタで培った様々な技術をさらに進化させて、この分野に参入している。キヤノンのように、この分野の有力企業オランダのオセ社を買収し、品揃えと世界的販売網の強化を図っているところもある。この分野のビジネス環境も厳しいと予測されるが、各社の強みを生かしたグローバル展開が期待できる。

（2）ATM（現金自動入金支払機）業界

　ATM とは現金自動入金支払機のことであり、日本では1台で入金した現金を支払いにも利用する還流式がほとんどであるが、世界的には還流式は新しく、入金と支払とは別々で入金した現金は支払には使われない機械が主流である。また支払専用の現金自動引出専用機を CD *12と呼び、決済にチェックやカードのウエイトが高い欧米では CD が主流で還流式 ATM はほとんど見られない。

　世界的なシェアでは NCR（米国）、Diebold（米国）、Wincor Nixdorf

第5章　グローバル事業展開のケース・スタディ

（ドイツ）の3社が上位を占めるが、近年、日本の3社、富士通フロンテック、日立オムロンターミナルソリューションズ、沖電気が還流式 ATM で海外進出を強化し、シェアを急速に伸ばしている。

日本企業だけの還流式 ATM

日本勢が海外進出を強化している大きな理由は2つある。一つは国内市場の飽和である。

銀行向け ATM は銀行の統合による店舗数減とネット化、カード利用の拡大等により設置台数が減少し、近年伸長したコンビニ向け ATM 市場も設置が一巡したため、国内市場はリプレース主体となり大きな伸びが期待できない状態にある。

一方、海外では中国、東南アジア、インド、ロシア、中南米など新興国の経済成長が著しく、それに伴う金融機関の増加、銀行機能の拡大などから、還流式 ATM 導入のメリットがやっと評価されるようになってきた。このビジネス機会を捉えて日本勢は積極的な海外市場開拓を進めてきた。

例えば中国では急激な経済成長により、銀行窓口業務の繁忙解消、拠点拡大、偽札対策、準備現金の節約（キャッシュフロー改善）、省スペース等のニーズが顕在した。特に上海、広州、深圳等の沿岸部工業地帯では、内陸部からの出稼ぎ労働者が急増し、彼らが実家へ送金する機会が急増し ATM のニーズが急増した。

日系企業3社は2000年代初頭から市場ニーズに対応した中国仕様 ATM を開発し、国内のマザー工場と中国あるいはアジアの工場と協力した生産体制を整え、販売、サポート体制も現地パートナーと協力して製品供給を始めた[13]。

現在、中国市場への ATM 出荷台数は国内市場を越える規模になっている。

日本勢は更に、異なる現地紙幣に柔軟に対応できる認識技術と現地仕様を折り込んだ機種を開発し、タイ、インド、トルコ、ロシア、ブラジルなど、現金ウエイトの高い国の市場開拓を積極的に進めている。

継続する基礎技術開発

このようなグローバル展開を可能にしているのは以下の4つの要因によるところが大きい[14・15]。

（1）継続的な基礎技術開発

具体的にはセンサ技術、媒体（紙幣）の高速ハンドリング技術（メカトロ技術）、紙幣認識技術、認証技術等のセキュリティ技術、ユニバーサルデザインを考量したヒューマンインタフェース技術等である。
（2）主要モジュールの摺合せ型作りとブラックボックス化
　基礎技術を融合し、主要モジュールを摺合せ型で設計生産することによりブラックボックス化し、ノウハウ・知的財産を保護すると同時に自社向けと他社供給も可能としている。これは、自動車のエンジンやプリンタの主要プリント機構（インクジェット、レーザー、LED 等）と同じ技術構成モデルである。
（3）現地ニーズに対応した商品開発と高度な生産体制（コスト競争力と高品質）
（4）現地パートナーとの協力による販売・サポート体制（安全・安心）
　市場では、2015年、Diebold が Wincor　Nixdorf を約18億ドルで買収しNCR を抜いて世界シェアトップになる等、競争が厳しくなっている。CDを含めた設置台数ベースでは欧米3社にまだ及ばないが、還流式 ATM をコア商品とし、技術力、商品力、サポート力でさらにシェアを上げ ATM以外の機器事業、サービス事業への展開等、業容拡大することが期待される。

＊1　ATM：Automatic Teller Machine（現金自動入金支払機）
＊2　アーキテクチャ：製品ないしシステムを構成する各要素・部品の総合依存関係の考え方
＊3　JEITA：Japan Electronics and Information Technology Industries Association　一般社団法人　電子情報技術産業協会
＊4　SFP：Single Function Printer（単機能プリンタ）
＊5　MFP：Multifunction Peripheral（プリンタ複合機）
＊6　杉本晴重（2010）「プリンティングソリューション特集『プリンテイングソリューション特集に寄せて』」、『OKI テクニカルレビュー』No.217
＊7　MPS：Managed Print Service（印刷管理サービス）
＊8　平野建太郎他（2013）「プリンティングソリューション特集『プリンタ LCM のクラウドサービス拡充』」、『OKI テクニカルレビュー』No.222
＊9　鈴木正宏（2010）「プリンティングソリューション特集『イメージ機器の新しい導入形態である MPS』」、『OKI テクニカルレビュー』No.217、　嶋田徹一

他「オンデマンドソリューション」、『同』
* 10 MDS: Managed Document Service（文書管理サービス）
* 11 DPS: Document Processing Service（文書処理サービス）電子化・保管・出力・再資源化など
* 12 CD : Cash Dispenser（現金自動支払機）
* 13 日立、沖電気、富士通フロンテックホームページ・ニュースレリース
* 14 鈴木悌二（2009）「技術の連携・融合で進化しつづける ATM の世界」、日立オムロンターミナルソリューションズ機関紙『UValere』Vol.13
* 15 磯辺和彦（2015）「ものづくりイノベーション『世界No.1のメカトロ工場を目指して』」、『OKI テクニカルレビュー』No.225

6．中堅精密加工機メーカーの飛躍　　　　　　　　小平 和一朗

　石川県白山市にある複合加工機などを製造する中村留精密工業㈱（以下、中村留という）*1の本社工場を訪問する機会があった。本報告は、その時の見学レポートである。

（1）中村留精密工業㈱の概要
　中村留は、多軸の複合加工機など、世界のニーズに答えた工作機械を作っている会社である。年間売上160億円（2013年度）、従業員450名（技術130名）の会社（非上場）で、高収益をあげている。
　中村留は、国内より海外売り上げが多く、輸出比率が70％強と、国内より世界の市場を相手に活躍しているグローバルエクセレントカンパニーである。

（2）訪問企業の概要分析のための視点 PPTP
　訪問した企業を PPTP *2の視点で分析した。
　①Product：代表的な製品・サービス
　多品種少量生産のニーズが世界市場において高まる中「工程集約」、複雑な工程を自動化し1台で完品加工を実現する複合加工機や光学機械などの開発・設計、製造に取り組んできた。

大手メーカーが手がけない、ニッチで高機能な特殊工作機で、独自の市場を形成している。「海外からのニーズに応える商品開発をしている」「ヨーロッパの顧客からの高度な要求に応えてきた」ということからも分かる。

②Process：ビジネスプロセス、技術を利益に結びつける経営手法

受注生産が基本である。グローバルビジネスにおける保守・運用体制、故障時の早期復旧を実現するコールセンター持つ。保守の実働稼働部隊は、世界の代理店がその役割を担っている。世界に向けて「24時間以内発送率90％の部品管理システム」ということからも、企業規模に応じた保守・運用体制ができている。

③Product Technology：製品を生み出す中核の技術

「高品質の製品を生み出すためには、高い精度の工作機械が不可欠です」「創造しているのは、機械の『原点』です」ということからも分かるように、中村留の強みは、技術力と品質にある。加工請負もやることで、顧客の立場に立つことが出来ている。モノづくり技術と、製品に要求される技術との関係を大事にしていることが分かる。

ソフトウェア開発要員は、130名の開発要員の内1割で、プラットフォームを共通化して、ソフト開発をおさえて少人数での開発を可能としている。多軸のシュミレーションソフトなどは外に開発依頼したが、保守を考えてソフト開発は内作が基本であるという。汎用モジュールを出来るだけ使うことにしている。

④Process Technology：製造工程の革新的な技術

「世界を変える"Made in Japan"の"mother"たち」「この工場の中から、私たちの手から、明日の世界のモノづくりを、革新していく」とパンフレットに書かれていることからも、モノづくりの中村留の社員のこだわりが見えている。

賃金に跳ね返らないが資格取得者には、取得時に報奨金が社長から手渡される。

「ISO9001を、工作機械業界初といわれる早期に取得している」といわれるように、品質管理システムは中村留の工場内および社員に染み込んでいる。ISO9001が借り物でないことが見て取れた。

⑤People：経営ビジョンや幹部、現場スタッフのマインドやコミュニケーション

第5章　グローバル事業展開のケース・スタディ

経営ビジョン　「日本のモノづくりを世界に伝える」「日本の工作機械産業は世界のトップレベルである。ナカムラトメマシンは、日本のシンボルである」、その誇りと自信が営業部門の社員の胸に刻み込まれている。顧客の異なる課題に向き合い、それぞれのお客様にとってベストのソリューションを提供するという、ブランド構築に取り組んでいることが分かる。

賃加工の下請け工場から、工作機械を自社にて開発し、それが市場に認められて、今の中村留がある。それは、ニーズに応えるために、複雑で、開発困難で、操作が難しい機械の開発に取り組んできたからだ。

非上場で、株主より社員に利益を配分するという考えで、社員を大事にしている。

幹部、現場スタッフのマインド　中村留の従業員は礼儀正しく、仕事に集中できている。訪問してくる海外のお客様が多いせいか、社員と出会うと目線を外さず、笑顔で声を掛けて挨拶してくる。

日本企業の社員のファミリー化が、いつの間にか無くなってしまったが、中村留には残っている。家族を呼んでのイベント、パットゴルフ大会、校内にある農園を使っての大根づくりのコンクールなどに取り組み、社内融和をはかっていると聞いた。

ボランティアサークル「中村留五郎一座」を作り、日舞、太鼓、マジックなどで老人ホームなど訪問して、地域との交流に力を入れている。

コミュニケーション　朝礼で社員とのコミュニケーションを重視している。毎朝、始業前7時50分から役職150名が参加する10分間の社長ミーティング。その後、現場に戻り10分程度の朝礼を毎日やっていると聞いた。

情報伝達の階層は2階層程度で、重要な情報は、毎朝スピーディーに伝えることが可能になっている。

（3）おわりに
加工請負で獲得したノウハウを次の開発に生かしている
グローバル対応で遅れが目立つ日本企業が多い中で、北陸の非上場中堅企業の中村留が海外販売比率7割強と聞いて驚いた。450名の規模の企業で、グローバル対応が出来ている。中村留は、会社の規模は小さいがグローバル企業である。

どのようにしてそれを可能としているのか。中村留の工場を見学して分

かったことは、人財育成に取り組めば「どの企業でもグローバル企業になれる」である。しかし、中村留の経営を真似して、実行できるかというと簡単なことではない。

中村留の強みは、一言で言うと「技術経営」の実践にある。

それは、加工機械を作るだけでなく、加工請負もやって、工作機を自ら使ってビジネスとしている。モノづくりでは、顧客目線に立つことが重要であるが、なかなか顧客の側に立つことが出来ない。そこで、自らが販売する機械を使って加工請負をすることで、自らがつくった機械を使う立場でのサービスビジネスに取り組んでいる。

モノづくり技術と製品に要求される技術の中に入り込んで、そこで得られた獲得技術を次のモノづくりに生かしている。

＊1 http://www.nakamura-tome.co.jp/
＊2 PPTP : Product, Process, Technology, People

まとめ

杉本 晴重

本章ではグローバル市場で健闘・苦闘した、あるいは現在もしている企業・産業・業界のケース・スタディを通して、その軌跡と成功・失敗の要因、教訓などを考察した。

「1．電気機器産業の苦闘」では、高度経済成長時代に積極的に海外進出を進めた日系企業が、バブル崩壊とデジタル技術、インターネットによる加速度的な製品、市場、事業構造変化に追随できず、強みだった「総合電機メーカ」を生かせなくなった。

現在、各社、事業の集中と選択を進め、「総合電機メーカからの脱却」を目指して新たに挑戦していることを述べた。この業界でも情報力と高い市場感度に基づくマーケテイングと商品開発、ビジネスモデル作り等のイノベーション創出、そしてスピードある判断とアクション、したたかな戦略性の重要性を示唆している。

「2．一般電子部品産業と半導体産業の明暗」では、一般電子部品産業が常に技術を磨き、世界一を目指して市場ニーズを先取りした商品を開発

第5章　グローバル事業展開のケース・スタディ

し、世界のリーディング企業と付き合う自立・独立心が如何に大事であるかを痛感した。一方、一時は世界市場に君臨した日本半導体産業が、それこそ「ムーアの法則」と「産業構造の大変化」に対応できなかった経緯と、電気機器産業を支えている一般電子部品産業が健闘しているのと同様に、半導体産業を支えている半導体製造装置産業分野で日系企業が健闘していることに注目した。

「3．通信の発展と通信機器産業の変革」では、1985年以降「電話の時代」から「インターネットと携帯電話の時代」「ブロードバンドからスマートフォンの時代」へと急変する中で、コアとなる高度な光通信技術や無線技術、携帯電話等を開発し先駆者的役割を果たした通信機器産業が、グローバル市場ではその強みを生かせず、市場環境の急激な変化とスピードについていけなかった。再度、競争が厳しいシステム・インテグレーション、サービス・ソリューションビジネスにチャレンジ中であるが、この分野はビッグデータ、IoT、AI等有望な技術やビジネス機会も多く、今後のイノベーション創出に期待したい。

「4．プリンタ業界とATM業界の挑戦」では、プリンタ業界の多彩な技術力と積極的なM&Aによるビジネスモデル進化戦略、ATM業界では新興国市場での現金扱い量急増の需要に応えた、日本企業ならではの還流式ATMによる市場開拓など、日本的モノづくりの強みを生かした商品・市場戦略に特徴が読み取れた。

この事業分野でも、製品からサービスソリューションへの価値シフトが更に進むであろうが、モノづくりの強みを生かした日本らしいグローバル展開に今後も期待したい。

「5．中堅精密加工機メーカの飛躍」では、単に高度な技術で勝負するのではなく、PPTP *1の視点でProduct（製品）、Process（ビジネスプロセス）、Technology（製品を生み出す中核技術と製造工程の革新的技術）、People（経営ビジョンや幹部社員、スタッフのマインド、コミュニケーション）などトータルな取組みで成功している中堅企業の例を見た。

中堅企業でも一つの技術に頼るのではなく、総合力強化に昇華させる経営力の大切さを学んだ。

*1 PPTP: Product Process Technology People

第6章
発展途上国における事業展開のケース・スタディ

はじめに
淺野　昌宏

　海外での日本企業の活動の中から、日本型経営の良さを知ることが出来ないか、発展途上国の実例をもとに調べてみた。既に経済的にテイクオフしている ASEAN の事例は、多くの書籍などで取り上げられており、ここではアフリカとブラジルでの事例を中心として報告する。
　「1．日本型経営の良さ：アフリカでの実例」では、アフリカの実例をもとに、日本企業ならではの展開を見てみる。アフリカ諸国が独立し始めた1960年代から、営々と努力を重ねてきている企業もあるし、M&A で短期間にシェアを取りに来ている企業もあるが、そこには欧米企業には見られない日本らしさも垣間見ることができる。
　「2．ブラジル・セラード農業開発から学ぶこと」では、日本が食糧輸入の多角化を図るために、国策として1970年代から、金と知恵と労力をつぎ込んだブラジルでの農業開発の実績を見てみる。結果として、ブラジルを世界有数の穀物輸出国に押し上げたが、ビジネスの上では米国の穀物メジャーだけが潤ったという結果となっており、何が問題だったかを見てみる。
　「3．自動車静脈産業の途上国での展開」では、いかにも日本企業的な手作り感のある自動車静脈産業を取り上げてみた。そこでは、技術移転と共に「利他」や「思いやり」といった和の心も伝えようとしている企業経営者を紹介する。

1．日本型経営の良さ・アフリカでの実例　　　　　　　淺野　昌宏

　アフリカのサブサハラ（サハラ砂漠以南）諸国は、1957年のガーナ共和国の独立を皮切りに1960年代に続々と独立を果たし、その頃から日本企業は、種々の困難に直面しながらも、ビジネスを継続してきた。これら日本企業のアフリカでのビジネス展開を見てみると、通常の貿易取引は別にして、成功している事例は全て何らかの地域貢献があって、現地に根付いていることが分る。それは、市場の実態を現場の精査を通じて引き出し、土地の事情に合うような工夫と改善をすることで成果をあげており、そのため成果を見るまでにかなりの時間を要しているものが多い。

　一方、近年のアフリカは資源と人口の増加により成長性がクローズアップされ、市場として世界戦略に組み込まれるようになったために、取り組み方に変化も生じてきている。即ち、世界戦略の一環としてアフリカ市場を見た場合に、シェア確保の観点から、時間を節約できるM&Aが前面に出てくるようになった。

　M&A方式では、従来日本企業がやってきたように、時間をかけて現地に根付くプロセスがある訳ではないが、ここでも日本企業は、雇用の創出や、生活の質の改善、環境への配慮といった地域貢献を不可欠の要素として取り組んでいることが分かる。

　以下、日本企業の取組方の事例を、タイプ別に紹介する。

（1）生産性の向上を通じた地域貢献
　日本企業は、地場産業の生産性を向上させ、地域と共に成長するビジネスモデルをつくって、産業振興、雇用創出、技術移転などに取り組んでいる。

　①船外機の販売（ヤマハ発動機）　　生産性の向上を通じて漁民の生活を豊かに

　ヤマハ発動機の社員がガーナをはじめアフリカ各地で、直接現場に出向き、問題に向き合い、地域産業の発展に貢献し、その結果として何十年もの間、アフリカでの船外機の販売を増やしてきている例である。

　1960年代に市場としての可能性を求めてアフリカへのアプローチを開始

第6章　発展途上国における事業展開のケース・スタディ

して以来、船外機の普及を通じてアフリカの沿岸漁業の開発に貢献してきた。これは支援や寄付ではなく、ビジネスとして船外機を販売することで、漁民の水揚げを伸ばし、漁村の人々にも利益が生まれ、生活が潤うという関係を作っている。

そのため、サービススタッフを定期的に巡回させることで、地域のニーズを掴み、状況に適合した商品を提供してきている。また、技術者も漁村を巡回して、パーツの手入れやチェックの指導・啓発を継続して行っている。

1970年代半ばからは、漁法についての情報伝達も始めた。そこでは、漁法、漁網の構造、網のかけ方、潮の特性を教えるなどをやっている。更に、魚の料理方法、保存方法の紹介もやって生活の向上と漁民との信頼関係の構築を続けている。

②ポンプの販売（ヤマハ発動機）　生産性の向上を通じて農民が豊かに

ポンプとチューブを組み合わせた点滴灌漑システムを導入することで、節水効果と生産性が向上し、農民の収入が増え、ポンプの販売に繋がっている例である。

熱帯性乾燥気候のセネガルでの農業は、作業のほとんどが水撒きに費やされる（井戸で水を汲み2つのバケツを両手に持って運び畑にまく）状況にある。船外機営業の社員が巡回中に、ベルギーの NGO・MECZOP の農業支援の場に出くわしたのがキッカケとなって、新しい水撒きの方法を考案した。その方法とは、ヤマハのポンプで井戸から水を汲み上げて貯水タンクに溜め、畑に万遍なく這わせたチューブを通して、植物に一滴ずつ水を与える点滴灌水栽培システムである。

点滴灌水システムは、イスラエルのネタフィム社製の点滴灌水チューブを利用するもので、それまで水撒きのために費やしてきた膨大な労力を大幅に減らすことを可能にした。その分の時間と労力を、雑草を取ったり、新たな畑の工作に回すことによって、農作業の効率を飛躍的に向上させることに成功している。

ルーガ州政府の支援を得て、MECZOP と共同で住民説明会を実施。当初は MECZOP がヤマハのポンプとネタフィム社のチューブを組み合わせ、手元資金のない農民に3年リースで販売した（最初の2年間でヤマハは200台のポンプを販売）。

この導入によって、農民の年収は2～3倍となり、農民の方も初期コストがかかっても収穫量が上がれば元が取れることを理解して、リースをせずに購入するようになった（現在は年間150台売れている）。
　ポンプを点滴灌水システムに利用することで、農業用水の利用を50％減らすことができ、農民の生産性を向上することができた。また、NGO と組んだことで、農民の収穫物を担保にすることなくポンプを販売することが出来ている。
　③種子の販売（サカタのタネ）　現地適合種子の開発、現地生産、販売
　サカタは、1999年に南アフリカの種子会社を買収し、現地向け種子の開発・現地生産を通じて、東・南アフリカの市場を取り込むに至っている。
　黒人農家は、小規模で流通ルートに乗せる商業生産には繋がっておらず、栽培品種と収穫量をあげるノウハウなどが不足していた。サカタは JICA と連携して黒人農家への技術指導プログラムを組み、品種、栽培ノウハウを、研修を通じて提供した。
　黒人農家の多くが資金調達手段を持たないため、種苗や機材の購入が困難な状況にあったが、現地政府系金融機関や NPO と提携して、サカタの研修を受けることを条件に、融資が受けられる仕組みを構築した。
　開発した種子の中から、アフリカの消費者や気候に適した品種を持ち込むことも行っている。例えば、道路事情が悪いアフリカに適した割れにくく食べられる部位の多いカボチャを、気候条件の近いブラジルから持ち込み、現地向けに改良した。

（2）産業振興と雇用の創出を通じた地域貢献
　地場に適した産業を新たに創出し、雇用を生み出すことによって地域に貢献するビジネスモデルで、技術移転や人材育成も含まれる。
　①マカダミア・ナッツの栽培・加工（ケニア・ナッツ）　ゼロから地場産業を創出
　ケニア・ナッツは1974年に創業し、30年後には4,000人の社員で年商4,000万ドルに成長し、50,000人の農民を抱える企業になった。創業者の佐藤芳之は、31年目の2005年に経営権をケニア人に譲り、2008年には1株だけ残して他のビジネスに転じているが、会社はその後も順調に推移している。
　栽培、集荷、加工、各段階の利害関係者が満足できる仕組みを作って、

第6章　発展途上国における事業展開のケース・スタディ

生産者自身による生産拡大を目差した。従来の西欧型のやり方は、大規模プランテーションで農民を搾取するものであったが、佐藤は農民の自主性を重んずる経営を行った。

ケニア・ナッツでは、ビジョンを示して人を集め、利益は全て再投資と従業員に還元した。マカダミア・ナッツのブランド戦略として「アフト・オブ・アフリカ」の名称を使い、航空会社の機内用として採用されるようになり、爆発的に人気が出て売れるようになった。

品質の徹底を図ったことも成功の要因であった。品種の選択、改良、育苗、植え付け奨励、原料集荷を徹底し、収穫に際しては熟して落ちたてのナッツだけを採用し、更に人手で良いものだけを選別した。

佐藤芳之は自著『アフリカの奇跡』*1の中で、「日本人が日本式経営を続けていると、現地はそこから脱却できない。外から来た人間がアフリカで興した事業は、ゆくゆくはアフリカの人々のものになるべきであり、日本人は自分達の役割をある程度終えたら、去るべきである」という趣旨のことを述べている。ある意味で文明的経営観であり、更に、「明治期の文明開化を経て工業化を果たした日本も、同じ経過を経て自立して行ったのだから」と続く。佐藤には経営者としての強い信念もあって、ケニアではその通りに実行してきた。

②エチオピアの羊皮販売（andu amet）技術移転とブランディングで販売

元海外青年協力隊員の鮫島弘子が、エチオピアで職人を指導し、高級シープスキンバッグを andu amet ブランドでネット販売し、大ブレークしている。単価は10万円ほどで安くないが、売切れ続出で予約をとるほどの人気ブランドとなっている。

素材のルーツや品質、職人の勤務環境、取引先の選定や関係構築、製造工程、販売など、すべてのプロセスにエシカル（社会や環境に配慮されていること）であることを追求している。

六価クロム（羊皮をなめす時に使うクロムが化学反応で有害物質の六価クロムに変わる）を浄化するシステムが稼働しているかどうか、確認できないと取引しない。また、原料の羊皮は、食肉の副産物のみを使用することを徹底している。

251

（3）生活改善を通じた地域貢献

土地柄にあった製品の販売を通じて、現地の生活の質の向上に寄与するビジネスモデルに取り組んでいる日本企業を紹介する。

①味の素の販売（味の素）　庶民の懐具合にあった販売手法

ナイジェリアでは9グラム5ナイラ（3円）の小袋の「味の素」が、多くの食料品店やキヨスクの店頭に並び、飛ぶように売れている。売れるための工夫をいろいろしている。

小売り単価を下げるため、味の素を、小分けした小袋の包装として、5ナイラ・コインで買える価格に設定し、地方の小売店でも購入できるようなネットワークを構築している。

「三現主義」（現地のスタッフによる、現物の、現金販売）を徹底して実行しており、数百名の営業スタッフが全国の小売店を行脚し、商品を売り込むとともに、在庫と売り上げの管理を日々徹底し、ローカルスタッフによるマーケッテイングも上手く活用している。

袋詰めの工場をラゴスに作り、ブラジルで製造した味の素を輸入して、ラゴスで小袋詰め作業を行い流通ネットワークに流している。

②スキンケア商品の販売（ロート製薬）現地の文化にあった商品を開発

アフリカでは、インドの安い医薬品が流通しており、ロート製薬は医薬品の商売をするのではなく、生活を豊かにするスキンケア商品の販売を意図している。

東アフリカでは、生活レベルの向上とともに、女性の美容意識が高まっており、ケニアで生産される農作物を元に、スキンケア商品の原材料を作ることを試みている。

アボカド、パパイヤ、蜂蜜を委託農家から適正価格で買い上げ、素材加工のノウハウを提携企業に伝授している。この供給された素材で、スキンケア商品を作り、ケニアのビューティサロンや小売店に卸す方式を取っている。

③女性向けつけ毛の販売（カネカ）　現地のファッションを理解し、適合商品を開発

黒人女性の髪は細くて弱いので、伸ばそうとすると切れてしまう。そのため、所得水準の向上と共につけ毛がファッションとして普及してきた。カネカは、原材料のカネカロンを販売するために、自ら市場調査をし、自

第6章　発展途上国における事業展開のケース・スタディ

ら流行を作り出して、市場を席巻しつつある。

　ナイジェリア最大の都市ラゴスのつけ毛装着率は60％、地方では20％（2013年夏）だが所得水準の向上で、調査のたびに増えている。この調査は、カネカの社員が出張し、自身で街頭に立って通行人をカウンターで数えて出している。

　カネカロンの繊維は、ナイジェリアにある数か所の工場に卸し、短く切りカールをつけ、本物の髪の毛の質感に近づけて商品に仕上げるが、完成した商品は協力工場に任せず、カネカの営業マン自身が卸やサロンに売り込んでいる。

　カネカロンは日本で生産しており、船便で納入まで3ヶ月かかるので、3ヶ月先のトレンドを読む必要があった。しかし、現在では自らトレンドを作り出すべく、市場調査の結果も踏まえて、年間30種類ほどの提案を行って流行を作り出している。更に、販売促進のため、女優や美容関係者などを招待し、つけ毛のファッションショーをやり、テレビ広告にも金を掛けている。

（4）技術移転を通じた地域貢献

　産業振興や雇用創出も含まれるが、技術移転と人材育成に重点が置かれたビジネスモデルづくりに取り組んでいる日本企業を紹介する。

①防虫蚊帳の製造販売（住友化学）モノづくりを教え、7,000人を雇用

　住友化学は、糸に防虫成分を染み込ませ、5年以上効果の持続する蚊帳を開発し、WHOからマラリア対策として認定を受けて、UNICEFなどの国連機関を通じて供給する一方で、市場で一般販売もしている。2007年からタンザニアでこの生産を開始し、現在では従業員数7,000人にまで拡大した。

　生産開始にあたり、モノづくりのためのインフラはほとんど無いに等しかったが、それ以上に人材の育成が必要であった。工場で採用した20歳前後の従業員にモノづくりの経験は無く、「自分の担当する作業を確実に終え、ラインの次のものに渡す」という、製造業の基本的な考え方を理解してもらうのに時間がかかった。文字や計算でも理解度にばらつきがあり、マニュアル化するのも簡単ではなかったが、工夫することで解決していった。

一つの例として「折り紙」をその教育に使っている。折り紙は、決められた順序できちんと折ってゆくと、きれいな折り鶴が完成するが、少しでも角がずれていたら、折るたびにずれが大きくなって、鶴の見栄えが悪くなる。簡単なようで難しい折り紙を通じて、各工程での品質の大切さを教えた。

配送のネットワーク構築でも工夫がなされた。小売店への納入にあたり、タンザニア国内で180台のトラックを所有し、GPS機能付き携帯を運転手と小売店主に持たせ、所在確認・貨物の積み下ろしの他、小売店での蚊帳の販売・在庫確認などをセンターで一括管理できるようにしている。他業種からも、この配送ネットワークを利用させて欲しいと要望が出るまでになっている。

②鉱山機械の販売・補修（日立建機）　メインテナンス強化による製品販売の強化

日立建機は、南部アフリカに5つの販売拠点を保有し、一般建設機械、鉱山機械の販売、サービス、部品供給を展開している。鉱山関連製品の場合、製品の稼働率を保証する必要があるが、故障した場合即座に対応できるように、スタッフを配備し、機械のフルメインテナンス・パッケージ・サービスを提供している。

2012年6月から、ザンビアに部品再生工場を稼働させ、サービスのバックアップが出来るようにし、同時に、職業専門学校、技術教育専門機関と連携し、建機修理技術者の人材養成も行っている。

（5）M&Aを通じた日本企業の取り組み
世界戦略の一端としてのアフリカ攻略

アフリカでのビジネスを世界戦略の中の一つのピースとして捉え、M&Aで早期に市場参入し、市場強化を図るビジネスモデルに取り組んでいる企業を紹介する。

①タバコ製造会社の買収（日本たばこ産業、JT）　環境と地域社会の持続性に配慮

JTは、1999年に米RJRインターナショナルを、2007年に英ギャラハーを買収し、JTインターナショナル（スイス）が海外のタバコ事業を統括している。タンザニアでは、RJRが1996年に元国営たばこ公社を買収して

第6章　発展途上国における事業展開のケース・スタディ

おり、これを受け継ぎ人口4,700万人の90%のシェアを持つ。

　2009年、葉たばこサプライヤーを買収したことで、マラウイ、ザンビア、タンザニアでの調達基盤が確立した。2011年、スーダンの Haggar Holdings を買収したことで、スーダン、南スーダン両国合わせ人口4,400万人の80%を超えるシェアを持つに至った。2012年、エジプトで水タバコ製造販売会社 Al Nakhla Tabacco を買収した。現在、アフリカには販売拠点が9ヶ所あり、販売エリアは27ヶ国に及ぶ。

　生産地の人々と協力して、地域の自然と暮らしを守ることで、持続的な葉たばこ生産を目指している。NPO と協力して、森林再生の植林や、地域で育てた樹木を木材資源として使用するサイクルの構築や、現地の環境に合わせたさまざまな樹種を混合して植林するなどの技術支援をしている。

　葉たばこ生産者の多くは、小規模農家で貧困に苦しむ地域も多く、児童労働が無視できない問題となっている。ILO や NPO、地元行政と協働し、子供たちの労働に頼らなくても生活してゆけるように、保護者の職業訓練、起業教育や条件付き貸与を行っている。子供たちには教材や補修の機会を提供し、正規の教育が機能するような支援と、モデル農業学校への通学や職業技能訓練など、知識や技能習得に関する支援をしている。

　②南ア企業の買収（関西ペイント）　地域に根差した事業展開

　関西ペイントは、世界を7極体制（欧米、アフリカ、中東、インド、アセアン、中国、日本）に分け、その地域に根差した事業展開を行い、7極間で経営のリソースの共有と有効活用を推進することを基本戦略としている。

　南アから、アフリカ全土への市場展開を図って、塗料メーカーの Freeworld Coatings を270億円で、2011年に買収した。南アでトップの塗料メーカー（トップシェア、強力ブランド、販売網など）を買収することで、アフリカ市場への早期参入を実現し、アフリカ全土への事業展開のコアとすることを狙った。

　一人当たり GDP が1,000ドルに到達すると、建築塗料の需要が拡大し、3,000ドルに到達すると、モータリゼーションが始まり自動車塗料の需要が拡大するとの経験値より、アフリカ市場の寡占完了前に地歩を築く狙いがある。

　地域ごとに異なるニーズに対応できるように、地域に根差した事業展開を行い、リージョナル・ヘッドクオーター化を進め、責任と権限を委譲し

255

てゆく。また、オペレーションと戦略立案の現地力アップのために、現地の優秀な人材の確保と教育に力を入れている。

③南ア企業の買収（NTT）　人的ネットワークを尊重

NTTは、2010年にデメンジョン・データ（売上高4,000億円、顧客6,000社）をTOBにより2,860億円かけて取得し、NTTグループの海外における法人向けITサービス事業の中核となっている。デメンジョン・データは1983年に創業後、M&Aにより事業を拡大してきており、買収直前の売上高4,000億円、アフリカ以外にも欧州、米国、中東など全世界に6,000社の顧客基盤を持ち、シスコシステムズの「ゴールドパートナー」でもある。

デメンジョンの持つ人的ネットワークを経営資源とみて、現在も従来の経営陣に経営を任せている。今は、買収の初期段階から関わった担当役員とデメンジョン・データのCEOとの間で、テレビ会議を通じてグループとしての方向性を一致させている。

④フランス企業の買収（豊田通商）　補完効果と地域貢献

豊田通商はアフリカの地域総合戦略として、今まで弱かった地域や業態の補完効果を狙ったM&Aに取り組んでいる。

120年にわたり、アフリカでビジネスを展開してきたフランスの商社CFAOの株式を、豊田通商は、2012年12月にTOBで97.81％（2,345億円）取得し、今まで手薄になっていたフランス語圏アフリカをカバーできる体制を敷いた。南部・東部アフリカを中心にトヨタ車の代理店網を構築していたが、北・西アフリカが中心のCFAOとの協業で相互に弱い地域を補完しあい、アフリカ全土をカバーできる態勢となった。

CFAOは、医薬品卸事業でアフリカではNo.1のシェアを持っており、医薬品メーカー450社、約2万点の商品を扱い、北・西アフリカ27ヶ国で5,000店の薬局向けに卸売販売をしている。この事業も、南部・東部アフリカにも広げる。

豊田通商はフランス企業のカルフールと提携して、フランス語圏アフリカでのスーパーマーケットチェーンを展開し始めている。車以外の分野で、豊田通商の商社としてのビジネスをCFAO部門と連携して、フランス語圏で展開してゆく体制を敷いている。

またケニアでは、国の将来を担う人材育成に向けた「トヨタケニア基金」を1990年に設立し、2011年までに300人以上に奨学金を給付している。

また、治安・事故対策として街頭の整備活動を進め、累計1,000本超の街灯を設置している。

　南アフリカでは「貧困地域での農業開発プロジェクト」を展開し、アンゴラでは、日本のNGOの実施している「地雷除去活動への支援」を続けている。

日本企業、生活改善など、現地に根差した、自立を促す姿勢で取り組んできた

　日本企業のアフリカとの係わりは、この節の初めで述べた通りだが、欧州の裏庭と言われる所でも、このように実績を上げている企業があることをここで紹介した。

　ただ残念なことは、アフリカ諸国の独立後、政治的、経済的に不安定な時期が続き、さらに日本経済が長い不況のトンネルから抜け出せなかったために、1990年代末には、それなりの実績があった企業でも「選択と集中」や「アジア・シフト」をせまられて、アフリカから撤退してしまった。

　2010年代に入り、再びアフリカが資源の供給先として見直されるようになったが、日本企業にとって十数年のブランクが出来てしまったことは残念である。

　この節で見た実例では、どの日本企業も生産性の向上や生活改善、そして技術移転など、現地に根差した、そしてアフリカの人達の自立を促す姿勢で取り組んでいることである。これは、明治に入り日本が欧米から多くの知識を吸収し、自分たちなりに、日本の社会に合うように取り入れてきた過去の経験と重なるものがあるのかもしれない。

　一方、アフリカの近代ヨーロッパとの関係は、15世紀に始まり、今日まで500年余り続いているが、その関係は常にアフリカが弱者の立場に置かれていたと言える。そのため、1960年代から始まったアフリカ諸国の独立で、植民地としての権益は失って行ったものの、資源収奪型の企業はしぶとく生き残り、現在でもアフリカの主要産業の中に根を張っている。

　そのようなアフリカのビジネス環境の中で、上述したような形で日本企業が取り組んできたことは、欧州企業の視点からは考えられないものであり、日本にしか出来ないアプローチなのではないかと考える。

【参考文献】
後安孝彦（2011）「アフリカ漁業振興50年の歩み」、アフリカ協会機関紙『アフリカ2011』No.2
日経ビジネス（2013）「アフリカ―灼熱の10億人市場」『日経ビジネス』5月27日
日経ビジネス（2013）「アフリカビジネス」『日経ムック』9月5日
佐藤芳之（2012）『アフリカの奇跡』朝日新聞出版
Andu-amit（2014）『元協力隊員が立ち上げたエチオピア発高級レザーバッグ』
　http://dev-media.blogspot.jp/2014/12/andu-amet.html　12月29日
日本たばこ産業㈱（2013）『アフリカにおけるJTグループのビジネス展開』
石野博（2014）『関西ペイントの成長戦略』関西ペイント㈱
大平正和（2013）「豊田通商が取り組むアフリカビジネス」、『日本貿易会月報』5月号
淺野昌宏（2012）「アフリカは魅力ある市場か　後篇」、アフリカ協会機関紙『アフリカ2012』No.2

＊1　佐藤芳之（2012）『アフリカの奇跡』朝日新聞出版

２．ブラジル・セラード農業開発の光と影　　　　　　　　淺野　昌宏

　日本が、かつて、ブラジルで実施して大きな成果を上げた農業開発プロジェクトがある。20年余りの間に、不毛の大地「セラード」を南半球最大の農業地帯に生まれ変わらせ、ブラジルを世界有数の穀物輸出国にしたという「日伯セラード農業協力事業」である。しかしながら、この四半世紀にわたる日本の努力にもかかわらず、その後、一番潤っているのはアメリカの穀物メジャーだったという残念な結果となっている。
　国策で取り組んだプロジェクトが、なぜそのようなことになってしまったのか、何が起こって、何が問題だったのか検証してみたい。

（1）セラード農業開発のきっかけ
　「セラード」とは、ブラジル中央部の熱帯サバンナ地域の植生のことで、まばらな灌木とイネ科植物からなる草原が、日本の面積の5倍の180万平方キロメートルにも及んでいる。当然、農業には適さないと考えられていたし、内陸部の奥深くに位置するため、水路・陸路ともにアクセスが難し

第6章　発展途上国における事業展開のケース・スタディ

く「不毛の地」と見られていた。しかし、1960年ごろから研究が進み、降雨量が年間800～2000ミリで比較的豊富なことや、石灰やリン肥料で土壌の改良が可能であることが分かってきた。更に、伐採などの困難の伴わない植生であるため、農地造成コストが低いことも利点と考えられた。

　1970年代初めは、アマゾンの熱帯雨林開発に世界の批判が高まりつつあった時期でもあり、ブラジル政府はこの荒地を、開発することを考え、日本の経済協力・技術援助を期待した。1973年、丁度、日本でも食料輸入先の多角化の議論が始まっていた。海外で生産して日本に持ち込む開発輸入や、政治的・経済的原因で量的に輸入が確保できなくなる食糧安全保障の観点などから、この時期に輸入先多角化の議論が本格化した。この流れの中で、ブラジルのセラード地帯が大豆をはじめとする農作物の供給先として期待され始めた。

　1974年には、田中角栄首相がブラジルを訪問し、共同でセラード開発に取り組むことを表明した。1975年、ブラジル政府は国策として推進することを決め、「セラード拠点開発計画」をスタートさせ、1976年には日伯両国政府の間でこの計画の重要性及び、世界の食糧供給増大に貢献することを確認した。1977年には、国際開発事業団（現 JICA）は技術協力プロジェクトとして、強酸性で高濃度のアルミニウムを含む土壌の改良、大豆の熱帯性品種の育種、多様な作物の栽培技術などの支援を開始した。また、日本の民間企業と共同で「日伯セラード農業協力事業」（PRODECER）の会社を作り、こことブラジル側で合弁会社を設立し、プロジェクトの調整機能を果たすこととなった。

（2）セラード農業協力事業（PRODECER）の概要
ＪＩＣＡの技術支援で PRODECER は成果を上げた

　1974年から準備・設計された PRODECER は、1979年に農地造成事業を開始した。8つの州において21の入植地を造成し、2001年の事業終了時には開発した農地の総面積は34万5,000ヘクタールとなって、セラードは世界の穀倉地帯に変貌を遂げていた。この間、セラードで生産される農産物は大豆に限らず、トウモロコシ、野菜・果物、綿花、コーヒー、畜産物などに拡大し、ブラジル国内の農作物生産量の増加をけん引した結果、ブラジルを世界有数の穀物輸出国に押し上げた。ちなみに、2013年にはセラ

ードの大豆の生産量は5,000万トンに上り、ブラジルの全生産量の60％を占めるに至っている。

　この大成功とも言える「セラード開発」を可能にしたのは、日本がJICAの技術協力で支援していた土壌改良の研究と、土壌改良の技術を開発したこと、また大豆などの温帯作物を熱帯サバンナに適合させるための品種開発・育種などにあった。この技術協力プロジェクトでは、日本から延べ115人の専門家を現地へ派遣し、研修生を78人受け入れ、ブラジル研究機関の能力強化に貢献した。

　このPRODECERでは、拠点開発アプローチの手法を取った。広大な開拓地域にいくつかの拠点を作り、農業組合が主導して入植する方式で、最初は、その拠点に集中して事業を展開し、そこから順次周辺に拡大していくとういうものである。このアプローチがブレークスルーとなり、農業経済活動が広域にわたり活性化すると共に、周辺に新産業が生まれ、雇用創出につながる良循環を生んだと考えられる。また、農地を持っていない農家を中心に入植させ、農家単位による中規模経営としたことで、機動力のある効率的な経営が出来た。

波及効果でブラジルの雇用拡大と貧困問題の削減に寄与

　このPRODECERは、多方面にわたる波及効果をもたらした。バリューチェーンの拡大で農産加工ビジネスが発展し、その結果ブラジルの雇用拡大と、貧困問題の削減に寄与している。大豆などの穀物生産を例に取れば、大豆油や大豆カスへの加工、飼料の生産、飼料を使った畜産、畜産から肉類・乳製品などの生産へとバリューチェーンが拡大した。この循環は、付加価値の増加と共に、ダイナミックな雇用創出をもたらし、セラード地域の人口をも増加させることとなった。

　ブラジル経済にとって、このバリューチェーンの拡大が、これまで沿岸部中心だった経済発展を、内陸部にしかも面で広がりを持つように転換することが出来た意義は大きかった。

PRODECERに対する高い評価、しかし一番に潤っているのは、アメリカの穀物メジャー

　ブラジルの農務大臣が2001年の事業終了時に、「日伯協力事業はセラード農業開発の大きな牽引役となって、セラード開発の外延的拡大及び生産性の向上に大きく貢献した。今日、セラード地帯はわずか四半世紀という

第6章　発展途上国における事業展開のケース・スタディ

極めて短期間に、世界の穀倉地帯に変貌を遂げることが出来た」*1と述べたと言われている。このようにセラード農業開発事業は、事業の終了時以降今日まで、国内外の多くの関係者やメディアから高い評価を受けている。

　また、現在アフリカで「プロサバンナ」というモザンビーク北部の農業開発を進める計画があり、これにセラード開発 PRODECER の知見をもとにして日本、ブラジル、モザンビークの三角協力も進められようとしている。

　しかし、冒頭の問題提起のように、日本側から見て、果たしてこれで良かったのかとの反省や批判の声も聞こえてくる。即ち、セラードの開発資金と技術は、日本の援助によるものだが、結果として一番に潤っているのは、アメリカの穀物メジャーであり、間接的には中国も安価な輸入大豆を飼料として肉牛・豚を飼育して、農家の所得を向上させた。

　しかも、現在栽培されている農作物は、アメリカの開発した「遺伝子組み換え大豆」であり、日本には輸入できない*2。日本が PRODECER に取組み700億円も投入したのは、ブラジルが日本向けの「遺伝子非組み換え大豆」を栽培してくれることを期待したからであったはずである。それにもかかわらず、アメリカのバイオ化学メーカーのモンサントなどが「遺伝子組み換え大豆」の栽培をブラジル政府に働きかけた結果、2004年には大半の農家が、「遺伝子組み換え大豆」に転換してしまうという結果になっている。

　日本は、「遺伝子非組み換え大豆」をブラジルとアメリカからを輸入しているものの、農家は利益の少ない「非組み換え」から、利益の多い「組み換え」への転換を進めることになり、輸入価格は値上がりしている。

日本の実施した取り組み方

　本プロジェクトに参加した JICA の専門家は、日本の実施した取り組み方を、次のように整理している*3。
　①日伯双方の官民合同の共同事業とした。
　②組合主導の入植方式による拠点開発事業として、原則として農地を持たない農家を入植させ、その育成を図った。
　③政府間合意及び関係機関の「プロジェクト・アグリーメント」で、事業実施の枠組みを詳細に規定した。
　④日伯合弁の民間会社（CAMPO 社）を作り、事業の企画、実施、調整、

監督にあたらせた。これにより、度重なるブラジルの政権交代の影響を最小限に押さえることが出来た。

⑤環境保全に最大限に配慮し、入植地の造成にあたっては土壌保全農法や共同保有地の確保など、画期的な開発手法を取り入れた。

穀物メジャーの取った行動

当初、穀物メジャーはセラード農業開発には関与していなかったが、1990年頃より、パッケージ融資と収穫後の販路を提供することで、生産者にアプローチして行った。これは当時の、ブラジルの政治・経済状況を見ながら非常にタイミングよく手を打ったと言える。その結果として、セラードの生産能力を増加させ、販路として中国市場を開拓した役割は大きかった。

セラードでの穀物メジャーの取った行動は、次の3点に纏められる。

①流通の為の、サイロなどの保管・貯蔵施設や輸出ターミナル施設を建設した。

②農家への生産金融とそれに基づく取引契約を締結した。内容としては、穀物メジャーが大豆生産農家に種子、肥料、農薬などの投入財購入の資金を前貸しし、それを通じて農家の大豆生産を促し、安定的な供給確保を図った。

③モンサント社のような大手種子・農薬会社との連携、及びブラジル系の肥料・種子企業の買収を通じて、生産、流通、搾油、加工など川上から川下までのチェーンを作り上げた。

これらのパッケージ・サービスは、概ね農家にとっては魅力的であったが、資金の使途を化学肥料や農薬、種子などに限定して、現金ではなく生産資材を現物で融資することが多く、また作付けの段階から生産物を担保として、収穫後に現物で返済する先物取引の手法を取っていたという。

また一方で、穀物メジャーは生産能力の増強と共に、ブラジルから地球の裏側の中国に輸出するチェーンを構築した。現在、ブラジルの最大輸出品目の大豆は、主としてセラードでの増産が寄与しているが、その輸出先は主に発展の目覚ましい中国市場向けである。中国で新しい搾油工場を建設し、現地の大豆搾油業者への資本参加あるいはM&Aによりシェアを拡大し、中国の大豆輸入量の8割までを穀物メジャーが抑えるようになっている。

第6章　発展途上国における事業展開のケース・スタディ

以上が、穀物メジャーがバリューチェーンを構築するに至った経緯である。

(3) PRODECERの日本側から見た反省

この PROCEDER から見えてくる日本側の問題としては、バリューチェーンを構築出来ずにアメリカに果実を摘まれてしまったことと、日系農協の破たんによる農家の打撃が上げられる。

前者に関して、PRODECER を途上国援助の一つとして見れば「日本の果たした開発援助の役割は大きかった」と言われているアジアの例と比較して考えると分かり易い。70、80年代当時、欧米諸国は「貧しさを救済することに主眼を置く無償資金援助」が主体であり、そのため欧米からは、円借款などの有償資金協力を中心とした日本の ODA は、援助になっていないと批判されていた。

日本は、不足しているものを無償で供給（金をめぐむ発想）するのではなく、極めて低い金利で資金を貸して、技術協力を行い、自分で自立してもらえるような支援をした。具体的には、日本の円借款によって道路、鉄道、港湾、発電所、灌漑施設などを整備して、それに伴って先進諸国の企業や地元の有力企業が進出して来て、輸出も増えて、経済力がつき、そのことが、その後のアジアの発展につながっている。

しかしながら PRODECER では、生産基盤は作ったが、加工、流通には手が回らなかった。そこにコチア産業組合などの崩壊があいまって、セラードの流通経路は米国の穀物メジャーが牛耳る結果となった。

PRODECER が産地育成だけでなく、アジアと同じ手法で実現できれば、日伯独自の流通ルートを構築できたでかもしれない。穀物メジャーの属するアメリアの方は、コチアが崩壊する数年前から、サイロの建設や助成金の法案化など、周到な準備を進めていたようで、日本の努力の果実はアメリカによって摘まれる結果となった。

後者の日系農協の破たんによる農家の打撃に関しては、日系ブラジル人植民者が日夜苦労をして不毛のセラードに挑み、試行錯誤を繰り返しながら、生産を拡大していったが、最後は、莫大な借金を抱えて農地を手放したケースが多いと聞く。関連する記事などをまとめてみると、原因は次の3つにあったようである。

第一に、日本の円借款制度に起因する要素があった。融資がブラジル側

の銀行を通して給付される為に、円借款の貸付金利が安くても、ブラジルのハイパーインフレの影響で金利が暴騰し、農家には恩恵がなかった。また、農作物の値段を抑えるブラジル政府の政策のため、農家の売り上げと収益に大きな影響を及ぼし、作れば作るほど赤字が増えるという状態で、土地を手放し、次々に入植者がいなくなった地区もあったとのことである。

　第二に、日系のコチア産業組合や南伯農業組合が90年代に、相次いで破綻し、基幹となる支援組織が消えてしまったことも大きい。日系の農家は作物の生産と改良技術は得意であったが、種の仕入れ、流通、販売などについては、全て農協任せであった為に、農協が破綻した途端に身動き出来なくなった。その結果、大きな借金を抱えて農地を手放すことになった。

　第三に、PRODECER が終了した2001年以降、セラードに残った日系植民者達は、種の買い付けの為の銀行借り入れも容易でなく、穀物メジャーの条件を呑んで、金を借りるしかなかった。結果として農作物を安く買いたたかれ、国際相場が上昇しても値段を決めるのは穀物メジャーなので、農家はいくら作っても利益を吸い取られる構造となっていた。

（4）何が問題だったのか

　これが一つの日本型事業だったとすれば、何が不足し、何が問題だったのだろうか。

　一つは、政治・経済状況の変化への対応が十分に出来なかったことにある。プロジェクト実施の22年間に、世界の政治状況、経済状況は当然のことながら大きく変化したが、その時々の対応と、中長期的観点からの運営について、全体の司令塔としての機能が何処にあったのか不明瞭である。現地側では、ブラジルのハイパーインフレに対する対応はそれなりに出来ていたようだが、大豆を日本に持ってくるという目的に対して、状況変化への対応が十分になされたとは言えない。

　二つ目は、日本の食糧事情の改善という、初期のテーマが時間の経過と共に、希薄化していったのではなかろうか。プロジェクトの実施にあたって、多額の資金と農業の専門家が投入された結果、開発は大きな進展を見たが、ブラジル経済に貢献するという目的以外に、国益を考えた戦略「日本の食糧事情の改善」が、途中から見えなくなっているようにも思われる。PRODECER がスタートしたのは1979年であり、この時期に日本の商社

第6章　発展途上国における事業展開のケース・スタディ

で和製メジャーを目指していろいろと手を打っている企業は何社かあったが、当時はまだ大手需要先を持っていない為に、穀物メジャーに対抗できるような状態ではなかった。その為に、1990年代にブラジルが経済自由化に大きく政策転換して、穀物メジャーが全面的に参入してきた時には、対抗できなかったのだろうと思われる。従って、官民の連携が不十分であったことも原因となり、食糧戦略としての継続性や、臨機応変の軌道修正が十分に出来なかったと考えられる。

このように、日本がお金と技術と労力をつぎ込んで、不毛の大地「セラード」を南半球最大の農業地帯に生まれ変わらせたという大きな成果を上げながら、そこで生産された農作物は日本に持って来ることはできず、バリューチェーンの中に日本企業が関与できない結果となったことは残念なことである。これからも途上国で、様々な開発が進められて行くが、取り組むに際しては、変化への適切な対応と、目的を希薄化させないでバリューチェーンを踏まえた戦略を徹底させることが望まれる。

【参考文献】
本郷豊（2014）「日伯セラード農業開発協力事業の特徴とその評価」日本国際地域開発学会2014年度秋季大会
「地理講義－3.熱帯の暮らし」（2010.10）　2015年6月18日閲覧
　　http://blog.goo.ne.jp/morinoizumi33/e/d7bcbdb797c70167c153ce1879957e8e
Ruan Wei（2008）「世界最大の農産物輸出国に向かうブラジル」、『農林金融』9月号
Ruan Wei（2012）「拡大する農業投資－中国の輸入増がもたらす世界食糧供給構造の変化」、『農林金融』8月号
独立行政法人国際協力機構企画部（2012）『ミレニアム開発目標の取組み』9月号
ryosuke0032 パーマリンク（2013.3）『セラード開発～真実のワイルドソウル』
　　http://ryosuke032.info/column/1212/　　2015年7月10日閲覧
溝辺哲男（2011）「巻頭言：ブラジル・セラード開発の意義」、『IAM ニュースレター』第12号、9月
伊東正一（2014）「ブラジル・セラード農業開発が日本と世界市場に与えた経済効果とその意義」日本国際地域開発学会・2014年度秋季大会、11月
国際協力事業団（2001）『日伯セラード　農業開発協力インパクト調査（地域開発効果等評価調査）団報告書』9月

渡辺哲男（2012）「III　ブラジルの農業開発と日系企業の動向」、『LAM e-Magazine』第2号、9月15日

＊1『日伯セラード農業開発協力事業合同評価総合報告書』（2002）
＊2　現在セラードでは、ほとんどが「遺伝子組み換え作物」となっている。農薬・肥料が少なくてすみ、栽培期間も短いので、大豆、トウモロコシ、米、小麦、綿花などあらゆる作物に及んでいる。
＊3　本郷豊（2014.11）「日伯セラード農業開発協力事業の特徴とその評価」日本国際地域開発学会2014年度秋季大会

3．自動車静脈産業の途上国での展開　　　　　　　　　淺野　昌宏

　モノづくり産業を「動脈産業」、その廃棄物を回収し、再利用、資源化する産業を「静脈産業」と呼ぶ。成熟した動脈産業に対し静脈産業は立ち遅れており、この発展を即すことで、より地球への負荷を少なくすることができるとして、日本政府もこの取組の海外展開を支援するようになってきた。
　自動車産業を例に取れば、部品を組み立てて自動車を作る動脈の部分に対し、静脈産業は中古自動車を解体し、売れる中古部品と資源化できるものに分類し再利用することであり、環境負荷を後始末する役割を果す。この自動車のリサイクル事業を途上国で熱心に取組んでいる企業が石川県金沢市にある。

会宝産業の事業展開
　会宝産業は、自動車の解体業からスタートしているが、「動脈産業と静脈産業がバランスよく機能した資源循環型の社会を構築したい」との近藤典彦会長の理念で、現在は、積極的に途上国市場に取組んでいる。2014年実績では、資本金5,700万円、売上34億円、利益1.1億円、従業員100人の規模で、輸出が売上げの75％を占めている。解体して商品として売るものは、エンジン、タイヤ、ライト、ドア、ストラットなどがあり、資源化されるものは、鉄・銅・アルミ・白金・パラジウムなどがある。ちなみに、中古エンジンは年間2.5万台を輸出している。

第6章　発展途上国における事業展開のケース・スタディ

経営の特色

　一つは、「KRA（Kaiho Recyclers Alliance）システム」を構築し、車両の仕入れから、エンジンや部品の取り出し、在庫、販売に関する情報、履歴を一元管理している。これにより不透明なイメージが付きまとう中古品商売を、履歴を明確にすることで、客に納得してもらえる誠実な取引に変えようとしている。

　二つ目は、輸出用中古エンジンの品質規格として自主的に JRS（Japan Reuse Standard）を設け、途上国に流入している粗悪品との差別化を図っている。例えば、エンジンでは、ピストンの圧縮、走行距離、始動状態、内部のオイルの汚れ、ラジエターホースの状態、外見の6項目を5段階で評価し、その結果をタグ付けし一目でわかるようにしている。

　三つめは、自前でスクラップを資源化する精錬所を設置、稼働させている。海外展開している自動車リサイクル企業は多くあるが、その多くは車・部品の販売に限られている。しかし、同社はナイジェリアやケニアで自動車リサイクル工場の設立の準備をしており、自社で技能者の教育訓練を行っている。

　四つ目は、IREC（International Recycle Education Center）を設立し、自動車リサイクル技能者の養成教育訓練を行っている。これは国内に限らず、海外の研修生も受け入れ、海外でも資源循環型自動車リサイクルシステムを広げて行こうとの考えから来ている。加えて、近藤会長は「リサイクル技術だけでなく、『利他』や『思いやり』といった和の心も一緒に伝えて行きたい」と考え、「動脈産業が『競争』とすれば、静脈産業は『協調』無くしては成り立たない」といっている。

海外展開の現状

　現在、会宝産業の取引のある国は75ヶ国あり、タイ、ケニア、ナイジェリア、ガーナ、UAE などに拠点を作っている。ナイジェリアでは、JICA の「協力準備調査（BOP ビジネス連携促進）」を活用し、現状調査を終え合弁会社を設立し、工場の建設と工場を運営する人材の育成を進めている。また、ブラジルでも同様にリサイクル工場と教育センターを作る準備が始まっている。

　海外展開で、ここまで深化させているのは会報産業が一番のようだが、現状では、海外への流通は、次の3つに大別されるようだ。

①海外からのバイヤーに国内で販売する方法で、国内ビジネスといえるもの。
②海外に現地法人を設立して、日本から輸入し、現地で販売するもの。
③海外の進出先で、廃車を回収し、解体処理を行い、中古部品と資源の回収を行うもの。

①では、海外のバイヤーが独占的な交渉力を持ち、バイヤー自身で輸出するので安い価格で買い取られることになる。

②であれば、海外バイヤーのマージンを自社で取り込み、かつ現地に拠点を持つことで、精度の高い市場情報も手に入れることが出来る。従って、会宝産業だけではなく多くの企業が海外展開しており、一大流通市場となっているマレーシアや UAE には、CRS 埼玉、大晃商事、石上車両などが、また国内需要の大きいニュージーランドやモンゴルでは CRS 埼玉や西川商会などが進出している。

③になると、現地での許認可の取得や工場建設、オペレーション、人材教育が必要となり、会宝産業の他はそこまで踏み込んでいる企業は見られない。

日本型経営

会宝産業が途上国で自動車リサイクル事業を展開する中でも、日本型経営の特徴とみられる処が随所にある。KRA システムの導入や品質規格として JRS を設けることにより、顧客への納得性を高めたいという誠実な姿勢や、研修生を受け入れて、その国に資源循環型のリサイクルシステムを植え付けて行きたいという思想が根底に見られることである。

2015年7月、アフリカ協会主催の第4回フォーラムの際に近藤会長は「自動車リサイクル事業をやってくれる所があれば、どこででもお教えしようという強い思いを持っております。日本の精緻なリサイクル事業を拡げて行けば、循環型社会が実現する可能性があるのです」と述べて最後に「日本人がアフリカに対してやれることは、日本の素晴らしい精神と、それから精緻な仕事内容を伝えることであり、この点が大事ではないかと思っています」と理念を語っている。

2008年の第4回アフリカ開発会議で来日したエチオピアの故メレス首相が、日本の「カイゼン（改善）」を知って、帰国後、アディスアベバに「エチオピア・カイゼン・インスティテュート」を設立し、自国民にこれ

を学ばせようとしたように、会宝産業のこの姿勢は、途上国に受け入れられるものであり、日本型の経営の一つの特徴として、グローバルな競争の中で価値のあるものではないだろうか。

【参考資料】
経済産業省（2013）『静脈産業の市場動向及び競合・競争力調査　報告書』
近藤典彦（2015）「BOPビジネスと静脈産業」アフリカ協会第4回フォーラム「西アフリカもおもしろい」講演資料
平岩幸弘、阿部新（2012）「自動車リサイクル企業の海外展開」、『月刊自動車リサイクル』第17号
阿部新、平岩幸弘（2013）「自動車静脈産業の海外展開に関する一考察」、『研究論叢第1部・第2部　人文科学・社会科学・自然科学』山口大学教育学部

まとめ

淺野　昌宏

　発展途上国における日本企業の事業展開の事例を見てきたが、欧米企業と比べて特徴的なことは、地域の産業振興や雇用創出、技術移転などに視点を置き、時間を掛けて根気よく続けているケースが多く見受けられることである。また、M&Aで市場を取りに行く場合でも、人材育成の基金を設けたり、地域との共生を図れるような仕掛けを作っていることがあげられる。
　「1．日本型経営の良さ・アフリカでの実例」では、日本企業がアフリカ大陸で現在までにやってきた事例を上げて、欧米の企業との違いを炙り出してみた。「日本らしさ」や「日本らしい考え方」が随所に見られ、発展途上国が自分で学び、自分で産業を興して行くことを手助けするという姿勢が基本にあることが見て取れた。
　「2．ブラジル・セラードの農業開発の光と影」では、ブラジル経済の発展に多いに寄与している農業開発の事例を見たが、ここでは、オールジャパンとしての連携の欠如や、食糧戦略としてのバリューチェーンの意識の薄さが、米国の穀物メジャーに席巻されてしまうという結果になった反省がある。

また、「3．自動車静脈産業の途上国での展開」のように、地方の中小企業が日本的な理念のもとに、こつこつと実績を積み上げて、地域の振興のために力を注いでいるが、これもやがて産業として成長した時に、欧米のバリューチェーンに組み込まれたということにならない様に、官民連携して取り組んで行かなければならない。

第Ⅳ部

グローバル化のための組織と人財

第7章
組織と人財のあり方

はじめに
前田 光幸

　グローバル化のための組織と人財は、事業の水平展開やイノベーション創生のための組織と変わらない。そのあるべき姿は、例えて言えば次のようなものである。

　事業の意識構造として内向き、官僚的ではなく、外向き、前向き、柔軟である。

　人財に対する捉え方は、コストと捉えるのではなく、財産と捉え、管理ではなく活用を心がける。

　人財の育成と評価は、層別、減点主義ではなく、個別育成で、加点主義である。

　企業、事業の目的は、抽象的、曖昧なものではなく、具体的で明確、かつ従業員に共有されるものである。

　事業活動の視野は、短期的、あるいは株主利益至上主義ではなく、長期的、かつ全てのステークホルダーの利益を考える「三方よし」の精神である。

　戦略の遂行は、分析的、業界横並び的ではなく、試行錯誤的、独自路線的である。

　これらは、いずれも日本的経営の長所を強調した姿である。ここには、グローバル経営という外来ものの概念を入れることが、グローバル経営には必要であるという先入観は、入り込む余地はない。従って本章の各節は、自然体の「組織と人財（材）」論である。

　「1．組織と人財」では、特別グローバル展開のための云々ではなく、事業の水平展開やプロジェクト遂行のための組織と人材について議論する。やることは同じだからである。

「2．日本型ビジネス・リーダー像」では、戦略を振るうリーダー像ではなく、現場力を高める人間としてのリーダー像を議論する。我が国企業の強みの源泉は、詰まるところ現場力であって、これをいかに活かすかがグローバル展開においても重要になる。

「3．グローバル人財の配置」では、人財に要求されるスキルが企業のグローバル状況に応じて、全く異なることを類型化して論じる。

本章の「組織と人財」の議論は、第8章「日本的グローバル人財と育成」に繋がる。

1．組織と人財

前田　光幸

組織は何かを成しとげるための仕掛けであり道具立て

これまで国内での事業展開を行ってきた企業にとって、グローバル展開のための組織と人財を考える場合、それは特別なものではなく、事業の水平展開や新たなイノベーションを起こすことと同様に考えればいい。

ただし、その場合、従来どおりの組織体制や人のマインドセット（意識の持ち方）とはかなり異なったものでなければ、何事も始まらないし動かないということは容易に想像できる。

組織というものは何かを成しとげ遂行するための仕掛け、道具立てであって、それ以上の意味はない。組織には様々な形態や、特性があるが、それぞれの形態や特性は、何らかの組織目的に沿ったものとなっており、あらゆる目的にふさわしい組織というものは存在しない。

そこで、まず、組織の形態と特性について外観する。

（1）組織の形態別類型

組織の形態的な類型としては表7－1に示すように、7つの類型が挙げられる。

類型2の機械型組織が複数集まったものが部門分化型組織であり、トップの下に参謀的組織（経営企画、事業企画、研究企画）や管理的組織（人事、経理、財務、総務、広報）が加わる。

各類型の視覚的なイメージを図7－1に示す。

第7章　組織と人財のあり方

表7-1　組織の形態的類型

	組織の類型	摘　要	例
1	起業家型組織	一人ないし少数のリーダーを中心とする型 リーダーは戦略策定、実行、管理すべてを行う	ベンチャー
2	機械型組織	単純な反復的業務を行う マネジャーは指揮命令関係に基づいて行動し、管理業務が多い	ピラミッド型、古典的官僚、軍隊組織
3	専門家型組織	メンバーは自分の判断で仕事をする マネジャーはメンバー支援のアドミ業務を行う ひとつの集団ではあるが、バラバラ	明確な階層はない 病院、大学、一部の基礎研究所
4	プロジェクト型組織	専門家の構成によるチーム型組織 マネジャーはプロジェクトの推進のための戦略策定、実行、調整を行う	フラットに近い組織
5	協業型組織	一定の目標のため、専門家が独立してネットワークを組む	AdHoc的組織
6	部門分化型組織	異なる分野のビジネスを行う複数の部門を本部が束ねる組織	複合ピラミッド型、多くの大企業 官僚組織、軍隊組織
7	小単位独立機能型	一つ一つの単位は小さいが独立しており、独立した採算制度のもとに運営されている 他の組織とは適切な関係をもつ	自律的で相互関連 (例)アメーバ組織

(H.ミンツバーグ「マネジャーの実像」などから作成)

　図から分かるように、「3．専門家型組織」において、人々はある一定の場所にはいるが、お互いが実態的に繋がっておらず、組織としては極めて弱いものである。
　いわば、村の村民ではなく、現代の都会の同じ町内にすむ住人のようなもので、組織目的は曖昧で、連携も弱い。大学、公的研究機関がこの類型に近い。

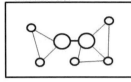
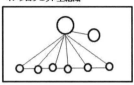
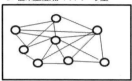
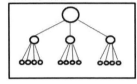
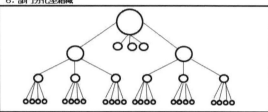
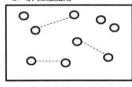
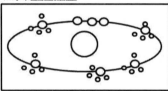

図7-1 企業組織の形態的類型

（2）組織の特性的類型

次に組織の特性から見てみよう（表7-2）。

ベンチャー企業で多いのは、Aの仲良しクラブ型、Bの思い過剰型、Eの対症療法型で、組織の体をなしていない場合が多い。

また、組織運営をうまくやれる人は、ベンチャーを起こそうという人ではないことが多い。従って、ベンチャーは、組織運営に長けた人材の支援ないし参画を得る必要がある。

大企業で多いのは、Cの成長懐古型やDの県庁型、Fの軍隊ピラミッド型である。決まったことを効率的に遂行するには適しているが、環境が激変して、新しいことを始めなければいけない場合とか、新事業をやるとか、グローバル展開を始めるには、適していない。

Gのレジリエント型は、様々な環境変化や逆境を克服し、常に進化を図

第7章　組織と人財のあり方

り、自律的で活力レベルの高い組織である。ただし、このような組織は実際には極めて少ない。

重要なことは価値や環境は変化するので、組織は価値や環境に合わせて自ら変化（進化）しないと存続できないということである。

表7－2　企業組織の特性的類型

	組織の類型	摘要（長所、短所）	課題と対策
A	仲良しクラブ型	明るく、和気あいあいだが、戦略力、実行力がない	目的がはっきりした組織ではない 改善困難 キーマンを変える
B	思い過剰型	自由で起業家精神あふれる 個々人それぞれ能力はあるが組織としてのベクトルがバラバラ	目的、意思決定ルール、評価制度を定める
C	成長懐古型	過去の成功体験から逃れられない 外部環境、市場の変化に鈍感 あえて現状から目を塞ぐ ただし、個々の能力は高い	衰退⇒リストラ⇒衰退のスパイラル 内向性から外向性への意識改革 新しい血を入れる トップとミドルの連続的な対話、合宿
D	県庁型	階層が多すぎる 分析が多すぎて、決定できない 「石橋を叩いて、橋を壊す」 細かいことにこだわる 新たなことへの挑戦意欲乏しい	階層を1層、2層、3層減らす 社長・常務・平取・部長・課長・係長・平⇒社長・GM・TL・平
E	対症療法型	計画や戦略は弱い 直面する課題に、なんとか対応するが、方向性は不明 しょっちゅうバタバタしており、従業員は疲れる	組織設計を行う 各自の分担を決める。
F	軍隊ピラミッド型	階級、管理がしっかりしている 大量の業務を効率的に遂行 想定しない変化には対応が難しい （近代的軍隊はゲリラ戦、テロには弱い）	破壊的イノベーションに弱い 恐竜の運命 意識革命、階層を超えた個人的なリーダーシップの訓練が必要
G	レジリエント型	個別能力、洞察力、柔軟性が揃っている 逆境を切り開き、難局からの立ち直りも速い	自己満足しない 常に変革、進化を心がける

（G.L.ネイルソン「Results」などから作成）

（3）形態と特性のマトリックス

上記形態別類型と特性的類型のマトリックスで考えると、組織のあり方がより具体的にイメージできる（表7－3）。

表7－3　形態別類型と特性的類型のマトリックス

組織の体型⇒ 組織の性格↓		1 起業家型組織	2 機械型組織	3 専門家型組織	4 プロジェクト型組織	5 協業型組織	6 部門分化型組織	7 小単位独立機能型
A	仲良しクラブ型	○		○		○		
B	思い過剰型	○		○	○	○		△
C	成長懐古型		●				●	
D	県庁型		●				●	
E	対症療法型	○		○	○			
F	軍隊ピラミッド型		●				●	△
G	レジリエント型	○			○	○	○	○

○：起業、イノベーション、海外展開の開始などに適した組織
△：起業、イノベーション、海外展開の開始などに適する場合があるかもしれない組織
●：起業、イノベーション、海外展開の開始などに適さない。既存組織の効率向上などに適した組織

組織の事業戦略、事業の展開段階、変革に応じてそれぞれ適したマトリックス上の位置がある。

例えば、起業ステージの組織は、1B、1E、1G、4B、4E、4G、5B、5E、5Gのどこかが適している。

大規模な既存事業組織で効率的な業務遂行に適した組織は、2C、2D、2F、6C、6D、6Fである。大企業内での起業、イノベーション、水平展開、海外展開に適した組織は、4E、4G、5E、5G、7Gである。

事業活動のグローバル展開は、通常の組織形態のままで推進してもうまく行かない場合が多い。従来の既成概念や既成のシステムではなく、大企業内での新事業の立ち上げ、新製品の開発、新しいマーケティングの水平展開を行う場合のような組織体制と人材の配置が必要である。

異業種協業によるイノベーションに適した組織は4G、5G、7Gである。

また、異業種協業や産官連携によるイノベーションを2C、2D、2F、6C、6D、6Fの組織のままで進めても、何も生まれないということははっ

第7章　組織と人財のあり方

きり認識しておく必要がある。2型や6型は組織の階層が多く、新しい事柄を起こすのには不適だからだ。世の中の異業種協業による開発（スマートシティ、次世代電池）や産官連携開発（国プロなど）は、ほとんどこの形であるために予算措置が終わるとそのまま終焉することが多い。

（4）イノベーション、グローバル展開の「組織構造と人」

　イノベーションを起こすことと、グローバル展開を進めることは「組織構造と人」という面で極めて共通項が多い。
　それは、①イノベーションやグローバル展開の目的は「市場や社会が必要としている価値を創造する」、「進出国の市場や社会が必要としている価値を提供する」という面で共通していること、②市場や社会が必要としているものは明示的に示されるのではなく、それを提供する側が様々な社会的・歴史的・文化的考察をしたうえで洞察することが要点になること、③その場合の組織は適切な専門家の参画が必要であるが、重層的でなく、ネットワーク型で意思疎通が密なこと、かつ意思決定が速い、いわば軽い組織であること、④人財の資質が極めて重要な要素であること、などである。③についての組織設計の模式図を、図7－2に示す。
　ピラミッド、階層組織、縦割り組織はイノベーション時、立ち上げ時、プロジェクト時、には極めて不向きであることは前述のとおりである。従って、プロジェクト立ち上げ時は、ごく少数の初期メンバーを選抜し（図中、初期 F/S チーム）、ある程度検討が進み次の段階には各事業部から適宜、必要なメンバーを選び、プロジェクトの実施直前体制を整えるのがよい（図中、初期プロジェクトチーム）。
　重要なことは、組織内の縦横なネットワーク、コミュニケーションを密にすることと、企業外とのネットワーク、コミュニケーションを積極的に行うことである。またその場合、失敗を恐れずにトライ&エラー、加点主義でのぞむことが必要である。減点主義や管理的な色彩が強い中で新しい不確実な事柄に挑戦することはほとんど期待できないからである。
　かつ、イノベーションを試行する現場、あるいはグローバル展開を行う現地の状況を最もよく認識している現地の立案者、試行者の裁量権を高めることである。
　本社、ないし事業部は、現場、現地をサポートする役割に徹するべきで

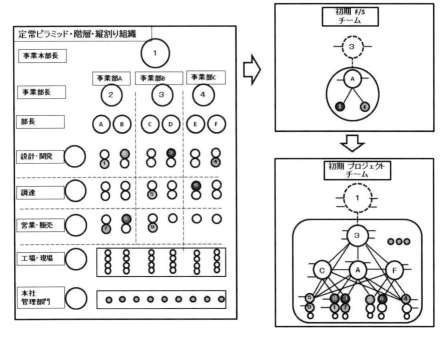

図7-2　イノベーション&グローバル展開の組織構造

ある。

F/Sチーム要員は、外向的で失敗にめげず、精神的にタフな人

　初期的なF/S（Feasibility Study）を行うチームは、現状の各事業部の中の各機能（設計・開発、調達、営業・販売、工場、本社管理部門）から、必要最小限、かつトップクラスの人材を選出することから始まる。

　そこでの人選基準は、好奇心が強く、新しいことへの挑戦意欲が強く、専門的知識と経験があるだけでなく、広い視野を持ち、柔軟な思考、行動ができ、外向的で、失敗にめげず精神的にタフで、正直で誠実などである。

　現地の組織は、形態としてはプロジェクト型、特性としてはレジリエント型が良い。人選例としては、現地のヘッドは部長クラスで、本社でのラインとしては社内的に発言力の強い事業部長クラスが兼任する、ということになる。

　このF/Sチームがある一定期間に構想をまとめ、会社として次に進む

意思決定をした次の段階は、初期プロジェクトチームである。
　このプロジェクトチームのアウトプットは、実際の現地での事業展開の準備を全て整えることである。事業立ち上げチームにほぼ近い。人選基準は F/S チームと同じである。現地の組織形態としては、勿論ネットワーク型、特性としてはレジリエント型が望ましい。
　現地の体制はワンランク上位となる。人選例としては、現地のヘッドは事業部長クラスで、本社でのラインは、事業本部長（通常は取締役）クラスが兼任する、ということになる。

【参考文献】
ヘンリー・ミンツバーグ（2011）『マネジャーの実像』、日経 BP 社
ゲイリー・L・ネイルソン他（2006）『「Results」、最強企業が最強であり続けるための組織デザイン』、日本経済新聞社
ランドン・モリス（2009）『イノベーションを生み続ける組織』、日本経済新聞社
古田興司他（2005）『組織力を高める』、東洋経済新報社

２．日本型ビジネス・リーダー像　　　　　　　　　　小平　和一朗

（１）日本型経営と現場力
トップ主導によるオペレーションの効率化は立派な戦略
　ポーターは、日本の企業を分析して「オペレーションの効率化は戦略でない」と言っている*1（第３章「１．日本型経営イノベーション考」）。しかし、日本の企業が改善を積み重ねることで、イノベーションと言える変革がどんどん起きている。
　1980年代、多くの日本企業においてビジネス・リーダーが取り組んだオペレーションの効率化や、TQC、リードタイムの短縮などの時間効率の向上は、ポーターによれば戦略とは言わないらしい。しかし、モノづくりのノウハウは、直接、人を介して移転するので、人財の移動を伴わない限り、簡単には移転するものではない。モジュール化と擦り合わせ型で言えば、擦り合わせ型では、モノづくりのノウハウは移転しにくい。しかしそれでもなお、従業員をリストラすれば擦り合せ型でも、その人からノウハ

ウは移転してしまう。だから、モノづくりのノウハウの移転を防ぐには、優秀な従業員を大切にしなければならない。

日本型リーダーはグループ力と現場力をどう活かすかが大事

アベグレンは、「日本の経営で従業員を首切れば、日本の経営は求心力を失う」*2と述べている。歴史的に日本の企業は、首切りをせずに、企業内で転職をしたり、再就職活動に取り組んだりしてきた。例えば、日本の企業は、余剰人員が出た場合に様々な努力をしている。余剰人員を個人単位としてではなく、チームとして捉える。例えば日産の追浜工場に仕事があるから、1年間とか2年間とかの単位で応援するように、と言ったやり方をしてきた。

80年代、三菱グループの千代田化工と三菱自動車は、グループの癌だと言われてきたが、結果的にグループ全体で助けた。銀行と商事と重工が中心になって支えた。自動車では、日産の事例もあるが、グループで支えることが行われていた。銀行が元気であった80年代までは、銀行がグループ内の企業を支えた。

1991年にバブルが崩壊して、銀行も企業もバランスシートがガタガタになって、元気が無くなってリストラを行った。銀行は力を無くし、貸し剥がしなどを行って、企業を潰すようになった。80年代は、産業共同体的なまとまりがあったが、それが壊れた。この時期に、「日本型経営」についての完全に自信を喪失した。何がいけないかも、良く分からなくなった。「日本の経営者は世界をリードするような戦略が無い」とか、「皆、同じようなことをやる」とか、「日本の経営者は強い現場に、おんぶに、だっこされて強い戦略が出せていない」とか言われた時に、「そうじゃない」と反論できる経営学者が日本にはいなかった。未だに、自信喪失が続いている面がある。

しかし、現場力は、日本企業の最大の強みである。

「トヨタは戦略が強いのではなくて、現場力で持っている」とも言われた。トヨタをみると、一人ひとりの意識は高い。係長、課長の意識は極めて高い。トヨタの人は、大事なのは戦略ではないと言う。トヨタの強さは勿論、現場力にある。

日本の経営者は現場に依存するのではなく、現場力をいかに高め、どう活かすかが大事だ。その現場力を倍にも3倍にもするのは、優秀なトップ

第7章　組織と人財のあり方

の力である。日本は、そういうことを世界にアピールすればよい。

（2）日本型経営におけるリーダーシップ事例
①トヨタにみるイノベーション
ハイブリッドカーはオペレーション改善の賜物

トヨタのイノベーションについて『コトラーのマーケティング3.0』*3 の「原則2　変化を敏感にとらえ、積極的な変化を」にプリウスの報告がある。「プリウスを発売する前、トヨタは画期的な製品に支えられた破壊的なイノベーターとは決してみなされていなかった。むしろ、絶え間ないイノベーションと、時間を要するが確実な意思決定プロセスで知られていた」とある。改めて見直すと、イノベーターでないものが、絶え間ないイノベーションを起こせるのかとの疑問が起きた。トヨタが絶え間ないイノベーションを起こして来ていることは、否定されてないのに「イノベーターとは決してみなされていなかった」と言い切っていることへの疑問である。

コトラーは、次に「市場のトレンドを読み取り、ハイブリッドカーを時代遅れにならないうちに発売する必要性を理解した。そのためプリウスの発売にあたっては、融通のきかない日本型経営システムの多くを打ち破って、製品開発を迅速に進めたのだ」と述べる。

以上から二つの気付きがあった。一つは、トヨタは日本型経営の会社としていること。二つ目は、オペレーションの改善でイノベーターと評価され、世界一の会社となれるということだ。

トヨタの絶え間ないイノベーションは、絶え間ない改善活動を指しているのではないか。ハイブリッド車の開発はイノベーションに違いはないが、トヨタの中でイノベーションが絶え間なく起こって出来た訳ではなく、改善が繰り返し行われて出来上がったのがハイブリッドだ。従って、トヨタが継続的に営々と取り組んでいるオペレーションの改善の結果、世界の自動車業界をリードすることになっている。

トヨタの経営戦略は、不断のオペレーションの改善で競争優位を築くことができた。トヨタの現場力に支えられた改善の速さにも注目したい。これも「オペレーションの効率化は戦略ではない」*4 を否定する事例である。トヨタが持つ強烈な改善追求のDNAはこれまで歴代のトップ・リーダーの強い意思の表れである。

②ホンダの事例にみる、問題が起きた場合の対応
リコール隠しをトップが反省
　経営リーダーのあり方を『ホンダ非常事態』*5に掲載された伊東孝紳本田技研工業（ホンダ）代表取締役社長のインタビュー内容から考えたい。
　伊東社長は「一番の原因はマネジメント側にある」と、トップとしての誤りを認め、率直に反省している。「トップマネジメントを含めて特にアッパーマネジメントが現場の実情を知ることができなかった」「上から『頑張ろう』と言われたら現場は『無理です』とは言いにくい」「マネジメントが現場の状況を酌みとれるような感受性や日頃のコミュニケーションが不足していた」「部下が何を思い、現状どうなっているか、もっと思いを巡らせるべきだった」との反省の中に、学ぶべきトップの姿勢が語られていて参考になる。エアバッグに関連してでは、他社で問題が起こった段階で「わが社はきちんとやっているか」と考えてみる必要があったとインタビューに答えている。
　企業の動脈硬化に関連して「現場の実力を把握できていない。こっちが言っても届かないし、現場が言っても届かない。大なり小なり、会社組織はそういう課題を抱えていると思うが、それをブレークスルーするのがいちばん大事だ」と答えている。
　会社の体質改善については「台数ではなく、品質と商品の魅力を重視する。行動要件は現場、現物、現実の三現主義。こういう改革を早急に始めていく」と答えている。企業の動脈硬化を治癒させる課題、どの会社でも抱えている。
　ホンダの事例を取り上げたのは、動脈硬化が起きていると社長が認めているからだ。ハイブリッドカーのソフトウェアにバグがあるという問題、社長が充分に把握していなく、販売が優先してしまったというのが問題である。社長を含めて取り巻きが把握していなかったと書いてある。日本型経営の弱点でもあるが、そういう風になりがちである。リコール隠しが起きてしまったのだから、現在のホンダでは、社長と現場との間でコミュニケーションの不足が起きてしまったのだろう。ホンダも「大企業病」にかかった。
　リコールを社内で隠すというのは、岸田雅大の『企業事件・事故の事例に学ぶ対応策－技術者・経営者の倫理を問う－』と題するアーネスト育成

第7章　組織と人財のあり方

財団の講演＊6の中でも、日本型経営では起こりやすいと、日本型経営の弱点を報告している。

（3）日本型企業でのイノベーションの創出
非常識こそイノベーション、それを指導する経営者

　日本では、組織の総意による経営判断を大事にする。しかし、日本型企業を改革しようとしたら、組織の総意によるイノベーションの創出は困難であることを理解しなければならない。

　日本企業の中でイノベーションといわれるような革新的な事業に取り組むには、企業のCEO（最高経営責任者）自らがイノベーターになるか、イノベーターとなる人を人選し、その人の事業活動をCEOが自らの管理監督責任を組織に明言して、そのプロジェクトとリーダーを守らなければならない。

　イノベーションと言われる革新的な開発行為には、必ずさまざまな問題の壁が存在する。それは、出来そうにないことができて、初めて開発と言うからだ。その問題で頓挫すれば失敗になる。失敗を失敗で終わらせないためには、諦めないことだ。諦めないで取り組むには、開発を見守る度量と力量がCEOに備わっていないと、イノベーションを起こすことはできない。イノベーションと言われる取り組みの多くは、成果が出るまでは「非常識なこと」と言われことが多いからである。

日本型経営でのイノベーションの起こし方

　常識を重視しすぎる傾向のある日本型経営では、イノベーションは起こしにくい。イノベーションを起こしている企業には、力あるトップの存在がある。欧米流の戦い方は、「私が先頭に立つからついてこい」。日本流は、後ろにいて見ている。従って現場に期待するしかない。現場力でイノベーションが起こるとも言っているが、非常識といわれる目標の設定には、強力なリーダーシップが必要になる。

　アーネストワンを育て上げた西河洋一会長は、改善を何年間も積み重ね、工期を3分の1にしている。日本の企業は「3分の1にしろ」と最初から言っても実現しない。トヨタでもそうであると思う。しかし、トップは3分の1が頭にあって、日々の改善程度の短縮を指示して取り組んでいったから、実現できている。日本的なやり方は、大枠を抑えていて、その中で、

現場力で、出来ることを繰り返し積み重ねさせるのが日本的やり方である。
　トヨタが毎年「前年度比20％削減の提案を持ってきなさい」と協力会社に言ってきたことは有名なことである。毎年、前年度比20％削減を継続すると、数年後にはイノベーションが起きたと言えるほどの変革となる。継続は力となる。

まとめ　　日本型組織における変革時代のリーダー像
　日本型組織における変革時代のリーダー像を次の7項目に整理した。
　①経営目標　未来に向かって、善い目標を持ち企画する。
　②組織構成　良い人がついてくる。良い仲間がいる。
　③率先垂範　常に組織の先頭を歩き、模範を示す。
　④人財育成　部下に機会を与え、部下の指導、育成に取り組み、豊富な人財を持つ。
　⑤目標実現　異議や異論を束ね目標実現に向け、組織を誘導する力をもつ。
　⑥三現主義　常に現場に立ち、現場を観察して、現実を直視する能力を持っている。
　⑦経営責任　部下の仕事の責任を取り、案件解決に向けて逃げない。

＊1　マイケル・E・ポーター著、竹内弘高訳（2005）『競争戦略論Ⅰ』、ダイヤモンド社
＊2　ジェームス・C・アベグレン著、山岡洋一訳（2004）『新・日本の経営』、日本経済新聞社
＊3　藤井 清美訳、フィリップ・コトラー、ヘルマン・カルタジャヤ、イワン・セティアワン著、恩藏 直人監訳（2010）『コトラーのマーケティング3.0』、朝日新聞出版
＊4　マイケル・E・ポーター著、竹内弘高訳（2005）『競争戦略論Ⅰ』、ダイヤモンド社
＊5　『ホンダ非常事態』週刊東洋経済、2017年1月17日号
＊6　岸田雅大（2014）「企業事件・事故の事例に学ぶ対応策－技術者・経営者の倫理を問う－」、一般財団法人アーネスト育成財団、第12回技術経営人財育成セミナー

第7章　組織と人財のあり方

3．グローバル人財の配置　　　　　　　　　　　小平　和一朗

　グローバル人財に要求されるスキルが、企業のグローバル状況に応じて全く異なる。検討するための区分として、4つの組み合わせを考えた。企業のグローバル化を検討する際の参考にして欲しい。
（組み合わせ1） 本社の所在国（海外、日本）：役員（外国人がいる、日本人のみ）
（組み合わせ2） 生産拠点（海外にもある、日本のみ）：開発拠点（海外にもある、国内のみ）
（組み合わせ3） 商品コンセプト（海外仕様、日本仕様）：市場（海外、国内のみ）
（組み合わせ4） 工場（海外、日本）：商品仕様（海外市場、国内市場）

（1）組み合わせ1　本社の所在国（海外、日本）：役員（外国人がいる、日本人のみ）

　図7-3の中の「GA1」「GA2」「GA3」という組み合わせで、人財を考えて見る。
①「GA1」（国内、外国人がいる）
　国内に本社があって、役員に外国人がいるケースは、会社のグローバル化の第一歩である。2つのケースが考えられる。
　一つは、社内共通語を英語にしてしまうケースである。ネイティブには程遠い英語での社内スピーチは、本当に社長の意志が伝わっているのだろ

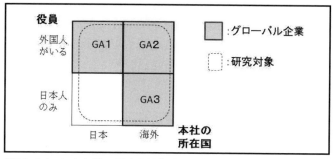

図7-3（組み合わせ1）本社の所在国（海外、日本）：役員（外国人がいる、日本人のみ）

うかと疑問をもつ。しかし、英語が分からなければ、この会社では活動が出来ないというコンセプトは作れる。

　次は、日本語のままでいくというケースである。これが自然である。外国人の社員も増えてきたら考えるべきだろう。社内共通語を英語にしてしまうケースは、基本的にまれなのだろう。英語が出来る人が、あらゆることに有能であるとは限らないからである。別な言い方をすると、英語ができなくても有能な日本人もいるということである。

　役員に外国人がいるケースを、人財育成のテーマとしては、ハードルが高いとした。

　武田薬品では、CFO のフランソワ・ドジェ氏が、突然食品大手のネスレの CFO に転身するという日本経済新聞の記事*1を目にした。国内に本社があっても、グローバル人財を取り込んで経営を進めている企業が出てきた。

　同紙の記事では、2007年にトヨタ自動車のジム・プレス専務が米クライスラー副会長・社長に、2014年に日産自動車のヨハン・ダ・ネイシン専務執行役員が GM「キャデラック」部門社長に、2014日産自動車のアンディ・パーマー副社長が英アストン・マーチンの CEO に突然移籍したと報じている。

　以上の報道をみると、役員レベルでグローバル人財を登用している。しかし、同記事をみて気になるのは、簡単に新しい会社に転職していることだ。色々なノウハウや情報が流出していないか心配である。

　シンガポールに日本から移った P&G の事例もあり、中国系、マレー系、インド系など多様な民族が生活しているため消費者調査がしやすい利点があるという。しかし、課題も見えてきたという。安全性や人材の集中は、コスト高につながっているという。

　海外ではオフィスの賃料も高い。就業者の帰属意識の低さも問題になっている。日本郵船はコンテナ船の積荷配置のプラン作成を、2010年にシンガポールに集約したが、熊本県に移すという。3年で3分の1の社員が入れ替わるので、ノウハウが蓄積できないという問題が起きた。シンガポールの物価は、日本の3割増しで、これからもコスト高は続くと報じている*2。

　② 「GA2」（海外、外国人がいる）

　海外に本社があって、外国人の役員がいるという会社は、外国に本社が

あった方が有利なビジネスを展開しているといえる。まさにグローバル企業である。多くの場合は外国人の役員比率が高い。

当然であるが、外国にある本社の社員の大半は外国人ということになる。コストのかかる日本人は必要最小限の人員となる。まさにグローバル企業である。

また本社を海外シンガポールに置いた HOYA の事例[*3]では、毎日、世界各地の事業責任者と面談が入る。生産拠点はタイ、ベトナムなどアジアが中心で、財務はオランダに置いてある。14ある事業部の4割超は、本部が日本以外で責任者の大半は外国人であると報じている。

③「GA3」(海外、日本人のみ)

海外に本社があって、日本人の役員のみで構成されている会社はまれである。日本文化を重んじて、ビジネスを海外でも展開しようとする会社であることが想定される。海外にあって、外国人を役員に入れないという会社は、それなりの事情があると言える。

外国に本社があった方が有利なビジネスを展開しているが、経営は別ということである。このような会社も、グローバル展開の初期の段階での日本企業には多いとみる。

図7−3の中の「GA3」という人財を考えたい。海外に本社を置く日本企業が増えている。海外の本社の社員の多くは、海外で採用することになる。結果的にグローバル企業にならざるを得ない。

海外の従業員は、日本の賃金体系にはなじまない。仕事と能力を評価して採用し、雇用契約で解雇条件を明確にし、成果が出ない場合、解雇することを盛り込むことになる。それらを仕切る日本企業のマネジャーのスキルは、海外での管理(マネジメント)経験が豊富でなければならない。

(2) 組み合わせ2　生産拠点(海外にもある、国内のみ):開発拠点(海外にもある、国内のみ)

図7−4の中の「GB1」「GB2」「GB3」という組み合わせにおける人財を考えたい。

①「GB1」(国内、海外)

生産拠点が日本にあって、開発拠点を海外に出すケースでは、特別なグローバル人財の養成は必要ないと考えている。海外にお客様がいることか

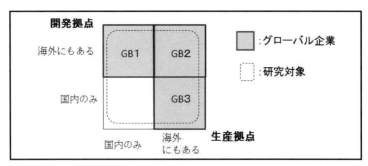

図7－4 （組み合わせ2）生産拠点（海外にもある、国内のみ）：
開発拠点（海外にもある、国内のみ）

ら開発部隊を顧客の近くで仕事をさせる。良くあるケースである。技術系の仕事は、特別なことをしなくてもコミュニケーションがとれるものである。

②「GB2」（海外、海外）

　生産拠点も開発拠点も海外に出すケースは、B2Bビジネスでは良く見られることである。このケースでは顧客が工場の近くにいて、顧客の要求にあった商品設計をしなければならないなどが想定できる。現地の顧客とともに海外に進出したケースで、中小企業の海外進出のモデルケースでもある。

　生産拠点も開発拠点も海外という組み合わせは少ないとみていたら、トヨタ自動車はタイに開発拠点を設けて長年取り組んできていることが分かった＊4。タイの開発の生産技術関連を含めた技術者は1,400人で、その内の半数が開発担当という。新興国向けピックアップトラックの設計図の作製や車両評価の4割を担当したという。タイは東南アジア最大の自動車生産国で、トヨタをはじめとする、いすず、ホンダなどの日本メーカーが8割以上のシェア（2014年）をもっている。

③「GB3」（海外、国内）

　生産拠点のみ海外に出すケースは、安価な労働力を求めての工場部門の海外進出である。最近になって、海外だけで国内に工場を残さないケースでは、生産性の改善などのボトムアップ力が海外の工場では期待できないため、日本人の現場力によるモノづくりで、差別化を図ろうとするための国内回帰が起きている。

（3）組み合わせ3　商品コンセプト（海外仕様、日本仕様）：市場（海外、国内のみ）

ビジネスの対象市場と販売商品の仕様を、どう設定するかの検討である。図7－5の中の「GC1」「GC2」「GC3」というビジネスモデルに取り組む際の人財を考えたい。

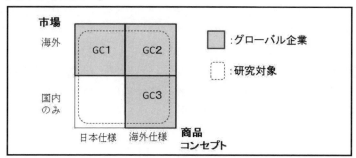

図7－5（組み合わせ3）商品コンセプト（海外仕様、日本仕様）：市場（海外、国内のみ）

①「GC1」（日本仕様、海外）

日本で販売している商品を、そのまま輸出する。輸出の基本である。この場合の人財は、営業要員で、海外での市場開拓、海外顧客との契約などを担当することになる。ビジネスの規模が小さい場合や、将来、進出することを考えない場合、現地企業に販売を委託することや、日系の商社に販売を委託することなども考えられる。

特別にグローバル人財を意識して育成する必要はない組み合わせである。

②「GC2」（海外仕様、海外）

海外の市場向けに、海外の仕様の製品でビジネスをする。この組み合わせがグローバルビジネスの基本である。日本仕様の商品が日本で売れても、海外では売れないということが良く起こる。海外の市場が求める商品づくりを行うことは、グローバルビジネスの基本である。良いものをつくることが出来る日本が遅れている組み合わせである。

商品企画要員、技術の分かる要員、営業要員のグローバル人財の育成が必要で、海外顧客とのコミュニケーションができて、技術的なレベルも国際的なレベルでないとビジネス創生には対応できない。大きな投資を伴うので、立上げ段階では、日本人である必要はないが、本社と密な連絡が出来る幹部が責任者に就任しないと難しい。海外市場で通用するブランド構

築ができる能力を持ったスタッフを養成する必要がある。

③「GC3」（海外仕様、国内）

これは少ないケースであるが、海外の市場で販売することを目的で作った海外仕様の商品を輸入することは、考えられることである。逆輸入である。輸入した後は、国内の既存体制で対応できる。その人財は海外の仕様を理解できるレベルであれば良く、ビジネスの舞台は国内にあるので、グローバル人財を育成する必要はない。

（4）組み合わせ4　工場（海外、日本）：商品仕様（海外市場、国内市場）

工場が中国や東南アジアなどの海外にあるのは、珍しくなくなった。図7－6の中の「GD1」「GD2」「GD3」という人財を考えたい。

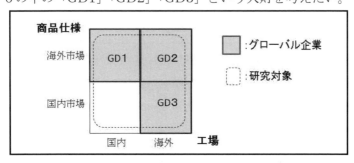

図7－6　（組み合わせ4）工場(海外、日本)：商品仕様(海外市場、国内市場)

①「GD1」（国内工場、海外市場）

国内の工場で、海外の商品を生産するこの組み合わせは、輸出型の企業であれば基本的な組み合わせである。

この時必要なグローバル人財は、海外で販売するための営業要員である。営業要員は、海外での市場を開拓し、海外顧客と契約に持ち込む仕事に取り組む。

②「GD2」（海外工場、海外市場）

海外に出て、海外の市場に売るケースでは、現地スタッフを中心にして取り組むことが出来る。現地化という観点で、人財育成をすべきである。本社とのパイプを繋ぐための、最低限の日本人スタッフは必要であるが、特別にグローバル人財を養成する必要はない。

海外市場向けの商品は、為替変動の影響を無くすため、多くの企業が消

費地に工場をつくり生産することを基本としている。

③「GD3」（海外工場、国内市場）

　海外の工場で生産し、国内で販売というケースは、今や製造業の標準的なスタイルとなっている。国内仕様が相手であるので、特別なグローバル人財を養成する必要はない。海外の工場にはマネジャークラスを数名常駐させ、現地作業者とそれをマネジメントする現地スタッフを雇用する。日本語の分かるスタッフも入れ、通訳の仕事も担当する。

　円安になると、海外生産から国内生産へ、切り替える動きがある[5]。キヤノンは、新製品の生産を原則国内に切り替える動きをしている。特に高価格帯の製品や、コア部品や、汎用品以外の中級品の生産を国内に移し、海外に部品を供給する体制にするという。半導体分野でも国内回帰が進んでいる。ソニーは、画像センサーの国内工場に投資し、生産能力を強化するとしている。

　経済状況に応じた生産拠点の変更の動きは、今後ともあるとみる。

[1]「武田『寝耳に水』」日本経済新聞、2015年6月25日付
[2]「高いコスト、負担大きく」日本経済新聞、2015年4月15日付
[3]「HOYA　人材・情報両得」日本経済新聞、2015年4月15日付
[4]「トヨタ、タイで開発『自立』」日本経済新聞、2015年10月6日付
[5]「生産体制円安で見直し：キヤノン、国内比率5割超に」日本経済新聞、2015年1月9日付

まとめ　　　　　　　　　　　　　　　　　　　　　　　前田　光幸

　個々の企業は事業目的やビジョン、経営資源や戦略、組織風土、の三つの構成要素で形づけられる。そのうち、組織風土はその構成要素として組織の型、人財の育成法と評価法、リーダーシップのあり方、人財の適材適所方式などからなり、個別企業の個性を出す上で、最も影響力が大きいところである。持続的に成長し、業績の良い会社は組織風土の構成要素が明確に規定され、運用され、必要に応じて修正されているものである。

　「1．組織と人財」では、グローバル化の組織と人財は、事業の水平展

開やプロジェクト推進の際に考えるべき事柄となんら異なるものではないことを組織論の視点から論じた。あるいは中小・中堅企業が新たな事業を始める際に行う組織、人の問題の検討と何ら変わるところはない。リーダーは未知の部分が多いので理屈や一般論ではなく、個別の事情を十分洞察し、試行錯誤で諦めず、加点主義で従業員を鼓舞して、一切の責任を引き受けることが重要である。

「2．日本型ビジネス・リーダー像」では、グローバル展開で問われるのはリーダーシップであることに着目する。そこでは、"日本的リーダー"のあるべき姿を磨き、"ホスピタリティ"を持って顧客・市場に対応し、"未来志向"で、"現場力"を信じそれを高める努力を常に心がけるリーダーである。これらはホンダやトヨタ、その他多くの企業の「創業期の姿」とほぼ重なるものである。そういうことをグローバル展開に際してもう一度考えることが重要である。企業は成長し、大きくなり、組織が硬直化し、意識が内向き、官僚的になるものであり、ときどき、大きなオーバーホールを行い、塵やサビを落とし、ガタが来ているのを直す必要がある。それがイノベーションにもグローバル展開にも必要なのである。

「3．グローバル人財の配置」は企業のグローバル展開のタイプを4通りのマトリックスに分け、それぞれの人財のあり方と配置を模式化した。企業はグローバル展開の状況に応じて、人財の選択、育成、配置を行う必要性を示した。

第8章
日本型グローバル人財の育成

はじめに
前田　光幸

　グローバル研究会では我が国産業の国際競争力の低下の背景に、急速に進んできた「グローバル化」への対応不良という構造的問題があるのではないか、その構造的問題とは何か、それを克服するためにどう考えるべきかについて議論してきた。
　そして、我が国産業が共通項として持つ日本型経営システムはどのような長所・短所を持ち、進展するグローバル化の中で、何を強化し何を修正していくべきかについて議論してきた。戦略的な問題は極めて重要であるが、それと同等以上に重要なのは、企業組織のあり方や人財についての考え方である。
　グローバル人財はどうあるべきか、そしてその育成はどのように行うべきかが、当研究会として整理しておくべき課題として残った。そこで、人財育成に関わる、以下に上げる項目について、執筆者による座談会で議論し、整理をしたい。
・グローバル人財とは
・グローバル人財のあるべき姿
・グローバル人財にとって重要な資質とは
・外国語能力は大事か
・グローバル人財育成の方法
・海外展開パターン、事業戦略の観点とグローバル人財の配置
・日本型経営を海外でどう展開するか
・ビジネススクールの意義
・日本企業の本社の経営層に外部のグローバル人財を取り込む意義
・日本に世界の人財を呼び込むことについて

座談会「日本型グローバル人財の育成」

パネラー：淺野昌宏、大橋克巳、小平和一朗、杉本晴重

司会：前田光幸

1．グローバル人財とは

前田 この座談会では、労働コストとしての人材ではなく、経営資源、財産としての「人財」について議論したいと思います。まず、グローバル人財とは何かについて、皆さんは実務的にどう捉えていますか。

国内・海外の意識の壁がなく、事業展開を進めるリーダー的な人財

杉本 海外市場で外国人と仕事をして、外国人から信用、信頼され、認められる人ですね。特にリーダー的な人がグローバル人財ではないでしょうか。

小平 日本企業がグローバル展開する中で、現地の人にマネジメントを任せることになりますが、そこでリーダーになれるのがグローバル人財です。「海外で自信を持って現地の人を育てる能力がある人財」ということになります。

大橋 企業がグローバル化していくのに伴い企業経営責任の一翼を担う人財だと考えます。事業課題を解決するために、保有する技能・経営資源を活用し、企業が求める場において活動できる人財であり、経営チームの一員ということかと思います。

日本企業のグローバル人財化が進んでいないから「グローバル人財」が議論になる

淺野 日本では、この座談会もそうですが、「グローバル人財」の論議があります。しかし、海外で「グローバル人財」という言葉は聞いたことがありません。海外では、そもそも企業経営者というのはグローバル人財であり、企業経営とはグローバル市場を対象としたものなので、改めて議論するまでもないからでしょう。一方、一般従業員や現場の労働者は、グローバル人財でなくても構いません。ただ、例えば生産管理や運転システムの専門家など、色々と専門家は必要な訳で、そのような人はその職種の中でグローバルに活躍していけば良いのではないでしょうか。すなわち、グローバルな視点で考え、戦略を立てることは経営者や経営幹部の仕事で

あり、一般従業員・労働者には要求されないので、そこは分けて考えるべきだということです。

　もう一点、日本の戦後教育は、均質社会の中でサラリーマン量産教育が続いてきましたが、教育システムの中では経営のプロを育ててこなかったといえます。経営者を育成するシステムがあれば、ことさらグローバル人財などという必要はないはずですが、それが出来ていないので、グローバル人財を育てる必要があるという風潮になっています。

　前田　総合すると、グローバル人財とは自社の事業展開を行う上で、市場を国内外に分けて考える「意識」の壁がない人財ということになります。それと、淺野さんの言うとおり、日本でことさら「グローバル人財」というのは、経営トップや経営幹部が十分グローバル化していないことの裏返しだと言えそうです。そういう「グローバル経営者」を育成する「場」が日本にはありません。従って、自社内で経営幹部をグローバル経営者候補へと鍛えるしかありません。

2．グローバル人財のあるべき姿

　前田　グローバル人財のあるべき姿については、いかがですか。

　大橋　国内外を問わず、企業の事業展開を進めていく人財だと考えます。

　杉本　三つあると思います。一つは、自分の哲学や主義を持ち異質性、多様性を尊重する価値観を持つことです。二つ目は、高いコミュニケーション力、つまり意思疎通力と論理性の能力があることです。三つ目は、担当分野のプロであることです。それと、共通する基本的な要件として、日本人、日本の歴史、日本文化について見識があることが大事です。

　なお、リーダーの行動指針としては、言動や判断などが現地目線であること、「How」は後まわしにして、まず「Why」と「What」（目的、目標）を明示すること、「How」は、外国人に任せる時は任せることが大切です。外国人は自信家が多いので、任せて伸ばすのが良いと思います。そして「Yes／No」を明確にして、かつ意思決定は早くすること、などです。

　淺野　経営者としてのグローバル人財と、それ以外の専門性の高いグローバル人財の二種類があります。前者としては、杉本さんの言われたことと同じ意見です。後者はそれぞれの分野において高い専門性をもってキャリア・アップしていける人財であり、必要要件は経営者のように三拍子揃

っていなくても構いません。

　小平　画一的な人財育成は、必要ないと思います。日本人としての良き特質を持って、現地の人とウィン・ウィンの関係を構築できる人財です。企業において最先端のモノやコトづくりが分かる人間が、現地に入って、現地の文化を理解し、そこの潜在ニーズを見つけ出すことがグローバル人財として大事なことかと思います。

日本人としての価値観を持ち、コミュニケーション能力の高い人
　前田　経営幹部と専門家とでは、あるべきグローバル人財像は当然違います。経営幹部としてのあるべき姿は、日本人として風土、歴史、文化に根ざした主体的な価値観をもち、同時に多様な価値観を尊重し、十分な意思疎通能力がある人財。価値観と意思疎通が大事です。自分の価値観を持たない経営幹部は、他人の価値観を認識できないので、結果的に現地スタッフ、現地市場関係者、社会から評価されません。特に意思疎通能力は、経営幹部の必要条件だということです。ただし、専門家は専門分野での意思疎通能力は必要ですが、幅広さは必ずしも必要ではないということでしょう。

3．グローバル人財にとって重要な資質とは
　前田　グローバル人財で特に大事な資質ないし意識は何でしょうか。
生来的なものが多いが、実務経験の中で習得する資質もある
　杉本　精神的、体力的にタフなこと、謙虚・素直・誠実・明るく前向き、慎重かつ大胆さが求められます。このような、どちらかというと生来的な資質が大事です。これらは、不可能ではないですが、簡単に教育できるものではありません。上司や人事部はそこの適・不適を見ておかないといけません。海外勤務に適していない人は、他の適所で仕事をするのが本人のためにも会社のためにも良いと考えます。
　淺野　杉本さんの整理された先の三要件と同意見です。ただし。専門分野でのプロであれば、三要件に欠ける所があっても構いません。この三要件は簡単に教育できるものではなく、先天的なものも多いです。あるいは経験する中で、元々自分の中にあった要素が開花する場合もあります。
　小平　グローバルな一般教養として物事の価値観、現地の文化、歴史、習慣、宗教観などの理解があって、それを最低水準は身に着けていなけれ

ばならないのではないでしょうか。またグローバルな経営視点も養う必要があります。

大橋 資質としてはコミュニケーション能力が重要です。また、経営課題に対して向き合い、解決に努めること。企業の持つ使命感を共有し、解決に向かって様々に試みること、企業経営責任が強く企業忠誠心があること、などです。

前田 各国それぞれの多様性を勉強し、認識する力、それに対応する柔軟性、積極性、好奇心、忍耐力、そして意思疎通力、責任感などが、勤務地を問わずグローバル人財には求められるということです。またリベラル・アーツ*1というか、幅広く、奥深い見識が大切です。

4．外国語能力は大事か

前田 外国語が出来ることが、グローバル人財の条件だと考えている人が多いのが現状です。学校教育でも、企業教育でもそこに意識が行っているようですが、これについてはどう考えていますか。

小平 一般的な日常会話程度の英語力は、当然必要です。あとは、現地で信頼できる友人をつくることができれば、会話力は自然と向上する。しかし、実際の商談では、通訳、弁護士、記録係を入れてチームとしてやればいいと思います。

大橋 語学は、コミュニケーションの一つの方法に過ぎません。外国語で、経営課題を会議や当事者間で意思疎通が出来ることは最低限必要ですが、それはグローバル人財の条件の一つにすぎません。

浅野 語学は道具ですから、必要な人が習得すればいいのです。ただし、会話力と文章力は別物で、どちらか片方はいいがもう片方はどうも、という人も結構います。だから、それぞれ弱いところは実践で磨く必要があります。

語学は出来たほうがいいが、大事なことはコミュニケーション能力

杉本 外国語の優先度は担当者と管理職では異なると思いますが、コミュニケーションは手段であり目的ではありません。相手の言うことを良く聞くこと、言いたいことを論理的に分り易く伝えられることが大事で、要は中身です。外国語は流暢でなくて良いのです。日本語がおかしい人は、英語もおかしい。しかし経営幹部は、トップダウン方式が普通だと考えて

いる外国人に対して、それなりのレベルの英語力、特に会話力でコミュニケーションすることが必要です。

前田 コミュニケーションについて補足すると、欧米では、激しい議論を平気でやりますが、それはお互いの価値観が多様なので、議論しないとお互いに理解できないからです。しかし同質社会に暮らす多くの日本人は、激しい議論を好みません。相手の人間性を非難することになるのではないかと怖れるからです。議論というのは、自分と相手の考えをぶつけ合っているのであって、人間性を非難し合うものではないことをよく認識することが大事です。寡黙さは、同質的な村社会では良習かもしれないが、多種多様な世界では決して良習ではありません。

もう一つ、いつも同じ職場や同じ専門の人とばかり話をしている人は、職場や専門の違う人と、ましてや価値観の違う海外の人との意思疎通がうまくできません。違う人に、自分の仕事や課題テーマを分かりやすく説明する訓練を日頃からやっておく必要があります。語学の問題より、よほど大事なことです。

淺野 語学は道具だから、必要な人が、必要な時に習得すればよい、と言いましたが、ただ単にコミュニケーションの道具だけではない場合もあります。例えば、バンカーなどはアメリカ英語ではなくオックスフォード、ケンブリッジ風の英語だと信頼されやすいようです。

5．グローバル人財育成の方法

前田 あるべきグローバル人財が、大学や専門教育機関（MBAなど）等から自動的に次々と輩出されてくる訳ではありません。実際には、企業が、主に実践的に経験を積ませながら育成していくことになる訳です。その際、育成を受ける側、育成する側が心がける点は何でしょう。

国内・海外の市場の壁を取り払い、実務経験の中で育成

淺野 まず企業は国内と海外の市場の壁を取り去ることが必要です。国内・国外の区別なく、自社の市場はグローバルに存在しているとの意識が浸透していれば、社員も自ずと、グローバルな視点で物を見て行くようになり、必要なもの、自分に欠けているものを自分で見つけて行くようになります。

また、経営者、幹部は自分でリベラル・アーツの部分を深めて行かない

と、海外では信頼を得られません。

杉本 学校では自分の意見を持ち、堂々と述べる教育が必要です。知識詰め込みではなく、考える力の育成、あるいはスポーツ、音楽、芸術など得意能力の育成が必要です。最近は、日本の小学校でも自分の意見をどんどん言うように指導しています。しかし、小学校でも、高学年になるとだんだん自己主張をしなくなるそうです。これは、子供も成長するにつれて自然に家庭や世間の雰囲気に順応しようとするからではないでしょうか。日本社会自体がそういう雰囲気を持っています。

企業においては、チーム活動でチームワークとリーダシップ育成が必要です。「場」で言うと、例えば外国人を入れて共同作業をやる、留学や出向、国際会議への出席、外国企業との交渉等を通して実践経験を積ませることが必要です。また、国内の職場に外国人を入れることによって、コミュニケーションや仕事の進め方に新鮮なプラス効果が出たことも実際ありました。

大橋 当事者のステージを考慮した実践的訓練であるべきです。ただし、少し高い水準の課題を持つこと、あるいは持たせることが必要です。本社経営者との意思疎通、現地人との意思疎通、両方とも大事です。どちらが欠けてもダメで、そのような訓練、支援が必要です。

小平 キャリアパスに海外勤務を入れると良いと思います。海外勤務でのネットワークの作り方なども、人事考課のデーターとすべきでしょう。日本企業の人事・労務の人はあまり海外に出ないようですが、会社のグローバル化の為には、人事担当者が海外勤務を体験すべきです。

前田 グローバル人財がどこかにいると思うのは、ないものねだりです。企業がグローバル人財を本気で実践的に育てる必要があります。育成の環境や制度を整えるのが経営者、人事部の仕事です。小平さんの言うように人事担当者が海外勤務することに賛成です。

6．展開パターン、事業戦略の観点とグローバル人財の配置

前田 海外展開には当然、様々な段階があります。例えば、輸出、海外での製造、開発拠点、サービス、オペレーションなどがあります。日本人の現地へ派遣と現地人の採用を組み合わせながら修正していくという試行錯誤方式で行うのか、派遣人財の選別や育成計画、現地スタッフの訓練計

画などを慎重に準備して行うのがいいのか、また、派遣人財と企業戦略はセットのものか、これらについていかがでしょうか。

大橋 現実には、社内の人財の資源には限りがあり、贅沢は言えません。現有の人財の中で個々に判断していくしかないのです。自分のいた会社では、海外展開の初期の段階では経験者が少なく、商社と組んで始めました。その後だんだんと経験者が増えてきて、1990年代の半ば以降からは、自社独自で進出するケースが増えてきました。そういう人財が量的にある程度増えるまでには、かなり時間がかかりました。

現地トップにはまず日本人の最優秀人財を出し、現地トップを育てることが仕事

小平 海外展開の基本は、現地人化です。製造拠点、開発拠点、製品コンセプトづくり、市場開拓に関する要員は現地で採用することを原則と考えたいです。日本人の駐在員は、現地スタッフを育成することが仕事です。そして日本国内の拠点と肩を並べる事業体にすることが目標です。現地人採用の場合は、期待する能力が出ない場合は、いつでも雇用契約を解消できる状態にしておく必要があります。また、自然災害や戦争や政変など、事業撤退をしなければならないリスクを常に抱えています。だから、海外進出にあたっては、判断する前に時間をかけて、現地の有能なコンサルを使い、あるいは社員を調査派遣するなどして、ビジネスのリスク評価などをしておく必要があります。

淺野 商社は昔から海外で活躍できる人財の育成を実地に行ってきましたが、1980年代からは、現地では現地人財に任せる、あるいはアフリカ・中東地域の拠点は西洋人にも任せるというようになって来ています。

最優先すべきは経営に関わる人財であり、拠点を運営できる人財で、良い人がいるなら進出地域の人財や、西欧からリクルートした人財を使えば良いと思います。日本人の若手に対しては、機会を与え環境を整えてやれば、自然と育って行きます。

メーカが徐々に独自で海外展開するようになってきたので、商社機能は昔の貿易や物流中心から、事業投資と事業運営へとシフトしてきており、人財もそのように変化してきています。

グローバル経営と現地人財の問題については、企業の実情に合わせて、時間を掛けて M&A の勉強と実践を重ねてきた JT の例が参考になります。

第8章 日本型グローバル人財の育成

同社の JT インターナショナルは、JT グループの海外たばこ事業を統括しており、本社はジュネーブにあります。日本で見ているのは国内と中国だけです。売上構成比は、国内と海外で半々で、利益は海外のほうが多い状況です。人財と海外展開について、同社の新貝氏は次のように語っています。「我々は商社のように営々と人財を育ててきた訳ではなかったので、人財的にいわば"貧者の戦略"を採ったことになります。買収という手段で究極の経験者採用をしてきた訳です。また、日本人が世界中の多様なマーケットのすべてを経営できると思うのは驕りだと考えています。一つには、日本人のリベラルアーツレベルが貧しいという思いがあるためです。日本で教育を受けた人間が、国際人としてグローバル経営をしていくのは難しいのではないかという危機意識がありました。いずれにせよ、多様なマーケットに多様な人財で対処していくことが不可欠になると当時から考えていました」。このように、JT のように人財とグローバル展開を捉える考え方もあります。

杉本 まず海外拠点のトップを本社から出すか、現地人にするかが大きなポイントです。日本人でも現地人でも海外拠点のパーフォーマンスは拠点トップの属人性に依存する面が多い訳です。最終的に現地人のウエイトを高くしていく方向でベストの解を模索していくのが現実的でしょう。なお、トップ、管理職ほど優秀な人財を派遣し、実務は若手中心に人財育成の場を与えるということです。

製造拠点の場合は、当初は日本から工程のキーパーソンは出すべきで、管理職レベルは、現地人の育成と移管が望ましいと考えます。ただし、拠点トップは本社との意思疎通が大事なので、当面は日本人としたほうが無難です。作業員は、現地人が前提です。開発拠点、販売拠点の場合は、現地で優秀な専門家をなるべく多く採用し活躍してもらうのが良いです。もちろん、国によります。日本人を拠点トップにする場合は、やはり海外経験者が良いですね。もし、日本人に適任がいなければ、外国人を採用することになります。

前田 どの機能を海外で展開するか、そしてどの段階かによって、当然人財の配置は異なります。多少の試行錯誤は当然で、修正していけばいい訳です。重要なことは拠点のトップ人事です。本社と現地トップとの意思疎通と現地人の教育・指導・管理が大事です。本社トップは現地トップの

遂行力をつぶさに評価し、支援し、修正していくことが大事になります。

　大橋　そのためには、本社のトップが頻繁に海外拠点に出向いて意思疎通を図るのが良いのではないでしょうか。どこも、そういうふうに努めていると思いますが。

7．日本的経営を海外でどう展開するか

　前田　本書でこれまで論じてきたように、日本的経営の特性を活かしつつ、グローバル化に適した経営を組み合わせることが望ましいと思いますが、海外展開でも、基本は日本的経営をかなり出すことになります。あるいは出すべきだと思います。日本的経営をどのように現地で有効に出していくのが良いと思いますか。

日本（人）、あるいは日本企業らしさを出すことが大事

　浅野　日本（人）らしさを出していかないと、海外ではなかなか苦しい状況になってきたのではないでしょうか。例えば、アフリカ市場でも欧米企業は相変わらず資金面や人的ネットワークが強いし、中国企業は資金と人海戦術でやっています。同じように日本企業がやれる訳ではありません。アフリカ開発会議（TICAD、今回から3年に一回開催）というのがあって、そこで外務省も日本（人）らしさを出すべきだということを強調しています。また、別の機会に、あるノーベル賞学者が日本人の「こころ」はグローバル化の中で大切だと言っておられました。「こころ」とは英語で言う、Heart、Mind、Spirit などを包含したような概念で、一言では表現できないものです。日本人の「こころ」の実践された形としては「カイゼン」などがそれに当たるのではないかと思います。エチオピアの元首相は母国に「カイゼン・インスティチュート」をつくり、さらに他アフリカ諸国に広めていこうという機運もあります。

　前田　個人としての日本人らしさと組織としての日本的経営があります。個人としては外国人と根底のところで共通する部分があります。例えば、正義・誠実・公平・正直・勤勉などです。しかし、組織となると、第3章で意識的に違いを強調した面がありますが、日本型とアングロ・アメリカン型はかなり違います。日本（人）らしさを出すことに大賛成ですが、日本人の個人としての姿勢と組織としての日本型経営とをどう組み合わせていくべきでしょうか。個人としての日本人の長所に外国人が共感する面が

第8章　日本型グローバル人財の育成

多いとしても、日本型経営、例えば、年功制、終身雇用制、新卒者重視、集団主義、稟議主義、現場主義、暗黙知等々には抵抗感もあるでしょう。そこをどう考えるかです。

大橋　個人の多様な価値観にまたがるコミュニケーションの問題はあるとして、組織の中で集団行動として日本人らしさが出る「カイゼン」や「4S（整理・整頓・清掃・清潔）」など具体的な事例の中で日本的経営として、外国人にも意識して出していくことが大事なのではないでしょうか。

淺野　外務省が言う「こころ」について別の表現として言うと、モノを売って終わりではなく、その後のメンテナンスやオペレーションのノウハウを現地人に教育し、訓練させていく姿勢が大事で、これは欧米や中国とは違って日本（人）的な長所です。

杉本　日本的経営として、海外展開でも「人を大事にすること」「誠実・信用」などは大事にしたいし、これは充分通用すると思います。一方、課題は「合議制・遅い決定」「暗黙知・ノウハウ」「人事評価」等でしょう。責任と権限を明確化して、権限規定や人事評価基準をつくり、成果主義につなげるなどで対応はある程度できます。製造面ではノウハウはマニュアルなどを通じてではなく、実践的訓練、改善活動などの方法でやれば有効です。開発、販売面では暗黙知を形式知として表に出す意味はないのではないかと思います。また、意思決定やものごとの進め方として、欧米流はトップダウン、日本はボトムアップが得意です。しかし開発の場合は、トップダウンだけでは駄目で、ボトムアップでないと進みません。海外開発拠点では、日本的なボトムアップの方が現地スタッフは自由で動きやすいという声が多かったですね。

前田　日本と欧米やその他の国との大きな違いとして、現場が強いか弱いかがあります。外国は現場が弱いので、勢い戦略主導的、トップダウン的にやらざるを得ません。日本は現場が強いので、トップは現場依存になり、トップから戦略がなかなか出ない傾向があります。だから、ボトムアップ型の戦略、現場発の戦略になりがちです。従って現場を今以上に強くするほうが良いという考え方もあります。しかし、ミドル発、現場発の戦略は世界の大企業の戦略と比べるとどうしてもスケールが小さくなります。やはり、トップのレベルを上げて、トップ戦略を出すようにしないといけません。それと、海外展開をする場合、国内での考え方やスタイル、ボト

ムアップ手法、人事評価などについて「守るべきこと、変えるべきこと、捨てるべきこと」の取捨選択が大事です。

8．ビジネス・スクールの意義
前田 日本企業は現場経験を積んで昇進して行き、経営幹部、そして役員となり、戦略的な仕事を担うことになります。欧米では、MBA を出た若手がいきなり経営幹部や、場合によっては役員に就くことになります。日本は現場と経営幹部、役員は階層的にも、権限的にも連続していますが、欧米では断絶しています。その違いを理解せずに日本の若手社員が MBA に行くと、会社に戻っても、勉強したことを使わせてもらえずに腐って退職して、外資系やコンサル会社へ流れてしまいます。だから、最近、企業は MBA にあまり送りたがらなくなってきている傾向があるようです。かと言って、日本の経営大学院へ派遣するのが良いかというと、その多くは欧米流の経営学の移入がほとんどで、日本企業の実務課題とは距離があります。そこで、質問です。日本で MBA をうまく活用することに、何か意見はありませんか。

大橋 新しい欧米の理論的経営手法を勉強してきただけでは、実践には余り役立ちません。ただ、最近は良く研究されたケース・スタディが増えているようなので、実践に役立つ部分もあるのではないでしょうか。日本的な経営の欠点をどう変えていくかについて、MBA も活用する価値はあると思います。

杉本 留学はさせたが、帰ってきて退社してしまう人が多いのは確かで、ほとんどが、上司がうまく使いこなせず、活躍の場がなかったことが原因です。しかし、活躍の可能性の高い分野として、現地子会社の要職や新規事業の企画部門、海外との協業・M&A など戦略性の高い業務等があり、そう言う部署は留学後、すぐに活躍できる場所です。

淺野 経営企画室で社内改革や、新事業展開を担当させる例が多いです。既存の体制との摩擦や軋轢を乗り越えられる人物は成功しているのではないでしょうか。その際に、サポートする役員や上司がいることが不可欠の要素です。

MBAは日本的経営の修正に使えるので、活用方法の再考が必要

前田 MBA に若手社員を出す際に、人事部と各事業部はよく準備して

第8章　日本型グローバル人財の育成

おく必要があると思います。すなわち、①日本的経営と欧米的経営の違いをある程度理解しておくこと、②単に欧米流経営学を移入すればいいというものではないこと、③派遣先のビジネス・スクールの渉外担当達と時々会合を持って、留学生の送り元としてのニーズを伝えておくこと、などです。その上で、社内的には次のことを周知しておく必要があります。①日本と欧米では「経営幹部と現場の関係」が異なること、②企業派遣留学は企業の経営基礎体力を高めるためのものであり、個人のためではないこと（休職・個人留学は別）、③留学制度を新入社員のリクルート目的にはしないこと、などです。

　企業に、こういう努力がまだまだ欠けている気がします。本来、MBAは日本的経営の短所を修正する上で、もっとうまく活用できるはずです。

9．日本本社トップに外国人を取り込む意義

　前田　外部のグローバル人財が、海外拠点や海外展開遂行部門のみならず、全社的に重要になっていると思いますが、例えば、外国人を日本本社の経営幹部に置くことの意義や問題は何だと思いますか。

　小平　経営会議を例にとると、役員に日本語を理解できない外国人を入れたら全て英語で会議し、全て英語で、資料を作成すべきです。それが出来ないのであれば、形だけの経営会議になってしまいます。

よほど事情があれば別だが

　大橋　日本企業に外国人の役員やトップを入れる事例が、少し出てきています。企業の経営課題を解決するために、海外拠点のトップの外国人を日本の本社の経営層に受け入れるということですが、これはなかなか難しいのが現状です。基本的に受け入れる日本企業の役員会が、外国人経営層の受け入れ態勢を段階的に整えることが必要です。最初はやはり海外拠点のトップに据えることから始め、徐々にその外国人財との相互理解を深め、経営課題を共有していく、そう言うステップと役割の明確化が大事です。経営チームの連帯感をいかに持つかがポイントでしょう。会社がおかしくなって、今まで通りでは、どうにもならなくなって外国人を招聘するケースもあるかもしれませんが、個別に慎重に判断する必要があります。

　浅野　商社で外国人を海外拠点のトップにするのは、普通に行われていますが、本社の経営層に迎える事例は少ないし、うまくいった事例はほと

んどありません。商社は意外と日本的経営の色彩が強いので、なかなか外国人の役員は難しいということなのでしょう。

杉本 外国人を本社の幹部、トップに招く価値があるとすれば、グローバルな視点からみたバランス感覚、人脈と情報力、スピード感（決断と行動）からですか。役割は取締役とか、「攻めの経営」分野のトップになります。問題は、やはりコミュニケーションと、「どこまで任せられるか」の覚悟と、その本人との意識合わせでしょうか。外国人がトップになると、自分の方針を突き進めることになるので、それで良いのかという問題もあります。

前田 外国人の役員を取り込む必要がある場合があるかもしれませんが、トップが彼らと十分な意思疎通を行う必要があります。かつ、トップが彼らをしっかりとグリップすることが重要でしょう。彼らの長所、例えばネットワーク、権限と責任の明確さ、合理的な思考・行動、契約主義的発想、意思決定の迅速さなどをどう発揮させるかが重要です。しかし、一般的にはなかなか難しい面があると思います。他方、日本企業に来る外国人の役員は、ある程度腰を据えて、日本（人）をしっかり勉強するのが常識でしょう。

10. 日本に世界の人財を呼び込むことについて

前田 座談会、最後のテーマになります。

日本、日本企業が世界から（単純労働者ではない）人財を集めることによって、国力の向上を図ることや産業を発展させる必要があるのではないかという議論があります。例えば英国の製造業は、外資に依存しています。また、例えばサイエンス・レベルでも世界のトップ水準を維持していますが、その要因の一つが英語の汎用性ではないかと思います。極論すれば、外資が英国の製造業を支え、英国のサイエンスを支え、外国人学生が英国の大学・大学院を支えているということができます。日本は全くそうなっていません。この差は長い目で見ると出てくるのではないでしょうか、という議論です。日本も世界から人財を集めるべきだ、という考え方についてどうでしょうか。そしてその場合、何をすれば良いと思いますか。

浅野 海外からの人の受け入れはいろいろの形がありますが、基本的には日本人の「社会的価値観」と「経済的なメリット・デメリット」をどの

ように均衡させるかの議論になると思います。経済的発展だけを考え移民労働者を大量に受け入れることは、日本の市民社会の安定を脅かす大きな要素となり、社会的価値観を優先させるのか、経済成長を優先させるのか、何処でバランスを取るかを考えなければいけないと思います。欧州大陸各国は、自国内では母国語で仕事をしているし、日本も日本語で仕事をするので、そこは英語が国際語でもある英国のようにはなかなかいかないのではないかと思います。

小平 日本には日本文化があります。まずは海外に日本の良さを知らせるべきでしょう。モノづくりなどは、外国人を日本に招いて日本語で研修したらいいと思います。日本の少子高齢化もあり、海外の労働者に日本で仕事をしてもらうために日本語を教え、日本語で技能研修をやることもどんどん進めるべきです。以前、「MOT のための新知財戦略提言」の中で「世界のエンジニア、科学者、技術経営研究者が集う国際都市の建設」と題して、次のような提言をしたことがあります。本テーマと関係するので、少し要点を紹介します。

「モノづくりで日本は世界をリードしてきた。またそのエンジニアリング力が世界の製造業を先導してきたともいえる。21 世紀以降も日本はモノづくりで世界をリードする役割がある。モノづくりに関する世界への情報発信基地を建設し、"エンジニアリング"に関する知的財産を集積し、さらに発展する仕掛け作りが急がれる。それは利潤を自から生み出す自立型のシステムとする。世界のエンジニアや研究者や世界の市民が集う文化の香りがする都市づくりに取り組む。そこに生活することを誇りとする国際都市の建設を、22 世紀に向けて、100 年かけて箱と中味の構築に国をあげて取り組む」

スタンフォード大学などを見ていると、何もない砂漠地帯にああ言う知の集積地をつくり、それがシリコンバレーとして広がりイノベーションの発信拠点になった訳です。日本もモノづくり拠点をつくり、世界中から人を集められれば良いなと思います。

大橋 「日本はいいな、日本企業がやっていることはいいな」という成功事例を広く世界に知らしめることが大事です。日本人は PR が下手ですが、これは財界や企業経営者の仕事だろうと思います。外国人が日本企業の良さを知ることで自然に集まってくればいいなと思います。そうするこ

とによって、日本人も自分たち自身の考えや行動基準が明確になるし、外国人は外国人なりに日本でどう発信するかを考えるでしょう。そういうことで、日本人も外国人も育っていけば良いなと思っています。

杉本 単純労働者以外というと、研究者・科学者など学術的知的労働者の話が出ますが、今後の日本社会の少子高齢化、グローバル化を考えると、中間的な人財（技術者、医者、パイロットとか専門家）、知的人財や体力を要する人財（介護とか）の導入が必要でしょう。また、海外からの留学生の採用は将来の現地人財育成の効果もあり、もっと積極的にすべきです。言語は重要問題ですが、日本語が日本人並みに出来ないと駄目とか、逆に社内言語を英語にしろというのは現実的でなく実効性もないと思います。もちろん、職種にもよりますが、ある程度日本語ができ、英語で意思疎通ができるならそれで十分じゃないかと思います。少し、おおらかに構えたほうが良いのではないでしょうか。フランスの人口歴史学者のエマニュエル・トッドも「日本人は秩序と完全を追いすぎる。もっと無秩序と不完全性を許容すべき」と言っていましたが、共感する点があります。

日本企業は、日本への留学生をもっと採用すべき

前田 日本に来る留学生は中国、韓国、東南アジアからが多く、一部欧米人も、という構成ですね。経験から言うと、多くの留学生は日本企業に就職したい傾向が強いですが、多くの日本企業はあまり採用したがらないのが現状です。グローバル化、グローバル化というなら、留学生を採用するのが近道ではないでしょうか。彼らはある程度、日本語も出来る、英語と母国語は堪能です。考え方も日本人とは違う面が多いので、人財と価値観の多様化が図られます。日本社会、日本企業に欠けている多様性を補足するのにいいと思うのですがね。日本企業の採用は人事部がやっているが、彼らがもっと世界的な視野を持つ必要があると思います。また、これは企業だけでなく、政府も力をいれないといけないでしょう。日本社会が同質性のままで、日本企業だけが頑張っても、多様性を具備できるなどというのはありえません。

小平 ただ、外国人留学生を積極的に採用している会社もありますよ。

淺野 IT系の企業は積極的に採用していると思います。留学生の採用、それから直接応募者の採用も両方ありますね。

大橋 そういう会社が増えればいいが、なぜか少ないです。

第 8 章　日本型グローバル人財の育成

杉本　留学生は優秀な人が多いです。どんどん採用すれば良いのです。日本語が上手な留学生も多いし。
前田　日本人だけで今までどおりの日本的な経営を守り、海外人財の取り込みに消極的なままでは、日本社会も日本企業も取り残されてしまうでしょう。政府や大学はグローバル化競争に実際的に直面していないので、迅速な対応はあまり得意ではありません。企業が先頭に立ってやって行くしかないのです。優秀な留学生をどんどん採用するのに、何も大きな障害はないはずです。

（注）本座談会には、大橋克巳アーネスト育成財団研究員にも参加して頂いた。

*1　リベラル・アーツ：古来、神が作ったものを Science、人間が考え、作ったものを Art と呼んできた。Art とは哲学、言語、民俗、歴史、技術、芸術、政治、社会科学など極めて広いもので、Liberal Arts とはそれらを総称するもの。

まとめ　　　　　　　　　　　　　　　　　　　　　　　　前田　光幸

　グローバル人財と育成について、座談会で様々な視点から議論し、ある程度の全体の輪郭が明確になった。この座談会はある意味で「日本的グローバル経営」のエッセンスが詰まっていると言っていいだろう。座談会で明らかになったことを以下に再掲する。

1．座談会の成果
（1）グローバル人財とは
・国内・海外の意識の壁がなく、事業展開を進めるリーダー的な人財
・日本企業のグローバル人財化が進んでいないから「グローバル人財」が議論になる。
（2）グローバル人財のあるべき姿とは
・グローバル人財は日本人としての価値観を持ち、コミュニケーション能力の高い人。
（3）グローバル人財にとって重要な資質とは

・先天的な資質が多いが、実務経験の中で習得する資質もある。
（4）外国語能力は大事か
　　・語学は出来たほうがいいが、大事なことはコミュニケーション能力。
（5）グローバル人財育成の方法
　　・国内・海外の市場の壁を取り払い、実践経験の中で育成。
（6）海外展開パターン、事業戦略の観点とグローバル人財の配置
　　・現地トップにはまず日本人の最優秀人財を出し、現地トップを育てることが仕事。
（7）日本的経営を海外でどう展開するか
　　・日本（人）、あるいは日本企業らしさを出すことが大事。
（8）ビジネス・スクールの意義
　　・MBAは日本的経営の修正や補強に使えるので、主体的に活用方法を考え直すことが必要。
（9）日本企業の本社の経営層に外部（外国人）のグローバル人財を取り込む意義はあるか。
　　・よほどの事情がある場合、最適な人財が運良く見つかるのであれば、考慮しても良い。
（10）日本に世界の人財を呼び込むことについて
　　・日本企業は、まずは、日本への留学生をもっと採用すべき。

2．残された三つの疑問と座談会の含意

　以上の座談会の成果から続いて想起される以下の三つの疑問について、ここで整理しておきたい。三つの疑問とは次のとおり。
（1）日本（人）、日本企業に「グローバル人財」と言える経営者が少ないとすれば、実践経験の中で、経営幹部候補生を「グローバル人財」に育成していくことがうまくいくのか。
（2）海外展開において、日本的経営をそのまま押し出していいのか。日本的経営が海外で適用する条件や必要な修正は何か。
（3）「グローバル人財」に必要な「①幅広いリベラル・アーツ、②コミュニケーション、③十分に議論する」能力は学校教育でも、企業教育でも不足しているが、これをどうするか。
これらの疑問について、座談会の行間から抽出される含意を下記に示す。

第8章　日本型グローバル人財の育成

定型的グローバル人財などどこにもいない

（1）については、定型的なグローバル人財というものがアプリオリにある訳ではない。欧米で「グローバル人財」を殊更議論されないことが、欧米の経営者には完成度の高い「グローバル人財」が多いことを意味するものではない。彼らも進出国で異質で多様な価値観に遭遇し、様々な失敗を重ねている。環境破壊紛争、労働争議、不買運動などが日常的に起きている。その際、母国の価値観を押し通すために総合的なパワーを使い影で嫌われている（中央集権的なグローバル企業で、米国系に多い）か、あるいは試行錯誤を重ね、必要な修正を行いながら、なんとか事業を持続させる（分権的なグローバル企業で、欧州系に多い）か、どちらかであろう。模範的グローバル人財モデルがある訳ではない。

日本で「グローバル人財」を議論したがるのは、日本人の完璧を求める生真面目さの現れかもしれない。しかし、グローバル経営者と言える経営者が少ないことは事実で、これは役員、社長への昇進の基準に問題がある可能性が高い。これまで昇進は過去の実績に基づくものであって、今後の期待値に基づくものではなかった。これは先行きが見える時代には適合しても、先が見えない大きな変化の時代には適合しないことは明らかである。

日本型経営の長所を残し、短所を修正する

（2）については、日本的経営の短所、例えば稟議制度、意思決定の遅さ、減点主義、層別に均質な育成と人事評価、権限と責任の不明瞭性、情報の内部伝達・開示の不足、暗黙知の多用、などを修正する必要がある。他方、長所、例えば人を大切に育成すること、集団で助け合う特性、強い現場力、高品質なもの作り、契約より信頼を重視すること、性善説に立脚すること、持続的な対外業務関係を大事にすること、などは他の民族や国民に比べると大変品性の高い優れた特性である。

この長所を残しながら、短所を修正していくことが適切なやり方だろう。また、その長所を押し出すことが、日本（人）、日本企業の世界における存在意義であって、これはおそらく欧米企業にはなかなか真似のできない強みだろう。

（3）②コミュニケーションや、③十分に議論する能力は、企業での研修や実戦経験によって修正が十分に可能なものである。他方、①幅広いリ

ベラル・アーツについては海外の多様な価値観に遭遇して、自分で研鑽することが基本で、これは主として経営者、経営幹部の個人的な課題である。
　以上が座談会の行間の含意である。
　だた、日本（人）、日本企業の「グローバル化」が十分でないことは、日本の GDP に占める輸出比率や対外直接投資比率、更には外国資本の対内直接投資が先進国の中でもかなり低いことからも客観的な事実である。そこで、グローバル化が十分に進んでこなかった理由について少し考えてみたい。

3．日本のグローバル化が進んでこなかった三つの理由
　一つは、貿易摩擦、特に日米貿易摩擦の経験とそれに対する反応である。1960年代の繊維製品、1970年代の鉄鋼製品、1980年代以降の電気製品・自動車、1990年代の半導体、コンピュータ等ハイテク製品、などが次々と日米貿易交渉の俎上に上がった。これに対する対応は、輸出抑制、産業転換、海外生産へのシフト、内需刺激策という受動的なものであり、そしてその挙句の果てがガラパゴス化という内向的なものであった。我が国には西欧における EU のような同等国間の地域経済連携の枠組みがなく、縮み思考へ流れたという歴史的な経緯がある。しかし、近年、近隣のアジア諸国の経済発展は目覚しく、様々な地域経済連携が可能となっているが、過去の意識がまだ残っており、充分に地政的な活用が官民ともに行われてこなかったと言える。
　二つ目は、幾多の貿易摩擦を経ながらも、日本（人）、および日本企業が構築してきたパーフォーマンスの高さである。すなわち、日本（人）は本格的にグローバル化しなくても、立派に文明国家、技術大国、モノ作り大国としてやって来られたので、グローバル化へのニーズが強いとは言えない面がある。
　三番目は、グローバル化と同時に喧伝されるようになった、所謂「グローバル・スタンダード」への違和感である。これは元々、そのようなスタンダードがどこかで正式に決議された訳ではない。主として米国内の一部学派や勢力が二つの主義、すなわち「新自由主義（市場原理主義、小さな政府、競争社会）」や「金融資本主義（株主資本主義、短期的利益思考）」を便宜的にグローバル・スタンダードと称し、それがグローバル化と一見相性が

第8章　日本型グローバル人財の育成

いいように見えるために、優勢になっているだけに過ぎない。実際、新自由主義や金融資本主義の行き過ぎに対して、日本や欧州では勿論のこと、米国内でさえ学問的、世論的な批判が根強い。金融バブルの生成と崩壊、意図的な金融危機の招来（アジア金融危機）、貧富格差の拡大、中産階級の没落、社会保障費の増大と国家財政の破綻、さらには民族や宗教対立など、世界の大きな問題の多くがこの二つの主義に起因するとの批判がある。市場原理に偏りすぎた現況を、少し政府より、ないし社会民主主義よりに戻し、バランスをとるべきだという議論である。現実的な道は中庸ということになるのだろうと思うが、要はグローバル・スタンダードの及ぼす悪影響や災禍に対し、日本人、日本企業は自分たちの常識・価値観から、違和感を払拭できないということがある。

　もちろん、「そうは言っていられない。グローバル・スタンダードを積極的に採用するべきだ。」と考える日本企業が出てもおかしくはないし、現に多少出てきているが、全体として、グローバル化の波に対し、迷いながら様子を見ている状態が、日本企業の意識の太宗であろう。

4．新しい価値作りへの意識変革

　日本（人）、日本企業は今後共、このような意識のままでいいのだろうか、というのがその次の自問である。かつて次々と技術開発を行い、高品質な製品を生み出し、新しい価値を創って世界市場を席巻した日本企業が、最近では、米国発の情報通信産業の新サービス価値の創出や途上国製造業の低コスト製品の台頭の影にくすんでいる。インターネットやスマートフォンは人々の生活に新しい価値をもたらしたが、日本企業は、技術革新はさておき、新しい生活価値の創造という面では明らかに立ち遅れている。新しい生活価値への意識の切り替えが多くの日本企業の最大の課題であろう。「グローバル化」はこの切り替えを日本企業に促しているのである。

　世界各国、各地域の国民の生活や社会のあり方に、新しい価値を吹き込むことが大事である。この仕事はこれまでとは違って、自社だけではなかなか難しい。国内外を問わず、ビジネス・パートナーや生活者や社会と一緒になって、新しい価値作りに挑戦する。それが、グローバル化の目的だろう。そのためには試行錯誤と修正、そして人事評価面での加点主義への変更が大事だ。

5．日本は母国語で高等教育を行う唯一の非西洋国家

　日本は明治時代に、欧米の言葉、概念を必死で日本語化したことによって、明治後期にはあっという間に欧米文明の水準に追いついた唯一の非西洋国である。国力の根源的な要素は国民の固有の歴史や文化に根ざした労働の質や技術水準、知的水準によって決まるものである。資源に恵まれていること、単純労働の賃金水準が低く価格競争力があること、外資の直接投資が多いこと、国際資本市場へのアクセス、技術導入などは借り物の国力であり、自立的かつ持続的な国力ではない。日本はこれまで海外の技術や概念を積極的に取り入れ、母国語でそれを消化し、技術水準、知的水準を独自に向上させてきた。欧米以外に、こんな国はどこにもないのであって、改めて大いに自信を持つことが大事である。

　ただ、日本（人）が修正すべきことも多々ある。その一つがコミュニケーション力である。日本人の弱みは語学と言われるが、それ以前にコミュニケーション力を鍛え直す必要がある。それによって、日本（人）の国力をより効果的に発揮することができる。

6．日本的グローバル人財

　世界のグローバル化は今後も加速していく。その中で日本（人）、日本企業は日本的な大事なものを見失ってはいけない。同時に、国内、海外という意識の壁を取り払って、かつ日本型経営の短所を修正して、堂々と自信を持ってグローバル展開を図っていく必要がある。まずは、日本（人）らしさをしっかり確認し、世界でも自信をもって打ち出して行くことが重要である。ここ十数年、日本（人）が自信を喪失して、グローバリズムを表面的に取り入れる傾向が見られるが、却って迷路に入り込んでいる感がある。グローバル化は日本的な特性を抑えることだと考える向きがあるが、これはとんでもない間違いである。

　固有の文化的歴史的背景を持たないグローバル人財など世界のどこにも存在しない。歴史の極端に浅い米国（人）でさえ、何らかの固有の文化的特性を持っている。それが当たり前であって、日本人は日本的価値観をよく再確認して、グローバルな活動を行うことが大事である。日本人には西洋人にはない、穏やかで優しい「こころ」がある。それに対して彼らは現在のビジネスの世界においても、他者から富を合法的に強奪する、欲しい

第8章　日本型グローバル人財の育成

モノがあれば奪うという歴史的習性、価値観から未だに逃れられていない。日本（人）は欲しいモノがあれば、他の者と一緒になって、質の高いものを作り、それを相互に交換して、さらに作り方を教え合ってきた優れた歴史的習性、価値観を持つ。現在のグローバル化社会において、海外に事業展開する場合は、進出国で作ってみせて、かつ進出国の人財を育てることを当たり前のようにやるという、次元の高いビジネス倫理、価値観を具備している。これを実践できるのが、単なる「グローバル人財」を超えた「日本的グローバル人財」ということができる。

7．日本型グローバル人財が残すべきものと修正すべきもの

　日本的経営を構成する様々な要素は総体として肯定的に再確認すべきものであるので、その中で修正すべきものを改めていくのが正しい考え方だろう。

　「集団主義」、「人を大事にすること」、「誠実さと正直」、「契約ではなく信用を重視」、「プロセスや運転の改善、向上に絶えず努める」、「整理整頓」などはこれからも大事にしたい。

　逆に、「階層的な稟議制度」、「権限と責任の曖昧さ」、「遅い決定」、「空気の重視」、「内向性」などは本気で修正していく必要がある。そしてそれらの修正は事業のグローバル展開局面において強く要請されるので、積極的なグローバル展開が日本的経営の弱点の修正に一番効くのではないだろうか。若手幹部にそのような実践の機会を経験させることが「人財のグローバル化」の近道だと言える。日本企業は基本的に日本的経営に自信を持って、積極的に、実践的に人財を鍛えればいいのである。

　座談会の中で浮かび上がってきたことは、以上のような、日本的経営を基本的に肯定した上で、必要な修正を積極的に行うことが日本企業のグローバル化への適応不良を立て直す道だということである。

終章
日本型グローバル経営の新たな途

　日本の人口問題を考えると、中小企業も含めてグローバル化への対応を避ける事は出来ない。グローバル化といってもビジネスは戦いである。常に市場には、競争相手が存在しているし、ブルーオーシャンだと安心していても、気付いた時には、新興国の競合が市場を支配している。「気付いた時、すでに遅し」である。
　工場を持たないアップルのモノづくりの立ち上げを支援した日本の工場の役割は大きかった。しかし、アップルはそれを戦略的に、計画的にアジアの製造受託会社に移管した。これはアップルのグローバル戦略である。日本企業は、アップルとの価格条件が折り合わず、突然注文が無くなり、中には倒産してしまった企業もある。日本に追いつき追い越せで急成長したアジア新興企業と同じ土俵で戦っていては、いつかはこうなることを予測しておかなければいけなかった。
　グローバル研究会での議論で学んだことは、「ビジネスは、持てる文化の普及活動である」という事である。その時、忘れてはならないのは、日本人の歴史と日本人の強みの源泉をきちんと理解し、海外の人達にも説明できる力を付けることである。
　ここに来て、海外からの観光客は、日本の良さを見つけ、大挙して日本の日常のモノ文化を手にし、日本の歴史的遺産を訪れる。我々が普段当たり前だと思っていることが、彼らには、感動と驚きを呼ぶのである。赤ちゃん用品や炊飯器、銭湯に縄のれん。それこそ、あらゆるものが彼らには新鮮で、機能的で、ある意味美しい。なぜこのような所にくるのか、なぜこのようなモノを購入するのか、彼らの行動のひとつ一つが、日本の強みを再認識する材料となる。海外からくる家族づれが日本での滞在中に見せる穏やかな表情は、日本社会の安心と安全を表しているように見える。
　継続的な雇用を前提とした終身雇用制度や、年功序列の制度を見直し、評価性賃金体系の導入が最近議論されているが、安定雇用制を無くしては、日本企業の強みである人財の進歩や成長は壊れてしまう。自立型組織を醸

成するための長期的雇用と人材育成システムは、大切にしなければならない。リストラをすれば、人に宿っている技術は、その人から競合他社、とくに新興国に移転してしまうのである。

　グローバル化への対応の基本は、海外の文化や風土、ビジネス習慣などを理解した上で、日本の良さを確認し、それを表現することである。本書の内容は、その学習のきっかけとして役に立つものと考えている。

　グローバル研究会での議論の焦点は、序章でも書いたように「現在多くの日本企業は、迷路から抜け出せないで自信を失い、明確な方向性を見出せない状態が続いている。この状況をどう考え、今後どう切り開いていけばいいか」である。本書の扱った内容を学び、迷路から抜け出すためのヒントを得て頂ければ幸甚である。

　本書では、日本企業の国際競争力の問題、グローバル化の認識不足、グローバル化への対応の現状認識と評価、グローバル化における事業展開の実務的課題や戦略の分析、グローバル化のための組織運営と人財の育成という5つのテーマに取り組んだ。

　日本人の強みや弱みを学ぶことはできたか。

　日本には、文化があり、その文化を支えている日本語がある。日本語という言語があるから、日本の2000年の文化がある。言葉で日本人の感性が磨かれ、言葉で表現することが可能になり、その言葉がモノづくりを支え、そこに日本の強みが宿っている。その強みがあるからこそ、いまの日本的グローバル化経営があることを、研究に取り組んで再確認した。英語教育も大事であるが、日本の文化を学び、それを世界に伝えるのもグローバル化の基本である。世界の優秀な人財が日本にきて、日本風土の中で活動することもグローバル化に対応する戦略である。

　今後、研究会に残された課題は多い。日本企業が日本的な良さを無くさずに、海外展開を積極的に行うために何が大事か、人財育成をどうすべきか。日本社会の中にグローバル化をもっと取り組むことが出来ないか。今の段階では、そのヒントを提供することは大体できたのではないか。しかし、今後さらに幅広く実態例を分析し、ビジネスパーソンの道標になればと考えている。

一般財団法人アーネスト育成財団　グローバル研究会

執筆者紹介 （執筆順、※は編集担当）

前田 光幸（まえだ みつゆき）※
1947年生まれ。現在、一般財団法人アーネスト育成財団評議員。一般社団法人日本開発工学会理事・副運営委員長、エネルギー&イノベーション研究所代表。
1970年一橋大学経済学部卒。1970年東燃（現、東燃ゼネラル石油）入社、80年海外現法勤務（ニューヨーク、ロンドン）、83年資金課長、87年経営企画部企画課長、91年経営企画部長、97年電力卸事業プロジェクト統括部長、2000年エクソン・モービル日本グループの広報渉外統括部長、02年 LNG 火力プロジェクト統括部長。03年～12年東京工業大学・大学院・イノベーション・マネジメント研究科・研究員・非常勤講師・博士課程単位取得、06～14年高知工科大学・マネジメント学部・非常勤講師、14～16年早稲田大学大学院非常勤講師。

小平和一朗（こだいら かずいちろう）※
1947年生まれ。現在、一般財団法人アーネスト育成財団専務理事、一般社団法人日本開発工学会理事・運営委員長、学会誌『開発工学』編集委員長。
1970年芝浦工業大学電子工学科卒、2005年芝浦工業大学大学院工学マネジメント研究科修了、07年芝浦工業大学大学院工学研究科博士（後期）修了（学術博士）。
1970年大倉電気㈱入社、技術部長、社長室長、営業部長、情報通信事業部長（2002年まで）、04年㈱イー・ブランド21を設立し代表取締役（現在）、14年～15年東京経済大学技術経営実践スクール講師。

浅野 昌宏（あさの まさひろ）
1947年生まれ。現在、一般財団法人アーネスト育成財団理事、一般社団法人アフリカ協会副理事長。
1969年芝浦工業大学電子工学科卒、1969年丸紅飯田㈱（現丸紅㈱）入社、76年リビア通信工事事務所長、82年アブダビ通信工事事務所長、89年通信機械部通信機械第二課長、93年通信機械部部長代理、94年ナイロビ支店長、98年㈱グローバルアクセス代表取締役社長、99年丸紅ネットワークシステムズ㈱代表取締役社長、2002年㈱JCN 南横浜代表取締役社長、06年㈱ JCN コアラ代表取締役社長、07年㈱ JCN コアラ葛飾代表取締役社長、09年㈱ JCN 関東常勤監査役。

杉本 晴重（すぎもと はるしげ）
1948年生まれ。現在、一般財団法人アーネスト育成財団理事。
1970年早稲田大学理工学部電気通信学科卒、1970年沖電気㈱入社、90年電子通信事業部複合通信システム事業部技術第一部長、98年 OKI Network Technology President、2000年沖電気執行役員、02年研究開発本部長、04年常務取締役・CTO、06年中国ビジネス本部長、08年㈱沖データ代表取締役社長・CEO、12年㈱沖データ、沖電気㈱取締役。

321

編 者
一般財団法人アーネスト育成財団

　我が国企業の持続的な成長と活性化のための人財育成を目指して、西河洋一（飯田グループホールディングス㈱代表取締役社長）が2012年10月1日に私財を投じて設立した財団。

　その問題意識は、「失われた30年を取り戻すためには、我が国の企業の成長を阻害する要因を洗い出し、対策を講じる必要がある」あるいは、「我が国には、優れた技術や企業文化があるのに対して、事業化への進展が進まず、またベンチャーの起業が少ない」、さらには「我が国企業の持続的な成長と活性化には、起業家や事業家などの支援と人財育成に取り組むことが急務」というものであった。このような問題意識から、技術経営塾において技術経営人財および起業人財の育成、起業家支援を行い、さらには技術・市場・価値体系の変化や世界の社会経済の環境変化についての研究会・シンポジウムなど様々な活動を行っている。

　　　　　所在地　151-0053東京都渋谷区代々木1-57-3　ドルミ代々木704
　　　　　　　　　http://www.eufd.org

著 者
（詳細略歴は321頁参照）

日本的グローバル化経営実践のすすめ
――失われた30年を取り戻せ――

2016年 9 月 7 日　第 1 刷発行

編　者
一般財団法人アーネスト育成財団

著　者
前田光幸・小平和一朗・淺野昌宏・杉本晴重
（まえだみつゆき・こだいらかずいちろう・あさのまさひろ・すぎもとはるしげ）

発行所
㈱芙蓉書房出版
（代表　平澤公裕）
〒113-0033東京都文京区本郷3-3-13
TEL 03-3813-4466　FAX 03-3813-4615
http://www.fuyoshobo.co.jp

印刷・製本／モリモト印刷

ISBN978-4-8295-0690-5

【芙蓉書房出版の本】

戦略的技術経営入門
グローバルに考えると明日が見える
芝浦工業大学MOT編　本体 1,500円

日本で最初の専門職MOT大学院の開設10周年にあたり、教授陣による渾身のビジネス書が完成。「グローバル」が重要なキーワードの今、技術経営（MOT: Management of Technology）教育に注目が集まっている。そして、ビジネスマンの知恵を鍛え、グローバルに活躍できる能力を向上させるための高度な教育が求められている。

戦略的技術経営入門　2
いまこそイノベーション
芝浦工業大学MOT編　本体 1,500円

現代のビジネスマンが心に留めて常に意識すべき重要なキーワードが「イノベーション」。技術と経営を結び付ける技術経営（MOT：Management of Technology）の視点で、イノベーションをどう創出するのかアプローチ。

戦略的技術経営入門　3
エンジニア・サバイバルのすすめ
芝浦工業大学MOT編　本体 1,500円

技術と経営を結び付ける技術経営学（MOT：Management of Technology）の視点で、現代のビジネスパーソンの"生き残り"を考える。

戦略的技術経営入門　4
イノベーション入門
芝浦工業大学MOT編　本体 1,500円

MOT（Management of Technology：技術経営学）は、グローバルな視点でマネジメントを行わなければならないこの時代に不可欠なもの。学際的な諸領域の研究者が執筆したシリーズ4冊目。今回は、新製品開発の担当者がどんな問題に直面するのか、そしてどう解決していくのかをストーリー仕立て
でわかりやすく解説。

【芙蓉書房出版の本】

変革型ミドルのための経営実学
「インテグレーションマネジメント」のすすめ
橋本忠夫著　本体 1,900円

超複雑環境下での次世代経営スタイルはこれだ！　トップと変革型ミドルのオープンなコミュニケーションで実際の問題を解決する経営スタイル「インテグレーションマネジメント」を提唱。変革型ミドルとは、「経営目標の共有だけでなく、立案にも自主的に参画しようとする組織人」

日本型「ものがたり」イノベーションの実践
寺本義也編著　本体 2,300円

危機的状況といわれる日本のものづくり。日本企業の挑戦すべき課題は、「技術で勝ってビジネスで負ける」状態からの脱却と新たな成長の実現だ。未来を創るプロデューサー型人材たちの個々の企業におけるイノベーション実践を検証。

桁違い効果の経営戦略
新製品・新事業のビジネスモデル創造
石川 昭・税所哲郎編著　本体 2,500円

日本企業の生産性とコストパフォーマンスは本当に落ち込んでしまっているか？　新時代の生産性を飛躍的に向上させた劇的な桁違い効果の事例50件以上を分析し、新しいビジネスモデルを提示する。

経営戦略の理論と実践
小松陽一・高井 透編著　本体 2,800円

「戦略」「経営戦略」という用語と複雑な経営戦略現象とを架橋し、より生産的な経営戦略の教育と実践の実現を追求する。経営戦略論の代表的な分析パラダイムから、戦略オプションごとの事例解説、考察まで重層的な構成。

イノベーションと研究開発の戦略
玄場公規著　本体 1,900円

世界トップレベルの研究開発能力を有している日本企業の業績はなぜ低迷しているのか？　イノベーションの重要な源泉であり、日本の経済成長の原動力ともいえる研究開発活動を戦略的に進めている大手企業4社の研究開発マネジメントの事例を徹底分析。

【芙蓉書房出版の本】

特許と危機管理
アップルとサムスンの特許を巡る武闘裁判
佐久間健著　本体 1,900円

「特許」と「国際標準化」は日本企業の浮沈を決める重要なテーマ。

徹底検証　グローバル時代のトヨタの危機管理
佐久間健著　本体 2,300円

米国における大規模リコール問題で危機を迎えたトヨタはどう対処したのか。

企業力は広報で決まる
戦略的広報と危機管理コミュニケーション
佐久間健著　本体 2,300円

広報力の格差が企業力の格差に。いま必要なのは次世代の危機管理と広報力の確立。

企業不祥事が止まらない理由
村上信夫・吉崎誠二著　本体 1,900円

不祥事が起こる本質的な原因と、発生後の対応を個々の事例で詳細に検討。「二次的なクライシス」への備え方を提言。

売場の科学
セルフサービスでの買い方と売り方
渡辺隆之著　本体 2,300円

オムニチャネル時代の売場活性化の基本と応用をたくさんの事例を紹介し徹底解説。

情報システムの高度活用マネジメントの研究
中小企業のIT活用をどう促進するか
仲野友樹著　本体 2,700円

情報はヒト・モノ・カネに続く第4の経営資源。持てる経営資源を有効に活用し、他社に対しての競争優位を得るためには情報システムの高度活用が不可欠。